O Príncipe Inca
Naufrágio de um Império

Francisco Benítez Aguilar

O Príncipe Inca, naufrágio de um Império

© Francisco Benítez Aguilar, 2025

Editorial: BoD · Books on Demand, Calle de Manzanares, 4, 28005 Madrid, bod@bod.com.es

Impresión: Libri Plureos GmbH, Friedensallee 273, 22763 Hamburg (Alemania)

ISBN: 978-84-1092-012-5 (Edição em Português)

Tradução F.B.A. © 2025 com DeepLPro

1ª Edición en Español

El Príncipe Inca, Naufragio de un Imperio

© Francisco Benítez Aguilar, 2024

ISBN: 978-8-4117-4872-8

O Príncipe Inca
Naufrágio de um Império

Memorial de San Pedro de Alcântara, em Peniche, Portugal.

AQVI YASE DON VINCENT[E]
VARGAS Y VARAES TENI[EN]
TE DE FRAGATA DE LA RBA[L AR]
MADA DE S M CATOLICA QV[E]
NAVFRAGO EN EL NAVI[O]
DE GVERA ESPANOL SAN
PEDRO DE ALCANTARA
EN EL SITIO DE LA PAPO[A]
E LA NOCH DEL DIA DOS
DE FEBRERO DE MIL SETE
[CIE]NTOS OCHEN[T]A Y SEI[S]

"A posteridade recordará com esplendor os cuidados, atenções, caridade e outras brilhantes e benéficas ações dos nobres portugueses da Vila de Peniche em favor dos espanhóis."

Frade Juan López de Herrera,
OP de São Domingos,
Santuário de Nossa Senhora do Rosário,
Padroeira de Cádis

Cádis, 1787

RENDA DE BILROS

Minhas irmãs Pepita e Antónia quiseram acompanhar-me na minha viagem a Peniche. Não sabia como evitar o compromisso, porque sei que o faziam como um gesto de afeto, para que eu não fosse sozinho. Mas era exatamente isso que eu queria. Não para regressar àquele lugar como um dos milhares de turistas que lá vão para apreciar a sua gastronomia, os seus museus ou a sua *capital das ondas*, mas para viver o que senti e, como um peregrino, percorrer o perímetro irregular fortificado por muralhas e falésias daquela ilha da Berlenga, que foi encurralada pelo continente.

Consegui. A partir de Lisboa é fácil chegar a Peniche e embora a atração monumental e histórica de cidades como Caldas da Rainha, Óbidos ou Torres Vedras sejam ímanes para quem quer entrar noutra era, toda essa beleza não me ia deter, nem atrasar o meu objetivo.

Era uma estranha sensação de plenitude quando, das duas grandes janelas do meu alojamento, eu olhava para o coração pulsante da cidade, impregnado dos aromas do mar, dos pastéis de nata e dos ossinhos da confeitaria vizinha, com o olhar fixo de uma rendilheira de mármore num extremo do parque, e o monólito com o medalhão do penichense Jacob Rodrigues Pereira no outro.

Começava a procurar semelhanças com outros lugares que amo:
Adra, porto e porta de entrada
para a Alpujarra, que partilha com
esta cidade o mar, a pesca e a pai-
xão pelas rendas de bilros,
embora em Peniche esta tradição
se tenha tornado um museu, depois de mais de duzentos anos de
fama, uma fama que atingiu o seu
mais alto nível internacional na
Exposição Universal de Paris em
1878.

O outro lugar, Cádis, também
uma ilha, ligada ao continente por um estreito istmo de areia, e mar por todos os lados, como Peniche. Cádis, entre outras coisas, está ligada a Peniche, pelo bom judeu Jacob Rodrí-gues Pereira, cujos pais foram levados pelo destino em 1699, a caminho do exílio, para a baía de Cádis, mudando assim todos os seus planos, pois foram retidos e castigados pela Inquisição com penas menores.

Quinze anos depois desse acontecimento, nasce Jacob, que, obrigado a ter um nome cristão, se atreve a criar e a ensinar um alfabeto manual para surdos-mudos em Cádis, e não em França, onde brilhará a partir de 1741, tornando famosos os seus métodos de aprendizagem da língua gestual, embora com frequentes deslocações a Cádis para visitar o seu irmão Manuel, que tinha uma loja no número 21 da rua Nueva, uma das mais centrais da cidade.

Há mais pontos de coincidên-
cia: as fortificações de Peniche,
as suas casamatas, brechas e
guaritas são, ou pelo menos eu
vejo-as, idênticas às que ro-
deiam a cidade andaluza com o
desenho de Cristóbal de Roxas,
como acontece com tantos fortes na Ibero-América. Os fortes
de Peniche foram construídos
ao mesmo tempo, graças ao impulso de D. Luís de Ataíde,
vice-rei da Índia em duas ocasiões no reinado de D. João III,
embora muitos historiadores o
atribuam ao período de Filipe

II, circunstância que é excluída pela inscrição numa lápide
comemorativa da conclusão das obras no reinado de D. João
IV, sessenta anos mais tarde, na qual esse período filipino é
descrito como o da "tirania":

ARCEM HANC JESSU SERENISSIMI REGIS JOANNIS III AB
INVICTIMISSIMO COMITE LUDOVICO BIS INDIAE PRO
REGE IN CHOACTAM ET CRASSANTE CASTELLAE TY-
RANIDE PER LUSTRA XII INTERMISSAM, SUB
AUGUSTISSIMO JOANNE IIII REGNI ASSERTORE A COMTE
HIERONIMO PRONEPOTE AMPLE ET MINACITER ABSOLU-
TAM LAPIS HIC POSTERITATI COMMENDAT. ANNO DOMINI
MDCXLV.

Mas no que Cádis e Peniche estão eternamente unidos é porque, no solo desta cidade portuguesa, que se destaca no perfil
do nariz da Península Ibérica, repousam os restos mortais de
mais de duas centenas de seres humanos que o destino - o
destino de novo - mudou o seu rumo e terminou a sua história nas águas agitadas de fundo rochoso e renda de espuma.

À procura desse rasto, comoveu-me o rasto reproduzido do casco de um navio espanhol, que aqui terminou a sua viagem, no meio do silêncio profundo de A Papoa e do clamor de tantas vítimas, peruanos, gaditanos, europeus, pelo fim dos impérios, da ganância e da corrupção.

Este livro não é um romance, nem uma tese de doutoramento, nem pretende sê-lo, mas com ele, como numa *renda de bilros*, o autor quer contribuir para a divulgação destes factos históricos, para a memória de um período tão transformador como o último terço do século XVIII.

Muito brigado, al doutor arqueólogo Jean-Ives Blot e a todas as pessoas, especialmente de Peniche, (Silvia M. Santos, Ângela Malheiros, Luisa M. Inés) e outros indicados neste trabalho, que facilitaram a tarefa.

Em frente ao monumento às vítimas do naufrágio do navio São Pedro de Alcântara. Peniche, Fevereiro de 2025.

Memorial do naufrágio de San Pedro de Alcântara, Peniche

Sua Majestade Fidelíssima Dona Maria, I de Portugal (1777-1814)

S.M. o Rei Carlos III de Espanha (1759-1788)

INTRODUÇÃO

O jesuíta Blas Valera, de sangue hispano-inca, um dos primeiros defensores dos direitos ancestrais do seu povo, cometeu o erro de escrever livremente a favor da emancipação indígena, promovendo o conhecimento das línguas nativas e encontrando semelhanças óbvias entre os cultos originais e o cristianismo. Não foi o único.

A Companhia de Jesus, a ordem religiosa fundada por Santo Inácio de Loyola, tinha teoricamente esta vocação ecuménica de ir ao encontro do povo, mas as suas próprias estruturas de poder, onde a obediência era a lei suprema, impunham os limites, que Valera não quis ou não soube calibrar, sofrendo as consequências sob a forma de castigos inquisitoriais.

Ele, que tinha tentado impregnar europeus e nativos com uma aproximação racional de culturas; que pela primeira vez difundiu vocabulários em quéchua, compreensíveis para os espanhóis; que tinha escrito a história e os costumes do povo Inca em latim, foi obrigado a deixar as suas terras andinas, para ser exilado do outro lado do Oceano Atlântico, em Cádis, sujeito a movimentos restritos, embora durante algum tempo tenha trabalhado como professor no Colégio Jesuíta da cidade e como confessor, apenas de homens, porque também foi acusado, talvez para justificar o ultraje do seu exílio, de ter uma certa fraqueza por mulheres.

Em Cádis, Blas Valera pôde deixar algumas das obras pelas quais passou para a história, que um seu contemporâneo, também peruano, residente em Córdova e famoso autor, o Inca

Tela esfaqueada no ataque inglês, Igreja de Santiago, de Cádis

Vista da Praça de São João de Deus, em Cádis, durante o saque inglês

Garcilaso de la Vega, conseguiu adquirir através de um amigo, o jesuíta Pedro Maldonado de Saavedra, que as conseguiu obter do próprio Valera, quer na *Casa da Companhia* de Cádis, quer em Málaga, após o assalto inglês.

Nos *"Comentarios Reales"*, a obra mais conhecida do Inca Garcilaso, este cita Blas Valera em cinquenta e cinco ocasiões como fonte principal dos seus estudos, copiando os seus textos, e faz referência aos papéis rasgados do historiador, plagiando-os onze vezes nessa obra.

Seja como reconhecimento do trabalho de Blas Valera, seja como simples apropriação dos referidos papéis, o Inca Garcilaso de la Vega, com a sua ação, fez com que esta história chegasse aos nossos dias.

O que está acreditado em documentos oficiais da própria Companhia de Jesus é que Valera esteve em Cádis até à data do assalto inglês de junho e julho de 1596, quando a cidade foi saqueada, os arquivos destruídos e as imagens e templos queimados, embora os invasores tenham dado aos vizinhos de segunda categoria, sem valor quantificável como reféns, a possibilidade de fugir da cidade, com os pertences que pudessem levar consigo.

Igreja de Santiago em Cádis, da Companhia de Jesus

Centenas de pessoas, entre as quais Valera, empreenderam um doloroso êxodo nas embarcações disponíveis na baía de Cádis e na foz do rio Guadalete. A maré humana propagou-se desesperadamente em direção a El Puerto de Santa María, Rota, Puerto Real e Jerez, e daí para outras cidades do sul da península, como Sevilha, Granada e Málaga.

Os anais da Companhia de Jesus registam a morte do Padre Blas Valera nesta última cidade, em junho de 1597, embora alguns autores sugiram que tenha regressado a Cádis em 1598 para embarcar para a Nova Espanha e para as terras andinas com uma identidade diferente. Alguns apontam para a possibilidade de Blas Valera só ter *"morrido oficialmente" para* a Companhia de Jesus, a fim de limpar uma biografia incómoda para a cúria jesuíta, e de ter tido uma *segunda* vida real a partir desse momento. Esta teoria foi objeto de numerosos estudos sobre a sua figura.

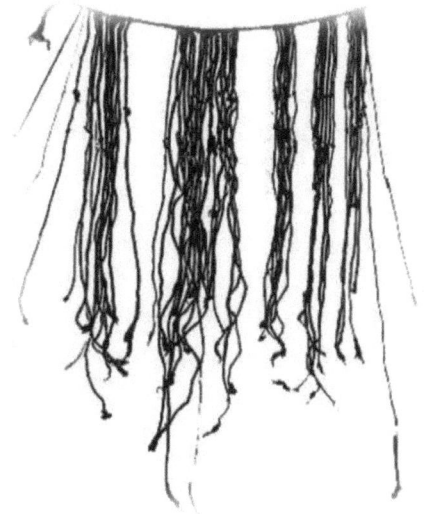

Segundo estes historiadores, após a sua nova viagem americana, Blas Valera regressou à Metrópole vários anos depois, onde escreveu e publicou várias obras, paradoxalmente com o seu próprio nome, até à sua hipotética morte em Alcalá de Henares, em 1618.

A única coisa que está provada é a sua primeira estadia em Cádis e que foi aí que pôde divulgar, através de outros padres jesuítas, apesar das restrições hierárquicas, as suas pesquisas históricas sobre povos, reinados, costumes, cultos e culturas andinas, fonte de que tantos autores se serviram.

Graças a estas primeiras referências, as autoridades espanholas conheceram e admiraram a linguagem transmitida pelos quipus, um conjunto de cordas bem atadas através das quais se trocavam relatos, mensagens e histórias, tanto administrativas como privadas, em toda a área de influência inca.

Além disso -antecipando-se aos sistemas postais europeus- uma perfeita rede de postos foi tecida em todo o território, ao longo das estradas reais incas, do litoral às montanhas, possibilitando um tráfego fluido e eficiente de mercadorias, incluindo alimentos frescos, ordens administrativas e correios, por meio de postos com revezamentos sincronizados de ágeis moços de recados e cavalos para completar os itinerários, nos quatro pontos cardeais.

Quem detinha o controlo deste fluxo de informação detinha também as chaves para o domínio de um território. Os espanhóis sabiam da importância deste poder, descobrindo, não sem erros e excessos vergonhosos, com a perspetiva de séculos, inúteis e intoleráveis, que a melhor forma de implementação não era através do extermínio indígena, como fez a Inglaterra nas suas possessões na América do Norte, Africa ou Asia, mas através do reconhecimento tácito dos costumes ancestrais, embutidos no desígnio vice-real, e todos sujeitos às leis da Coroa espanhola. De facto, os curacas e caciques locais não desapareceram das estruturas políticas e administrativas, mas constituíram um passo essencial para a consolidação do poder europeu, enquanto conseguiam a subjugação da população.

Os dados demográficos contrastantes mostram que não houve genocídio, uma vez que a maioria da população contabilizada era de nativos, incluindo índios, mestiços e pardos. No entanto, não podemos ignorar os terríveis excessos dos europeus, muitos dos quais eram libertados da prisão e aventureiros, ávidos de fortuna e, em geral, sem humanidade, apesar de se acreditarem em porta-estandartes do cristianismo, com um enriquecimento pessoal tão lucrativo para eles como para a Coroa espanhola e a Igreja Católica.

É de notar que a Espanha tinha deixado para trás, em certos domínios, a xenofobia e o racismo tão comuns na esfera anglo-saxónica até há pouco tempo, quando João de Sessa (*Juan Latino*) se tornou o primeiro professor negro de latim e história na Universidade de Granada, em 1570.

Mas a metrópole estava demasiado longe para a limpeza administrativa e o asseio da gestão quotidiana nos vice-reinados.

A coroa espanhola tinha demasiadas frentes abertas, no Mediterrâneo, com a Inglaterra, com Argel e Menorca; a pirataria e os corsários nos mares do Sul e na Carreira de Índias, que tornavam a travessia do Atlântico numa rota perigosa e em permanente tensão; a coroa francesa à beira de uma revolução que iria salpicar a Península Ibérica, ou a luta pela independência nas províncias da América do Norte, como que para atar todas as pontas soltas dos vice-reinados, bem como o desgoverno e a corrupção nas audiências e corregimentos.

Qualquer tentativa do Tribunal de Justiça para limitar estes abusos, que os vice-reis já não podiam controlar, deparou-se com a realidade de uma distribuição desigual dos poderes jurisdicionais.

Os visitadores enviados pelo Rei, para apurarem e corrigirem os desvios *in situ*, foram fonte de grande controvérsia devido aos amplos poderes que exerciam, causando insegurança jurídica e suspeição até entre os próprios vice-reis. Foi o que aconteceu, como veremos, com a chegada do Visitador Geral José António Areche, que se deslocou a Lima com a intenção radical de mostrar a sua autoridade, em nome do Rei ou do seu amigo e apoiante, o Secretário das Índias, José Gálvez, reprimindo os seus súbditos com mão de ferro.

A corrupção era uma parte inseparável de quase todos os níveis da administração, de modo que os responsáveis pela aplicação da justiça estavam eles próprios a tirar proveito ilícito das suas posições.

Um exemplo, que ocorreu quarenta anos antes dos acontecimentos aqui descritos, foi o do famoso hispano-peruano Pablo de Olavide y Jáuregui, cujas remessas de riqueza privada de Lima para Cádis, colocadas nas mãos de banqueiros locais e especuladores franceses, foram apreendidas, uma vez que provinham do negócio mercantil privado e das dívidas do seu pai, Martín de Olavide, responsável pelas contas públicas em Lima, pelo armazenamento e venda de roupa trazida de Espanha, que não pagava aos seus fornecedores, para abastecer o também abusivo negócio dos repartimentos. O terramoto que devastou Lima em 1746 abalou, sem dúvida, todo o sistema de corrupção existente, mas não lhe pôs fim.

Perante este panorama de usura, o descontentamento da população indígena, mestiça, crioula e mesmo europeia era crescente, exigindo uma redução das taxas e impostos e uma alteração das estruturas administrativas locais e vice-reais.

Bispos, padres, numerosos clérigos de diferentes ordens monásticas, os curacas e caciques nativos e, sobretudo, os influentes ex-jesuítas, que juntavam o seu profundo conhecimento do território à vingança latente contra as estruturas eclesiásticas e vice-reais por terem sido banidas tanto pela Coroa como pela Santa Sé, não foram alheios às revoltas e à confusão geral.

Don Manuel de Guirior, Vice-rei do Peru até 1781.

UM RETRATO DA SITUAÇÃO

E m 24 de agosto de 1780, o então Vice-Rei do Peru, Don Manuel Guirior, deixou Lima, embarcando com a sua família nesse mesmo dia no porto de El Callao, com destino a Valparaíso, para daí seguir para Espanha, via Buenos Aires, por terra, embarcando aí de novo, sem o risco de atravessar o perigoso Cabo Hornos.

Atrás dele estava o sucesso da expedição de exploração naturalista que partiu de Cádis em novembro de 1777 no navio *El Peruano*, composta pelos botânicos espanhóis Hipólito Ruiz e Joseph Pavón, e pelo cientista e médico francês Joseph Dombey, acompanhados pelos desenhadores Joseph Brunete e Isidro Gálvez, para descobrir e catalogar as riquezas naturais do Peru e do Chile.

Enquanto os quatro espanhóis recebiam salários e gratificações da Corte espanhola, o francês recebia 600 pesos da França, embora o Vice-Reino o ajudasse, adiantando-lhe o que fosse necessário.

A faceta política seguia um caminho diferente. O próprio Vice-Rei Manuel de Guirior o deixaria claro no resumo manuscrito do seu mandato em Lima, no qual sublinha a extrema pobreza dos indígenas:

"Sempre sofreram grandes extorsões e agravos, a um tempo com maior reserva, correspondendo ao perigo de que pudessem ser descobertos com menor excesso e aquele que interviesse, só em detrimento particular dos indivíduos daquela nação. Mas nestes últimos anos, a ambição foi exaltada a tal ponto que parece estar a levar à completa ruína das províncias. E, refletindo sobre a razão de tão palpável decadência, com pouco trabalho, ela se acha na permissão dos repartimentos, que antes faltava, e agora parece autorizar os corregedores para todos os arbítrios e poderes que justamente lhes eram vedados.

O que hoje lhes é concedido para entrar em negociações e vendas limitadas a certos preços e efeitos, é firme e comummente considerado como exclusivo, em relação a qualquer outro provincial ou estrangeiro que o deseje fazer, em virtude da licença que lhes é concedida pela Lei Geral.

Os compradores que, pelo mesmo, deveriam ser livres nas suas transações, de acordo com a sua necessidade ou prazer, sofrem uma verdadeira coação que os obriga a entrar nelas.

Por vezes tenho repelido as queixas ou petições dos corregedores que, pelo privilégio que concebem e de que erradamente gozam, pretendiam repelir na sua jurisdição qualquer outro comércio que não o da sua permissão, no entanto, no carácter do seu emprego, têm muito poder para repelir, pelo menos, com mão baixa, todos os que entrassem em disputas iguais."

Estes excessos estiveram na origem da morte de Gerónimo Sugasti, corregedor de Chumbivilcas, que foi desumanamente assassinado num motim pelos índios da aldeia de Belille.

"As causas deste atroz crime, encontrei-as já arquivadas no Real Tribunal do Crime e, à minha chegada, apenas tive de providenciar, para assegurar a calma daquela comarca, que partisse para lá um novo corregedor prudente e temperado, com quem eu pudesse apaziguar os ânimos, mas com a condição inviolável de que não adiantasse a menor distribuição, pois foi-me manifestado que a considerável desordem de que subsistia para recolher tinha originado aquele fatal acontecimento".

Mas a boa disposição do corregedor já não era suficiente, porque havia mais razões para os nativos se aborrecerem. O tumulto nas províncias era acompanhado por lutas pessoais pelo poder na alta magistratura do Vice-Reino. O Vice-Rei Guirior perdeu a sua batalha particular contra o Visitador Geral José Antonio de Areche, com enorme prejuízo para a governabilidade do Peru, que entrava na fase mais delicada da sua insubordinação.

Embora Manuel Guirior tenha recebido José António de Areche a 20 de novembro de 1776 como novo Visitador Geral de todos os tribunais de Justiça, da Fazenda Real, de Ramos de ella e dos seus cofres, com toda a compreensão e consideração para chegar a Lima, depois de viajar de Acapulco para Payta, o primeiro porto da sua jurisdição, o Vice-Rei declara numa carta ao Rei "como estou disposto e feliz por lhe prestar toda a ajuda de que possa necessitar".

Guirior instruiu todas as Cajas de Tránsito e corregedores a obedecerem às ordens emitidas por Areche. Esta boa disposição não tardou a ser alterada pela atitude com que o novo Visitador Geral começou a exercer o seu cargo, demitindo procuradores e juízes que eram claramente favoráveis ao Vice-Rei, sendo um dos casos mais notáveis o do Procurador Civil do Tribunal Real de Lima, Don Joaquín Galdeano, que foi destituído dos seus poderes, a quem retirou metade do ordenado, banindo-o quarenta léguas da capital, apesar do pouco tempo de serviço, "digno da estima geral", e o próprio Vice-Rei se mostrava incomodado com o "rigoroso tratamento e desprezo que se tinha dado à sua pessoa".

Guirior tentou por todos os meios convencer Areche a reparar o que considerava uma injustiça, mas este último "desviando-se do que não era difícil de compreender, variou a sua resposta ao ponto de presumir, de certa forma, que eu estava a tentar comunicar-me os segredos, que sei bem serem invioláveis, e a deter efetivamente a sua Providência".

A carta dirigida ao Secretário das Índias, D. José Gálvez, conclui: "Com tão cuidadosa ponderação me comporto e trato dos assuntos que apoiam e autorizam a expedição da

Visitação Geral deste Reino, para que se alcance o seu êxito, ainda que com a dor da lentidão do caminhoⸯe dos graves inconvenientes".

Ao primeiro contratempo juntou-se a chegada a Lima do novo regente da Audiência, D. Melchor Jacob Ortiz Rosano, a quem "vindo revestido da distinta confiança que o Rei deposita nesse emprego, julguei conveniente inspirar ao público, com as minhas demonstrações, o respeito que devia ter pela sua pessoa e emprego. Para este fim, pratiquei com ele, não só os ofícios públicos de cortesia, mas também os particulares de amizade íntima e fina. Mas, desde os primeiros passos, comecei a notar a impetuosidade e a intemperança do seu temperamento.

No dia em que chegou e tomou posse do seu cargo, mal tomou assento no Tribunal, e ainda antes de ser lido o seu Despacho, agarrou na campainha, que estava em frente da minha, e começou a falar, como se fosse Presidente. Eu dissimulei este desprezo por me parecer efeito de pouca reflexão, e para não o escarnecer no primeiro passo na presença dos outros ministros."

O Vice-Rei, incomodado com a situação, conta que tentou "fazer-lhe ver, em privado, a desordem e a falta de ordem na sua conduta e, em cada um destes gabinetes, protestou-me pela alteração, desculpando-se pela vivacidade do seu temperamento e pela falta de prática na gestão dos tribunais destes reinos.

Mas no dia seguinte a ter-me dado estas desculpas, insultou-me com um insulto semelhante ou novo.

Guirior chega a consultar o Visitador Geral sobre este comportamento e a necessidade de o corrigir: "Este meio produziu efeitos contrários aos que esperávamos. Em público e em privado, difamava as minhas operações e os meus mandatos; gabava-se de que o seu cargo tinha sido criado para conter e subjugar os vice-reis e que, na sua ausência ou na falta deles, era a primeira pessoa do Reino. A sua desfaçatez e irreflexão tornaram-se tão grandes que, na minha presença, proferia as mesmas expressões ou outras semelhantes.

Para apoiar estas vozes, pedia distinções e reverências próprias apenas dos vice-reis e das suas realezas, como os prebendários que saíam para o receber quando ele ia à Igreja da Sé presidir ao Tribunal, devido à minha doença; Que lhe dessem incenso, o fizessem descer para beijar o Evangelho e lhe trouxessem a paz da mesma forma que os vice-reis; que os seus familiares se sentassem no banco como os oficiais e familiares dos vice-reis, imediatamente atrás da sua cadeira e em frente do Cabido desta cidade, que ocupa os mesmos lugares. Nenhuma destas exigências lhe permiti pôr em prática, repelindo-as todas com a consulta e parecer do Visitador Geral".

Manuel de Guirior tinha do seu lado oidores, procuradores públicos e grande parte da sociedade de Lima, inquieta com o crescente poder de Areche. O vice-rei estava rodeado por um grupo de bajuladores e controtulios que tinham uma influência significativa nas suas decisões.

A gota de água nas desavenças entre os dois foi a decisão de José Antonio de Areche de criar a Ordem dos Advogados de Lima, utilizando as regras da Ordem (*Colégio*) dos Advogados de Madrid, embora sem o parecer de Guirior que, perante este atentado à sua autoridade, chegou a mandar quarenta soldados cercar a residência do Visitador Geral.

Em Madrid, chegaram vozes a favor e contra.

Estando em causa a representatividade e a autoridade do próprio vice-rei, que o Visitador Geral favorecia, aumentou a desordem nas províncias pela modificação e aumento da cobrança das alcábalas, da distribuição dos corregedores e do governo.

Os confrontos causaram numerosas mortes em Arequipa, Cochabamba e La Paz a partir do início da década de 1780, e a insurreição dos indígenas, que fervilhava desde 1775, continuou até aos acontecimentos liderados por José Gabriel Túpac Amaru.

A vitória de Areche sobre Guirior foi efémera, mas devastadora. A Ordem dos Advogados de Lima demoraria vinte anos a consolidar-se e, em Madrid, foi aberto um processo sobre o comportamento de um e de outro, no qual ambos foram prejudicados.

O próprio Areche é forçado a abandonar o Peru, sendo destituído do seu cargo em 1781, embora o Decreto Real de 13 de setembro desse ano o tenha feito "em virtude de repetidos pedidos" da sua parte.

Nela se ordenava a sua exoneração das importantes comissões de que estava encarregado, como Visitador Geral do Peru, do Chile e das províncias do Rio da Prata, e como Superintendente do Real Erário do Vice-Reinado, concedendo-lhe autorização régia para regressar a Espanha, para exercer o seu cargo de Ministro Togado no Conselho das Índias, e nomeia D. Jorge Escobedo, que já tinha sido nomeado para altos cargos na vila de Potosí, para lhe suceder como Visitador Geral, com a ordem expressa de que fosse ele a reconhecer e a tomar posse de Escobedo, "onde quer que se encontrasse". No entanto, a mudança efetiva foi adiada para 1782.

O estribo encontrado no naufrágio de Peniche, possivelmente pertencente ao Visitador Areche. (Foto: Jean-Ives Blot)

Don Agustín de Jáuregui y Aldecoa, Vice-rei de Perú 1781-1784

CHEGADA DE AGUSTÍN DE JÁUREGUI

A substituição de Manuel Guirior na chefia do vice-reinado por Agustín de Jáuregui foi celebrada em Lima com todas as honras, incluindo a realização de cinco corridas de touros na Plaza Mayor de Lima, adjudicadas ao comerciante Manuel Gutiérrez, em arremataçao pública, com venda de refrescos e gelados, anunciada até trinta e uma vezes pelo negro Juan Cortés, proprietário do serviço de pregoeiro, por não ter havido licitações para as touradas. São curiosas as condições que o adjudicatário estabeleceu para a organização das festividades[2].

Outro dos eventos celebrados foi a receção, a 27 de agosto de 1781, de Agustín de Jáuregui como vice-patrono da Real Universidade de San Marcos, com um brilhante discurso pronunciado e impresso pelo Dr. José Baquíjano y Carrillo, Procurador Protetor dos Naturais da Real Audiência, no qual, juntamente com o seu elogio ao homenageado, expressou o seu desacordo com o sistema[3] e a necessidade de uma mudança nas relações entre as colónias e a metrópole. Anos mais tarde, Baquíjano desempenhará um papel de destaque na cidade de Cádis como membro do Conselho de Regência durante a Guerra da Independência (1810-1814).

Uma das pessoas que mais claramente deixou escrita a sua opinião sobre a situação dos territórios peruanos foi o sacerdote Francisco Martínez Lacosta[4] num relatório manuscrito assinado a 30 de julho de 1781, entregue a Sua Alteza Real, o Príncipe Herdeiro Carlos de Borbón, que viria a ser Carlos IV sete anos mais tarde:

"O perfeito conhecimento que adquiri das províncias que compõem o Bispado de Cuzco, teatro das iniquidades cometidas pelo rebelde índio Túpac-Amaru, cacique inca de Tungasuca, nos seis anos em que em várias delas fui próprio

Praça Maior em Lima, antes do terramoto de 1746.

coadjutor, vigário externo, comissário de cruzada, visitador das rendas das suas igrejas, juntamente com o amor ao meu Soberano e particular inclinação à Pessoa de V.A., estimulam a minha consciência a apresentar a Vossa Alteza que a origem de acontecimentos tão desastrosos como os que se verificam nessa parte não é outra senão a cobiça e falta de educação dos súbditos que passam por essas províncias como governadores e corregedores, de cujo princípio derivam.

1. Pouca ou nenhuma administração da justiça.

2° A coação com que fazem as suas distribuições, o que excedem e a forma imprópria de as cobrar.

3° Os muitos assassínios que vi serem cometidos nas suas pessoas e nas dos seus tenentes e cobradores.

4° O despovoamento daquele reino e o extermínio das famílias índias.

5° O pouco rendimento que se experimenta nos bens de S. M. e outras desordens que em parágrafos separados farei ver a Vossa Alteza com os meios que julgo oportunos para restabelecer a calma daqueles espíritos, melhor administração da justiça, e aumentos da Fazenda Real: Porque V.A., melhor que todos, os poderá apresentar ao Rei, seu Augusto Pai, e exigir de sua Real Piedade o remédio preciso que a presente situação naquele reino requer.

Depois de ter exposto tudo o que aqui foi proposto, falarei a Vossa Alteza, no n° 6, da infinidade de coisas que é preciso reformar no estado *eclesiástico*, tanto secular como regular, pela grande influência que o bom ou mau exemplo dos seus indivíduos exerce sobre o povo:

Pouca ou nenhuma administração da justiça devido à imperiosidade e ganância dos Corregedores.

Os primeiros, pelo próprio facto da sua pretensão a tais postos, ou por causa do seu temperamento fraturante, não cabem nos regimentos, ou porque preferem o vil interesse às suas futuras promoções e ascensões. Os primeiros, já se vê que, pelo próprio facto da sua pretensão, ou por causa do seu temperamento fraturante, não cabem nos Regimentos, ou que preferem o vil interesse às suas futuras promoções e à honra que resulta para eles e para as suas famílias, mantendo-se empregados ao serviço de S.M. na nobilíssima arte da guerra. Quanto a estes últimos, é evidente que entrar na administração da Justiça sem ser do seu conhecimento ou fiscalização, não tem outro objetivo senão o de recuperar em pouco tempo o seu património perdido, à custa de cometerem repetidas injustiças e, consequentemente, da sua condenação certa.

Os militares, em regra, desconhecem não só os elementos teóricos e práticos do direito, mas até o significado das suas expressões mais triviais, e como nessas províncias não há advogados com quem se possam aconselhar, segue-se que, muitas vezes, mesmo que procedam de boa-fé, não podem decidir os casos que ocorrem sem se exporem ao risco de errar e decidir, em regra, contra os inocentes.

O ano de 1773 viu o fim do seu Corregedor na Província de Lampa, Don Juan Antonio Zaldúa, antigo capitão do Regimento de Toledo. Sempre que o procuravam para pedir justiça por escrito, maltratava os índios, porque não sabia o que decretar; e numa ocasião em que um mestiço foi fazer uso da sua autoridade porque outro lhe tinha roubado a mulher, levando-a para a cidade de Arequipa, ordenou ao ator que fosse roubar a mulher do réu. Na mesma província, no ano de 1776, aconteceu, enquanto o corregedor Dn. Juan Manuel de Parada, capitão comandante do Regimento de Cavalaria de Santiago, que um índio esfaqueou outro na cidade de Ayaviri, do qual morreu. O referido corregedor encontrava-se no local e, perante este facto, não tomou nenhuma medida oficial, até que o cacique do índio ferido o exigiu por escrito, e observo que tudo o que fez foi errado e dificilmente no caso de, porque a sua capacidade é tal que não a considero suficiente para governar um esquadrão.

O antecessor deste Corregedor foi Don Julián González de Collantes, um comerciante que faliu em Lima. Sempre que emitia um decreto ordenando a um devedor que pagasse ao seu credor, acrescentava que isso deveria ser feito sem prejuízo dos seus interesses: ou seja, se o devedor devia ao Corregedor qualquer quantia do repartimento, a execução não deveria ser efetuada até que ele fosse primeiro satisfeito com a sua dívida. O pior de tudo é que ali os Corregedores nunca dão sentença de enforcamento, desterro ou outras penas semelhantes a nenhum assassino, ladrão ou fator de crimes mais graves, porque a privação destes homens teria como consequência a perda da quantia ou quantias que lhes são devidas, Por isso, contentam-se apenas em confiscar os seus bens, fazer deles um grande monte de processos, cobrar os direitos e os crimes, para que permaneçam impunes para sempre, dando assim um reconhecimento tácito a toda a espécie de maldade, desde que aumentem a sua riqueza na medida em que a sua ambição os inspira.

Coerção com que os Corregedores fazem os repartimentos, excessos na tarifa e forma imprópria de os cobrar.

A cada Corregedor ou Governador é dada, quando vai tomar posse da província do seu comando, a pauta das mercadorias a distribuir, o seu preço e a quantidade determinada.

É-lhe ordenado, e isto por Ordem Real, que distribua os ditos bens pelos voluntários, tendo para este efeito um armazém aberto em sua casa. Nada disto é observado pelos corregedores, mas eles vão a todas as vilas das suas respetivas províncias com os bens, e nelas mandam chamar os presidentes das câmaras a todos os vizinhos e com o relatório que previamente tiraram dos bens de cada um, dão-lhes, quer queiram quer não, a quantia de tudo o que a sua pobre riqueza pode suportar; com o acréscimo de que, à pessoa que voluntariamente não se apresenta para receber o repartimento que lhe querem dar, atiram-no às portas de sua casa, quer ele o receba ou não, debitam-no à sua conta e se algum miserável tentar pedir justiça a um tribunal superior, Vi Dom Miguel Urbíbiola, corregedor de Caravaya, atirar à porta da casa de Thomás Piazentini vários bens no valor de dez mil reais, e depois apoderar-se de toda a sua propriedade para lhos cobrar.

É estranho e lamentável (como já testemunhei várias vezes) ver um índio receber, entre outras coisas, três ou quatro varas de veludo a trezentos reais a vara, quando a vestimenta desse infeliz não passa de um pano grosseiro tecido e tingido por ele mesmo, E segue-se que, no dia seguinte, o índio revende o veludo por uma quinta ou sexta parte do que lhe custou, começa a pagar ao corregedor com esse produto limitado, e pelo resto torna-se seu escravo: E o fim é que, como os repartimentos são permitidos para que os corregedores vistam os índios, que talvez por sua ociosidade não o fizeram (o que é inteiramente falso), os corregedores não dão nada de repartimento ao índio totalmente desvalido, e só recarregam aquele que tem bens conhecidos, de modo que o que observei sobre este ponto, se reduz ao facto de que ao índio nu não o vestem, e ao vestido o despem.

Depois que os corregedores, para assegurar seu lucro, tentam garantir que os bens que devem distribuir sejam os menos caros e, portanto, os danificados, falsos, estragados e de pior qualidade, eles excedem a quantidade a tal ponto que na província de Lampa, no ano de 1775, o referido Don Juan de Parada fez seu repartimento, e ainda que a tarifa da dita província só permita ao Corregedor distribuir cento e setenta mil pesos fortes, distribuiu clandestinamente perto de quatrocentos mil, e asseguro-vos que todos os outros corregedores fizeram e fazem o mesmo que este. Pior do que tudo o que foi dito, é a forma de exigir o que distribuíram. Deviam distribuir a sua coleta pelos cinco anos do seu mando (se seguissem as ordenações reais), mas o facto é que se propõem arrecadar tudo em três anos, para que, quando chegar a notícia de um sucessor, seja redondo, como dizem.

Para alcançar esta ideia, não só espezinham as ordenanças reais, mas até as leis da humanidade no seu conjunto. É então que se vêem as cadeias cheias de homens..., mas o que é que eu quero dizer com "cheias de homens"? É então que, para fazer com que os índios procurem com mais afinco algo para pagar, mesmo que seja roubando, prendem as suas mulheres, filhos e filhas, mantendo-os ali a morrer de fome, até que tenham algo para pagar a sede da sua ganância. É então que, tirando da terra as suas vacas, ovelhas, lhamas ou carneiros, fazem uma matança geral desse gado, aproveitando-se não só do montante da sua dívida, mas também do produto dessa operação, em relação ao preço ínfimo por que o levam.

Estes e outros modos semelhantes de cobrar aos corregedores, engendram no coração dos índios ideias tão funestas, que todos os dias há muitos homicídios, desobediências e motins que tenho visto contra as suas pessoas e as dos seus domésticos, o que será objeto do parágrafo seguinte.

Insultos cometidos pelas razões acima referidas:

O vice-rei do Peru, D. Manuel Amat, no ano de 1774, deu o Corregimento interino da província de Chumbivilcas a D. Joaquín de Alós, e consentiu, no entanto, por ser contra as ordenanças, que vendesse o seu interino de dois anos, no valor de meio milhão de reais a D. Gerónimo Sugasti. Este, como o trabalho lhe tinha custado muito caro, fez tal distribuição, que um cacique lhe representou a grande dificuldade que a sua coleção lhe custaria no curto prazo de dois anos. Só por esta razão, despediu o cacique do seu cargo e prendeu-o. A índia cacique pediu-lhe várias vezes a liberdade do seu marido com a maior submissão e vendo que não a podia obter por este meio, embebedou a maior parte dos índios do seu ayllo 5, foi com eles à prisão, tirou o seu marido de lá e quando o corregedor e os seus parentes se quiseram opor, mataram-nos a todos com paus e pedras, deixando-o estendido no meio da praça. O vice-rei foi informado deste facto, mas como tinha permitido o benefício do corregimento, não podia proceder contra os índios, e como o seu crime ficou impune, perderam o medo de cometer o mesmo contra o corregedor e alguns dos seus tenentes ou cobradores.

Na cidade de Urubamba, capital da província com o mesmo nome, no ano de 1776, os índios revoltaram-se contra o corregedor Pedro Lefdael y Melo, saquearam a sua casa, queimaram-na e, no meio da praça, incendiaram os cereais, os móveis e tudo o que nela havia. O bispo de Cuzco, D. Agustín de Gorrachategui, que também tinha feito os maiores esforços para pacificar os índios, encontrava-se nesse momento e, sem o ter podido fazer, tirou o Santíssimo Sacramento da igreja nas suas mãos, pregou-lhes durante muito tempo desta forma e, vendo que não só não conseguia atingir o seu objetivo, mas também que eles perdiam seriamente o respeito pelo seu elevado carácter, morreu de desgosto. Este facto ficou impune, porque o Vice-Rei foi informado de tudo e soube que o corregedor agia tiranicamente contra os índios em assuntos de interesse e, entre muitos dos seus furtos, descobriu-se que tinha uma medida grande para receber o grão das suas colheitas que os índios lhe davam em pagamento do repartimento, e outra pequena para o vender depois aos miseráveis que dele necessitavam para o seu preciso sustento.

Eu poderia encher um grande volume com factos semelhantes, mas como creio que o que foi dito é suficiente para dar uma ideia perfeita da má maneira como os corregedores desta parte do país agem, vou agora falar de outro método mais tirânico pelo qual os corregedores de algumas províncias cobram dos índios as suas distribuições, e que é a causa do despovoamento geral daquele reino.

Causa do despovoamento que o Peru atravessa atualmente.

A grande variedade de temperamentos no Peru é uma coisa muito especial. A cidade de Cuzco goza de uma primavera perfeita durante todo o ano; no mesmo bispado há aldeias onde em todos os doze meses do ano faz tanto frio como em San Ildefonso[6] em janeiro, e noutras faz tanto calor como em Aranjuez em julho. Os corregedores das províncias cujo temperamento é frígido, para arrecadarem o seu lote, enviam os seus índios cem de cada vez, e às vezes em maior número, para trabalharem nos países de calor rigoroso onde se cultiva o milho, o açúcar e outros efeitos que exigem este temperamento. Os índios para esta viagem abandonam as suas mulheres, as suas casas e o seu modo de vida, e como o produto do salário vai para o corregedor, este é obrigado a comer muito mal, sendo o calor insuportável para um homem nascido e criado num temperamento diametralmente oposto, e o trabalho de cultivar a terra a que não está habituado, faz com que adoeça facilmente, e se for de terçadita (uma epidemia

40

muito comum nestes lugares), incham e poucos escapam com vida. Assim, a experiência mostra que apenas metade destes índios regressa às suas casas.

Isto é verdade, toda a gente o sabe, ninguém o pode ignorar, e o despovoamento é tão constante que, feito o cálculo dos índios existentes no Peru no tempo da conquista, foram encontrados sete milhões, e hoje os afluentes não ultrapassam os oitocentos mil.

A ganância dos corregedores é a causa do pouco produto que se experimenta no interesse da S.M.

Não há corregedor que não ultrapasse cem por cento da quantia que lhe é permitida pela tarifa para distribuir, e como não há pagam mais alcábala do que a quantia permitida, daí que, como a distribuição do excesso é clandestina, resulta um prejuízo considerável para S.M. e para o público. Ao público, porque os corregedores armazenam mais mercadorias do que as que podem ser consumidas nas províncias, e com isso os mercadores, que as dariam a preços infinitamente mais baixos, não têm onde entrar para as comerciar. Não só defraudam S. M. dos seus bens reais, não pagando a alcábala dos excessos das suas distribuições, mas, restringindo, como fazem, o comércio das províncias só às suas pessoas, diminuem e aniquilam o comércio ativo e passivo das províncias e, por consequência, defraudam a Fazenda Real do que ela produziria se fosse livre como é entre todas as nações do mundo, sendo da Direito das Pessoas.

Por um Capítulo de Ordenamento, S.M. ordena aos corregedores que impeçam a embriaguez entre os índios. Cheios de um falso zelo, quando algum comerciante chega às cidades com bebidas alcoólicas, ordenam-lhe que se vá embora, ameaçando-o com penas rigorosas. Agem assim com o único objetivo louvável de observar as Ordenações Reais?

Têm a aguardente armazenada na posse do tenente ou do coletor de cada povoação. Este, como tem a justiça na mão para cobrar, confia-o a quem lho pede e o índio autorizado pelo seu corregedor embriaga-se todos os dias, dando origem a mil desavenças na sua família, desprezos e pecados, mas os corregedores aumentam a sua riqueza, que é o único objetivo que têm em pedir ou aceitar este cargo, pois ouvi várias vezes que não foram para as Índias para mudar de temperamento, mas para procurar dinheiro[7].

Em regra, os que se destinam a cobrar o imposto de alcábalas nas povoações são os mesmos tenentes ou cobradores dos corregedores, e como são seus dependentes, tanto no trato deste ramo, como em muitos outros em que negociam, nem sequer se atrevem a pronunciar o nome de alcábala diante do seu corregedor. Considerai, pois, o mal que se fará à Fazenda Real com esta nociva união e dependência de súbditos.

Alguns abusos dignos de reforma que observei no estado eclesiástico, tanto secular como regular.

É uma máxima bem estabelecida e bem recebida entre o povo, que uma cidade é boa ou má nos seus costumes, na proporção do carácter dos eclesiásticos que a habitam. Por isso se deve dar o maior cuidado e atenção à eleição dos párocos dos índios, porque estes, se forem capazes e de boa intenção, podem ter influência suficiente para que os seus paroquianos tenham o respeito e amor devidos ao seu soberano, vivam fora de toda a sedição e alvoroço, e recebam com a maior submissão e obediência as ordens e tributos que vêm do trono. Sempre que estas eleições são feitas pelos cabildos sede vacante, correm sempre tão mal que, a meu ver, são a origem de todo o desastre. Os cabildos, pois, quando têm coadjutores para preencher, se há doze cónegos e vinte e quatro coadjutores, dividem-nos em dois cada um, e estes dão-nos aos sobrinhos, quer sejam ou não idóneos para isso, ou chegam ao extremo de os vender, como sei que se fez no bispado de Cuzco.

Os cónegos de plena e vacante sede são os que leiloam em hasta pública os dízimos da sua diocese, a seu critério. Os comissários tiram quatro por cento por estipêndio, na coleta que dão ao arrendatário e, no entanto, que isto é em detrimento dos bens de Sua Majestade que ali tem os nonos em razão do Padroado Real, o pior é que por vezes os comissários deixam-se subornar, como em Cuzco se viu e se provou num processo seguido perante o Diocesano, resultando em graves prejuízos para o resto dos cónegos e para a Fazenda Real.

As taxas que alguns bispos e seus visitadores cobram dos padres para a visitação são tão excessivas que eles pedem uma grande reforma. Muitos deles cobram pelo menos duzentos dobrões, e como estes devem sair do trabalho do pobre índio, é claro que quando se queixam, têm razão para o fazer.

Modificando estas despesas e com qualquer outro meio que não seja difícil de encontrar, Sua Majestade poderá poupar todos os anos pelo menos um milhão e meio de pesos, que paga em sínodos aos párocos do Peru.

Os abusos observados no governo dos regulares são tantos e tão inconscientes que, para falar deles com toda a extensão que o assunto exige, era necessário tratá-lo *"pro dignitate"* e não se limitar aos limites estreitos de um simples relatório.

Quem não estiver bem instruído no Dogma e nas máximas morais, será levado a hesitar pela conduta dos religiosos, levando-o a pensar que os autores teológicos enganam o mundo quando falam de obediência, apostasia, voto de pobreza, simonia e coisas semelhantes, pois nesse reino, a cada passo, encontram-se frades a vaguear pelas províncias sem outra licença que a sua própria, passando anos inteiros sem regressar ao convento, negociando e trocando com qualquer secular, e jogando com o dinheiro tão francamente como se o tivessem herdado.

Os Capítulos Provinciais, em regra, são todos simoníacos. Sei que um Provincial, nesses, custava quinze mil pesos pelo seu cargo e que as Prelaturas locais eram vendidas na proporção do que os prelados podiam usurpar dos respetivos conventos. O dito Provincial morreu na sua primeira visita, e um dignitário da Catedral de Cuzco, que lhe emprestou o dinheiro, perdeu-o como castigo por ter concorrido para uma maldade deste género.

As religiões são governadas por tais prelados, e é fácil conceber que isso lhes baste para lhes faltar o recolhimento, a oração e a observância da disciplina monástica. Cada portaria é como um mercado durante todo o dia. As freiras nunca comem no refeitório, mas apenas nas suas celas, e a vida comum, tão essencial em qualquer casa de religião, é-lhes desconhecida.

Para se ter uma ideia da desordem que existia nos conventos, basta dizer que no Convento de Santa Clara, na cidade de Cuzco, há pouco mais de cem freiras, e que entre estas, as educandas e as criadas, estão encerradas no claustro três mil e quinhentas mulheres. O prejuízo que isto causa ao Estado é tão conhecido que não é necessário referi-lo.

Meios adequados para restabelecer a paz naquele Reino, para uma melhor administração da Justiça e aumento do Tesouro Real.

É o conhecimento de uma doença pelas suas causas, o melhor meio para a sua cura perfeita. A prática do confessionário, as muitas conversas com os caciques e outros índios na sua própria língua, e vários acontecimentos particulares que testemunhei, deram-me uma ideia perfeita das razões do seu descontentamento atual, e alguns dos próprios índios sugeriram-me mesmo como remédio espécies suficientes que poderão preencher muito do que deixo proposto no presente parágrafo.

Não há nada mais odiado por todos os habitantes do Peru, sejam eles espanhóis, mestiços, mulatos ou índios, do que os nomes de Corregedor e Repartimento. Se este último continuar a existir, mesmo com todas as modificações que se possam conceber, estas pessoas nunca serão felizes, nem cessarão os distúrbios que hoje se registam. Pelo contrário, se este embaraço fosse eliminado, garanto-vos que eles receberiam de bom grado quaisquer outros impostos que pudessem ser insensivelmente tentados, porque os índios, pela sua natureza desconfiada, abominam tudo o que é novo, mesmo que lhes seja favorável. Estou convencido de que o Reverendo Bispo de La Paz propôs, não sei se ao Conselho ou ao Ministro, que os índios, desde que os repartimentos fossem suprimidos, pagariam de bom grado a S.M. mais um terço de tributo, o que certamente equivaleria por ano a um aumento de cerca de três milhões de pesos fortes. Isto foi-me repetidamente assegurado por vários caciques e índios principais.

Sei bem que haverá quem se oponha a esta proposta, argumentando que, sem o incentivo do grande lucro oferecido pelas distribuições, não haverá ninguém que queira ser corregedor, mas isso é um erro manifesto.

Todos os corregimentos e governos do Peru estão dotados de salários capazes de sustentar os corregedores de Letras, e estes serviriam de bom grado se lhes fosse assegurada uma escolha proporcional ao seu mérito, de um corregimento para outro, destes para as Auditorias de Guerra, destas para as Audiências, e depois para o Conselho. Acrescente-se a isto (e eu sei-o pelos próprios corregedores) que só com o produto das assinaturas que ali se pagam a um peso forte cada uma, podem manter a sua casa com decência.

Com isto haverá quem em qualquer litígio saiba e possa livremente administrar a justiça nas Províncias, sem necessidade de procurar um conselheiro distante, muitas vezes a setenta ou oitenta léguas de distância, porque na verdade ninguém pode aprovar ou dizer que a bitola da medida e a da Justiça estejam bem colocadas na mesma mão.

Então, de facto, o comércio aumentará muito, e o S.M. receberá das alcábalas muito mais do que atualmente. Os alcábalas render-lhe-ão muito mais do que atualmente, porque a liberdade no comércio é a alma de um Estado, e os corregedores estancaram (digamos assim), todos os bens e efeitos em que a plebe pode mutuamente comerciar: Numa palavra, facilitando este nobre encorajamento naqueles reinos, entendo que sobre a utilidade do Real Erário resultaria precisamente a maior união dos seus habitantes, a civilidade dos seus costumes, e um amor particular ao soberano por tais disposições benéficas, sendo consequentemente abafada toda a semente de sedição.

O que até agora disse, Sereníssimo Senhor, para provar a ignorância e avareza dos corregedores e que eles são a causa do despovoamento do Peru, da defraudação da Fazenda Real e, o que é pior, das perturbações que neste momento se experimentam naquele país, é apenas uma sombra, comparada com o muito que poderia dizer se não tivesse medo de perturbar a atenção de Sua Alteza, A cuja perspicácia deixo a consideração do pouco que tenho dito, tudo o que seria, protestando a Sua Alteza, que o que tenho dito é, sinto, e se necessário fosse, poderia jurá-lo *in verbo sacerdotis*, pois não tenho outro objetivo ao dirigir estas humildes expressões aos Pés de Sua Alteza, senão a tranquilidade da minha consciência, a consideração por aqueles infelizes, a maior tranquilidade daquele Reino, e o desejo de que no futuro o Estado possa alcançar toda a felicidade que desejo.

San Felipe, 30 de agosto de 1781.

Senhor Sereníssimo. Don Francisco Martínez y Lacosta".

Mas esse quadro negro descrito pelo padre, tão crítico em relação a uma das partes em conflito, não refletia, nem minimizava, a responsabilidade de outros elementos, que ergueram a bandeira da emancipação, utilizando a poderosa mensagem da liberdade e a luta contra o insuportável fardo do tributo, para conseguirem, com os tumultos e revoltas em várias províncias do Vice-Reinado, a ostentação do seu próprio poder e a necessidade da derrota de um inimigo comum, ter um líder indiscutível: José Gabriel Condorcanqui Noguera, Túpac Amaru II, tetraneto de Felipe Túpac Amaru I⁰.

TUPAC AMARU II

José Gabriel Condorcanqui Noguera, filho de Miguel Condorcanqui Usquiconsa e de María Rosa Noguera, nasceu na aldeia de Surimana em março de 1738. O seu pai tinha incutido em José Gabriel, apesar de ser o segundo filho do casamento (devido à morte prematura do primogénito), os direitos e a dignidade dos curacas (foi curaca mor do ayllu de Surimana e de várias aldeias

circundantes)[9], descendentes dos antigos reis incas, razão pela qual acrescentaram aos seus nomes o nome ancestral de Túpac Amaru[10]. Eram considerados como tal pelos nativos de toda a região e gozavam desses privilégios até nas cerimónias religiosas, sendo esta uma das razões pelas quais foi cristianizado na sua terra natal e, dois meses depois, batizado com grande pompa na paróquia de San Felipe, em Tungasuca, onde foi registado com o apelido Túpac Amaru, símbolo da sua herança real inca.

Se Condorcanqui representava o poder do condor na tradição inca, o apelido de Túpac Amaru era o do Senhor da Grande Serpente. Condor e Serpente, unidos desde 1593 pelo casamento entre Diego Felipe Condorcanqui e Ñusta[11] doña Juana Pilcohuaco, filha de Túpac Amaru e bisneta de Túpac Yupanqui.

A família Túpac Amaru tinha aumentado consideravelmente a sua riqueza, graças ao controlo das estradas e dos ayllus, tanto nos vales como nas montanhas, mantendo o tradicional sistema de comunicação inca, que tanto surpreendeu os primeiros espanhóis a chegarem às terras andinas, tal como descrito, entre outros, pelo Inca Garcilaso[12] e pelo Padre Acosta.

"A forma de envio destes correios ou chasquis era muito semelhante à dos correios da Europa. Chamavam chasquis aos correios que estavam colocados nas estradas para levarem as ordens e trazerem as notícias e avisos que, para os seus reinos e províncias, longínquos ou próximos, fossem de importância; para o que tinham quatro ou seis índios jovens e ligeiros a cada quarto de légua, que estavam em duas cabanas para se protegerem das intempéries. Levavam os seus pertences à vez, ora os de uma cabana, ora os da outra. Um olhava para um lado e o outro para o outro, para que pudessem ver os mensageiros antes de estes os alcançarem e para que estivessem prontos a abrigar-se, para que não se perdesse tempo. Para isso, colocavam sempre as suas cabanas no alto, e também as colocavam de forma a poderem ver-se umas às outras. Estavam separadas por um quarto de légua, porque, diziam eles, era a distância que um índio podia correr ligeiro e sem fôlego sem se cansar.

Como o tesouro incaico não podia pagar um número tão prodigioso de mensageiros colocados em cada quarto de légua, as despesas do seu chasqui ou mensageiro, bem como a reparação das pontes e o nivelamento e pavimentação das estradas, faziam parte das despesas do conselho".

Os chasquis eram tão eficientes que, para além da correspondência oficial ou privada, transportavam mercadorias de tal forma que o peixe fresco da costa de Tumbes, a cem léguas de distância, chegava à Corte Inca em Cuzco[13].

"Eu vi", disse o Padre Acosta, referindo-se aos quipus, "um punhado desses tecidos, nos quais um índio me trouxe a confissão geral escrita tão perfeitamente como eu a teria escrito à mão num papel.

Estudos posteriores decifraram, *como se de uma descoberta se tratasse*, o que era prática comum entre os indígenas andinos, baseando estas mensagens na combinação de fios, nós e cores, que serviam não só para manter uma contabilidade exata, mas também para encadear frases e mensagens entre os colonos, independentemente da difícil implementação do sistema de correio europeu e das mensagens em papel da administração colonial, que se viu obrigada a utilizar estes mesmos canais, com a necessária colaboração de caciques e curacas.

Calcula-se que José Gabriel Túpac Amaru tenha recebido este legado como herança dos seus antepassados, para além das honras de chefe inca, com todas as prerrogativas de obediência, numerosas propriedades e cerca de trezentos e cinquenta cavalos, além de outros animais de carga.

Tinha também à sua disposição centenas de tropeiros, cada um com a sua manada correspondente, que cobriam todo o território peruano[14].

Com todo este poder e a arrogância que o seu carácter e linhagem lhe conferiam, era respeitado até pelos representantes da administração espanhola.

José Gabriel cresceu plenamente convencido da dignidade da sua linhagem, como demonstra graficamente o historiador José Antonio del Busto Duthurburu na sua biografia documentada e apaixonada[15], cheia de lirismo, mas também de dados, incluindo fotografias, de Surimana e da casa onde, segundo o autor, José Gabriel nasceu, e no seu ambiente familiar, com numerosos criados.

O jovem cedo se apercebeu da importância social da família Túpac Amaru, como descendentes diretos dos reis incas e, especialmente do seu pai, como curaca chefe de Surimana, Tungasuca e Pampamarca.

Em 1748, o Curaca Maior matriculou o seu filho José Gabriel no Colégio Jesuíta de Caciques[16] em Cuzco, onde os alunos recebiam uma educação cristã completa e o conhecimento da sua própria história, educação que foi aumentada com a morte de Miguel Túpac Amaru em 1750. José Gabriel permaneceu no Colégio até 1758, quando regressou a Tungasuca para assumir o posto do seu pai, que tinha sido exercido provisoriamente pelos seus tios e tutores como Curacas i[17].

Em 1760, após os seus tempos de escola, José Gabriel Túpac Amaru conheceu, por intermédio do seu tio Marcos Túpac, a jovem Micaela Bastidas Puyucahua, da aldeia de Pampamarca, que mais tarde viveria com a sua família em Surimana, sendo muito respeitada em ambas as aldeias. Foi nesta segunda cidade que se casaram na igreja de Nossa Senhora da Purificação.

MICAELA BASTIDAS

Micaela Bastidas representou na vida de José Gabriel Túpac Amaru, a tenacidade, a ordem familiar, o controlo administrativo dos tributos, dos tropeiros e do gado e muitas das decisões importantes, encorajando o marido e dando-lhe três filhos no espaço de oito anos: Hipólito, nascido em 1761 em Surimana, que morreu executado aos 20 anos; Mariano, que nasceu em Tungasuca no ano seguinte, morreu em alto mar, perto do Rio de Janeiro, a caminho do exílio, em 1784; e Fernando, batizado em Pampamarca, em maio de 1769, morreu em Madrid em 1798.

O casal multiplica o seu património, com casas próprias e cavalariças nas principais localidades, e aumenta o respeito, quase veneração, dos seus vizinhos. O que realmente se passava na intimidade da família está documentado nesta obra.

Mas José Gabriel Túpac Amaru pretendia, para além do reconhecimento pleno de que era o autêntico herdeiro dos privilégios do primeiro rei inca, súbdito por circunstância e por vontade própria, de Sua Majestade o Rei Carlos III, e que o Conselho certificasse o seu estatuto de nobre espanhol com direitos sobre o território, como Marquês de Santiago de Oropesa, título em disputa com a família de Diego Felipe Betancourt Túpac Amaru, ambos descendentes por ramos diferentes do antigo imperador inca, entre outros.

A Coroa determinou que este título tinha sido extinto após a morte, em 1741, da última marquesa que preenchia todas as condições para a posse deste título.

José Gabriel Túpac Amaru II moveu uma ação contra a família Betancourt, mas também contra a decisão do Tribunal Real de Lima, enviando um familiar como emissário ao Tribunal de Madrid para o efeito e para exigir, sem sucesso, um melhor tratamento dos corregedores nos repartimentos e na supressão da mita[18], que tinha atingido o nível da escravatura, apesar de ter conquistado a simpatia dos padres, dos bispos e de uma boa parte da população, uns por justiça e outros por compensações sociais ou económicas.

O cacique aumentou a sua fama de líder indígena, tornando-se a voz constante das reivindicações de todas as pequenas povoações, com um poder que ultrapassou a nomeação mutável de vice-reis, oidores, governadores e corregedores.

O novo corregedor da província de Tinta, António de Arriaga, território também controlado por José Gabriel Túpac Amaru, como cacique e curaca mayor, foi recebido com agrado por este último e, com o passar dos meses, com afeto, familiaridade e até simpatia.

O abastado corregedor, cuja família se dedicava ao comércio, fretava regularmente navios carregados de mercadorias de Cádis - como a fragata Ntra. Señora de los Milagros - com mercadorias no valor de 250.000 pesos, que saíam do porto andaluz, eram multiplicadas pela distribuição forçada aos colonos, quando este comércio não devia legalmente ultrapassar metade, de acordo com a capacidade económica da região.

António de Arriaga convidou Túpac Amaru a participar no repartimento, pois o sucesso da distribuição estava praticamente garantido pela eficiência da sua rede de mensageiros e animais de carga. A sua missão seria apenas a de apaziguar as constantes queixas da população e assegurar o cumprimento das ordens de entrega e recolha de mercadorias.

Túpac Amaru, que conhecia os limites que o corregedor não devia ultrapassar, continuou a colaborar com ele, para bem dos seus negócios, mas as queixas dos colonos aumentaram, até que ele próprio considerou que a situação era agora ingovernável e podia prejudicar o seu prestígio.

O aumento dos impostos, a aplicação abusiva dos repartimentos, a exploração da mão de obra autóctone, tanto nos
campos como nas minas, e o retrocesso pessoal dos seus su-
postos direitos nobres, serviram de combustível para a
explosão revolucionária, sem solução.

 A única forma que encontrou para resolver o problema - depois de receber algumas ameaças de António Arriaga para
não atrasar a entrega do produto - foi demonstrar a todos o
seu compromisso com a terra, eliminando fisicamente o corregedor.

Como as queixas sobre práticas abusivas em todo o Peru tinham chegado a Madrid, o vice-rei preparava-se para pedir à
Coroa a abolição dos corregimentos, embora poucos acredi-
tassem que tal medida pudesse ser tomada imediatamente.
Foi também decretado o fim dos repartimentos. A decisão oficial chegou demasiado tarde.

Em regra geral, entre um pedido do Vice-Reino e a resposta
de Madrid podiam decorrer pelo menos oito meses.

O manuscrito, dirigido ao Capítulo Diocesano de Lima, sede
vacante, com a assinatura do vice-rei Agustín de Jáuregui,
diz o seguinte:

"Determinando com este Real Acordo[19] a extinção total dos
repartimentos que os corregedores faziam aos índios, pelos
incómodos e agravos que lhes infligiam e outras queixas de
que os tribunais estavam cheios:

Foi redigido e publicado nesta capital o bando, do qual dirijo
doze exemplares a Vossa Excelência, a fim de que, imposto
para benefício comum dos miseráveis índios, e para diligen-
ciar o seu conteúdo, passe um exemplar aos sacerdotes das
doutrinas deste bispado. Que Deus vos guarde, Excelência,
por muitos anos. Lima, 20 de dezembro de 1780".

Quarenta e seis dias antes, a 4 de novembro, o que parecia ser uma inocente e amigável celebração da festa de San Carlos Borromeo, dia do nome do padre e sacerdote de Yanaoca, Carlos Rodríguez, transformou-se numa armadilha.

O sacerdote, para comemorar o seu próprio santo e o do rei Carlos III, convidou, entre outros vizinhos ilustres, o seu amigo José Gabriel Túpac Amaru, como curaca e máxima autoridade local responsável pela cobrança dos impostos indígenas, e o corregedor da província, Antonio de Arriaga, que, segundo várias fontes, chegou quando o almoço já tinha começado, sendo prepotente e desrespeitoso até com o próprio anfitrião, uma vez que, algumas semanas antes, o corregedor tinha sido excomungado pelo Provisor da Diocese de Cuzco. Arriaga tinha repreendido um padre que estava a fazer um escândalo de adultério e tentou corrigi-lo, mas o padre não levou em conta a repreensão e o corregedor prendeu-o.

O padre recorreu ao bispo de Cuzco, que decidiu excomungar o corregedor. Arriaga, não satisfeito com a solução, apresentou uma queixa ao Metropolita de Lima, denunciando que o padre vivia com uma mulher com quem tinha vários filhos. Perante as provas, a excomunhão foi levantada, mas a amargura continuou.

Coincidiu com uma ordem do Visitador Geral, José Antonio de Areche, para realizar um novo recenseamento *sem exclusões ou reservas* de índios, mestiços e mulatos, ordem que Arriaga pôs imediatamente em prática, tal como a rejeição desta medida pelos caciques e principais. Foi neste ambiente que Arriaga aceitou o convite, ao qual assistiram também outros caciques de povoações vizinhas com as suas famílias.

Antonio Bastidas, irmão de Micaela Bastidas, é quem conta mais pormenorizadamente o que se passou nesse dia. Recebeu um aviso da irmã, quando estava em Urcos, na província de Quispicanchi, para ir a Tungasuca, que pensava "ser para pagar vinte e sete pesos que devia ao corregedor". Mas ficou lá durante três dias sem ser recebido pelo seu cunhado, José Gabriel Túpac Amaru. Quando disse que se ia embora porque queria ir ter com a sua mulher para tratar das suas colheitas, esta respondeu-lhe "Que mulher?"

Passados três dias, perguntou a Manuel Benítez, apelidado de "Saturnito", para que tinha sido chamado e este servo de Túpac Amaru respondeu que "para fazer um *chaco* de veado[20] para festejar o Corregedor que vinha comer".

De facto, D. António Arriaga foi para as terras altas de Yanaoca na data marcada. António Bastidas foi caçar com um tal Ortigosa, escrivão de Túpac Amaru.

Enquanto António de Arriaga se tornava o centro das atenções dos muitos convidados do extraordinário banquete, outros, incluindo José Gabriel Túpac e a sua mulher, Micaela Bastidas, iam saindo.

Terminada a festa, o corregedor marchou a cavalo em direção a Tinta, mas no caminho, José Gabriel Túpac Amaru e vários outros homens[21] bloquearam-lhe o caminho, atrelaram-lhe o cavalo e algemaram-no, levando-o prisioneiro para Tungasuca. Era o verdadeiro *chaco* que tinham preparado.

O corregedor foi atingido na cabeça com uma pedra, ficando atordoado e amarrado; foi levado para a casa de Túpac Amaru onde, com as algemas colocadas, o cacique o obrigou a escrever com a sua própria letra ao seu tenente Vicente Mendieta, ordenando-lhe que fosse de Tinta a Tungasuca, com todo o dinheiro dos impostos, as pratas, espingardas, bandeiras, uniformes e outros objetos na Sala de Armas da casa do corregedor.

Também assinou cartas para que Juan Antonio Figueroa, Benito de Lamadrid e Miguel Cisneros fossem para onde ele estava, sendo presos quando chegaram, na mesma casa de Tupac Amaru, onde fez com que o primeiro escrevesse à sua mulher para lhe enviar três canhões que Figueroa tinha fundido para o Cabildo de Cuzco.

Nos dias seguintes, Túpac Amaru fê-lo assinar numerosos documentos confirmando a autoridade do cacique, todos em nome de S.M. o Rei, e a entrega de vinte e dois mil pesos, que José Gabriel distribuiu pelo número crescente de rebeldes.

Em 7 de novembro, Túpac Amaru pronunciou a sentença de morte de Arriaga e colocou-o numa capela, com a assistência espiritual de três padres.

As colinas de Tungasuca "estavam coroadas de índios com ondas, e a praça com mestiços, alguns deles com uniformes e rifles trazidos de Tinta".

O corregedor foi despojado de todas as insígnias do seu cargo e, degradado, foi vestido com um hábito franciscano. Quando tentaram enforcá-lo, a corda partiu-se e ele caiu no chão, tendo de ser enforcado uma segunda vez, até expirar, apesar da tentativa dos seus confessores de evitar uma segunda execução, pois a sentença, com a primeira tentativa falhada, tinha sido cumprida.

Em Tungasuca, com a surpresa da população ao ver a primeira autoridade da província ser condenada e enforcada publicamente, foi Antonio Oblitas, escravo do próprio corregedor, quem puxou a corda e atuou como carrasco.

Depois de três dias pendurado na praça, o corpo de Don Antonio Arriaga recebeu, por ordem de Tupac Amaru, um enterro respeitoso e solene, presidido por ele próprio.

Nos dias anteriores, o corregedor foi encerrado numa sala guardada por sentinelas e Tupac mandou ordens às povoações para que enviassem gente a Tungasuca, reunindo em dois dias "três ou quatro mil índios e ordenou que estivessem ali à voz do Rei, dizendo que tinha ordens dele para prender os corregedores".

A agitação e a revolta começaram com a intenção, nas palavras do próprio Túpac Amaru, *"de não prejudicar os crioulos, os mestiços ou os negros, mas apenas de eliminar os abusos do repartimento"*.

Em pouco tempo, formou um exército de duzentos milicianos e cinco mil índios, dando a cada soldado dois reais por dia.

Mandou distribuir e afixar um folheto que dizia: *"Oh, Rei Carlos III, pela Graça de Deus, em que perigo está o vosso reino do Peru, por causa das tiranias de tantos funcionários, visitantes da tirania! Desembainhai a vossa espada contra aqueles que são a causa desta perdição, sobretudo sabendo que o mais ilustre plebeu dos vossos crioulos não foi feliz por ter querido estancar o sal e que estes fiéis vassalos se encheram de peitos ou direitos, e mesmo que Tupac Amaru morra, não faltará outro que defenda estas tiranias inventadas com a morte do cruel Visitador e aliados como perseguidores do Reino"*.

A rebelião, que há muito fervilhava em diferentes partes do Peru, tinha começado.

Nos dias seguintes, em Pomacanchi, e perante os caciques das aldeias vizinhas, Tupac afirmava ter ordens do Visitador Geral para enforcar cinco corregedores e destruir as obrasses, e para dividir tudo o que tinha sido saqueado entre o padre, o seu irmão e os índios que os acompanhavam, dandolhes autorização para levarem tudo o que encontrassem em casa de Bernardino Lamadrid e António Urízar.

Tendo fugido de Quispicanchi para Cuzco, o corregedor arrombou a casa e levou tudo o que lá se encontrava, tal como tinham feito em Paropuquio, onde, depois de a terem saqueado, a incendiaram.

De regresso a Tungasuca, comunicou os seus triunfos em cartas e estandartes a todos os caciques das províncias vizinhas, embora alguns tenham informado os corregedores e os padres de todas estas ações.

Perante esta notícia, o Cabildo de Cuzco formou uma Junta de Guerra, com as pessoas mais notáveis da cidade, decidindo formar um forte no antigo colégio dos jesuítas, mudando para lá a Sala de Armas e o Tesouro Real, e preparando uma companhia para marchar até à vila de Oropesa, onde se estavam a formar outras três companhias, às quais se juntaram os colonos de Ninabamba e Mollebamba, "com índios fortes e resistentes e muitos vizinhos ilustres".

Foram todos para Sangarará, num total de mais de 400 espanhóis e 800 índios e mestiços, que se acantonaram na igreja, contra a opinião de um capitão e de outros oficiais que consideravam mais seguro acampar numa colina.

Aproveitaram a noite para dormir, com um pequeno posto de guarda que, às quatro da manhã, avisou que José Gabriel Túpac Amaru e "um número infinito de índios e mestiços" estavam a subir as colinas e começaram a disparar e a atirar pedras.

Confusas com a rapidez de organização das forças de Túpac Amaru, as forças leais ao vice-reinado refugiaram-se e fizeram fortes no cemitério, mas os seus tiros de espingarda não fizeram mossa, enquanto os rebeldes não cessaram de atirar pedras e alguns tiros, até que decidiram entrar na igreja para se abrigarem, momento que as forças de Túpac aproveitaram para incendiar o telhado de colmo. Todos queriam sair da igreja, mas morreram às suas portas, uns queimados até à morte, outros baleados, alvejados e espancados com paus, num massacre que durou até às onze horas desse dia.

O padre Juan de Mollinedo, pároco dessa igreja, foi um dos poucos que se salvou e o próprio Túpac Amaru deu-lhe 200 pesos para oficiar a missa e o enterro das 395 vítimas do ataque, com a promessa de que depois reconstruiria a igreja.

O padre obteve autorização para sair do local, uma vez cumprida a ordem, numa mula que o levou a Oropesa e depois a Cuzco, onde contou o sucedido.

Não foi necessário. José Gabriel Túpac encarregou-se de espalhar a sua vitória pelas províncias, das quais obteve bandeiras, canhões e mais de 200 espingardas, sabres, pistolas e uniformes retirados do saque, bem como vários prisioneiros.

A partir desse dia, considerou-se soberano nesse curto recinto das doutrinas de Zamacona, Pampamarca, Pomacanchi, Acomayo, Papres e Rondoca e nas terras altas das províncias de Quispicanchi, com um decreto distribuído a todas as aldeias:

*"**Dom Josef Primeiro pela Graça de Deus, Inca, Rei do Peru,** Santa Fé, Quito, Chile, Buenos Aires e continentes dos Mares do Sul, Duque do Superlativo, Senhor dos Césares e das Amazonas, com domínio no Grande Paititi, Comissário distribuidor da Divina Misericórdia, por ser de inigualável Tesouro, etc.*

Por ter sido acordado pelo meu Conselho, em longa reunião e em repetidas ocasiões, tanto secretas como públicas, que os Reis de Castela me usurparam a coroa e o domínio dos meus antepassados durante quase três séculos, pagando-me os vassalos com insuportáveis impostos, tributos, sisas, lanças, alfândegas, alcábalas, estâncias, cadastres, dízimos e quintos; vice-reis, audiências, corregedores e outros ministros, todos iguais na tirania, vendendo a justiça em leilão com os escrivães que os avalizam, a quem mais licitam e a quem mais dão, entrando nestes dois empregos eclesiásticos e seculares, sem temor de Deus, atropelando os naturais do Reino como feras, tirando a vida aos que não sabiam roubar; todos dignos da mais severa censura:

Por esta razão, e pelos justos clamores que geralmente têm chegado ao Céu; em nome do Deus Pai, Todo-Poderoso, orde-namos e mandamos que nenhuma das pessoas acima mencionadas seja paga, nem obedecida em qualquer coisa aos ministros europeus intrusos, eles não serão servidos e apenas todo o respeito será devido ao sacerdócio, pagando-lhes o dí-zimo e primícias, como é dado a Deus imediatamente, e o tributo e quinto ao seu Rei e senhor natural e isto com a mode-ração que ele fará saber com as outras leis a serem observadas e mantidas, E para o mais rápido remédio de tudo o que foi dito acima, ordeno que seja publicado e reiterado por juramento feito na minha Real Coroa em todas as cidades, vi-las e lugares dos meus domínios, dando-nos um relatório com toda a brevidade dos vassalos prontos e fiéis para a recom-pensa e o mesmo daqueles que se rebelam, para a punição que lhes é devida, enviando-nos o referido juramento com uma ra-zão de quanto ele conduz. Feito no meu Real Tribunal de Tinta, a 28 de dezembro de 1780.

Por ordem de José Gabriel Túpac Amaru, foram colocados tambos em todas as estradas, nos mesmos locais onde exis-tiam chasquis, para controlar a passagem de pessoas, animais e mercadorias, para as quais eram necessários pas-saportes e licenças concedidas por sua ordem.

Os índios não estavam sozinhos nesta revolta, pois crioulos, mestiços, pardos e não poucos espanhóis também se junta-ram à insurreição.

O alarme na cidade de Cuzco foi geral e até o bispo se aquar-telou com os eclesiásticos e seminaristas no próprio palácio episcopal, seguindo as diretivas da Junta de Guerra reunida no Cabildo. O mesmo aconteceu em Arequipa, para colocar à disposição os 700 soldados de El Callao que se encontravam guarnecidos na cidade.

O apoio à revolta de Túpac Amaru aumentou. Na cidade de Cayllón, saqueou a Real Caja, levando cinco barras e três mil pesos de prata; em Coporaque, prendeu o seu cacique, Esteban Canatupa. De cada povoação saíram habitantes dispostos a juntar-se à luta contra os corregedores e os seus excessos.

Só a 23 de novembro de 1780 é que a notícia chega a Lima e, nesse dia, D. José António de Areche, Visitador Geral, ordena ao Coronel Gabriel de Avilés e ao Tenente José Varela que partam imediatamente, apesar das grandes distâncias e da dificuldade dos caminhos, para as províncias em conflito, com 200 pardos fardados, com as respectivas armas; De El Callao partiram outros 225 soldados e o inspetor-geral Don José del Valle, que iria desempenhar um papel especial na resolução da revolta, partiu também com 212 soldados e muito material de guerra, incluindo 6 canhões, espingardas, baionetas, sabres, pistolas, pólvora, balas e granadas.

O próprio Geral Visitador pôs-se a caminho a 29 de novembro para alcançar a guarda avançada de tropas que tinha partido no dia anterior.

A LIDERANÇA DE MICAELA BASTIDAS

Em apenas quatro semanas, a mulher de José Gabriel Túpac Amaru, o verdadeiro motor da revolta, sem cuja autoridade nada teria começado ou continuado, escreveu aos seus governadores:

"Senhores Governadores = Don Baltasar Cárdenas e Don Tomás Enríquez e Don Mariano Flores. Meus Senhores: Já tereis ouvido falar do meu marido, que tomou medidas precisas para livrar este Reino de tantos fardos e encargos com que os ladrões dos corregedores nos submergiram, resultando num benefício comum para todo o Reino, e estaremos livres de tais abusos.

Até ao anterior, continua com a maior felicidade e temos a nosso favor as províncias de Urubamba, oito paróquias de Cuzco, Paucartambo, Quisicanche, Paruro, Tinta, Lampa, Azángaro, Carabaya, Pancarcolla, a cidade de Chucuito e outras. Neste estado encontramo-nos com a maior vitória, para sairmos dele vitoriosos, e fazermos a nossa entrada na Cidade de Cuzco, para arruinarmos pela raiz todos os dissabores e maus governos.

É necessário que todos venham com as pessoas de suas respetivas cidades, para que, quando virem isso, disponham suas pessoas e as enviem a esta de Tungasuca, para o que lhes dou este Poder e ampla Faculdade, sem reserva de índio ou espanhol, para enviá-los e os desobedientes em boa guarda e custódia, que terão a pena de suas vidas. Advirto que devem vir com uma cruz no chapéu ou barrete, como distintivo de bons cristãos.

Espero que V. Ex. a cumpra sem dar lugar a qualquer outra providência. Deus G. a Vms. = Tungasuca e 15 de dezembro de 1780. De V. Ex.ª, sua segura serva = Dona Micaela Bastidas".

Terá sido o matrimónio Túpac Amaru Bastidas e toda a sua família os únicos a gestar uma rebelião de tais dimensões?

As autoridades do vice-reinado, e também da metrópole, quiseram acreditar que sim; mesmo nos processos abertos contra todos eles, evitaram trazer à tona mais implicações, embora reconhecessem que a revolta não começou em novembro de 1780, mas muitos anos antes, e que numerosos crioulos e espanhóis poderiam ter estado envolvidos nela, como foi demonstrado mais tarde, com contribuições logísticas, económicas e mesmo de fornecimento de armas ou como combatentes, cada um com diferentes motivos para o seu envolvimento. Alguns deles foram também objeto de uma aplicação severa da justiça.

Muitos foram capazes de mudar de lado atempadamente e apoiar as autoridades vice-reais com os mesmos meios quando viram que a revolta não podia ter sucesso. Assim, foram investigados os encontros de José Gabriel Túpac Amaru em Lima com figuras proeminentes da Cidade dos Reis, e também, o que é mais problemático a nível internacional, as fugas destes movimentos na imprensa britânica[22] que, verdadeiras ou não, fizeram tremer de preocupação o Vice-Reinado, com avisos da chegada de milhares de espingardas para os rebeldes.

A difusão destes rumores levou a ordens para reforçar a vigilância das costas do Pacífico e do Rio da Prata, com movimentos da Esquadra Real e de navios de comércio autorizados[23] para controlar a navegação nos mares do Sul, desde o Cabo Hornos até ao Panamá, tendo como bases principais El Callao, perto de Lima, e Concepción, no Chile.

BISPOS, PADRES, FRADES

A Igreja Católica, como poder paralelo omnipresente, também com interesses coletivos e individuais na cobrança dos dízimos, na manutenção da sua influência nos municípios e na administração, viu-se num dilema entre aplaudir as medidas de saneamento da corrupção nos corregimentos e impedir a criação de outros impostos, para garantir a cobrança dos seus.

Alguns párocos e os seus assistentes eram rigorosos na exigência do pagamento de taxas e obóis aos fiéis[24], ao ponto de se colocarem de um lado e de outro das portas das igrejas, depois dos serviços religiosos, um com um cesto para cobrar e o outro com um chicote para quem não cumprisse esta obrigação, que o bispo de Cuzco, Juan Manuel Moscoso, tentou limitar, emitindo normas pormenorizadas sobre todas as possíveis cobranças aos paroquianos, de acordo com a cerimónia e a classe social ou étnica, diferenciando entre pobres e ricos, espanhóis, mestiços, escravos, mulatos, negros, índios, da capital, das minas, das aldeias, reconhecendo, no entanto, que não existia nenhuma disposição eclesiástica ou real que proibisse os padres de receberem obvenções voluntárias dos índios, "pois estas são dignas de serem dadas e recebidas com louvor"."

No artigo 168º deste regulamento tarifário, Juan Manuel Moscoso Peralta afirma que "Por ser muito importante que se tome toda a precaução com os índios, para que não recebam impressões de venalidade nos Sacramentos que se lhes administram, efetivamente encarregamos os nossos padres do maior cuidado, que os seus tenentes e cuaresmeros, no tempo do preceito anual, e quando forem confessar os enfermos, não recebam deles presentes ou oferendas, e muito menos as necessitem, sob pena de suspensão, *Ipso facto*".

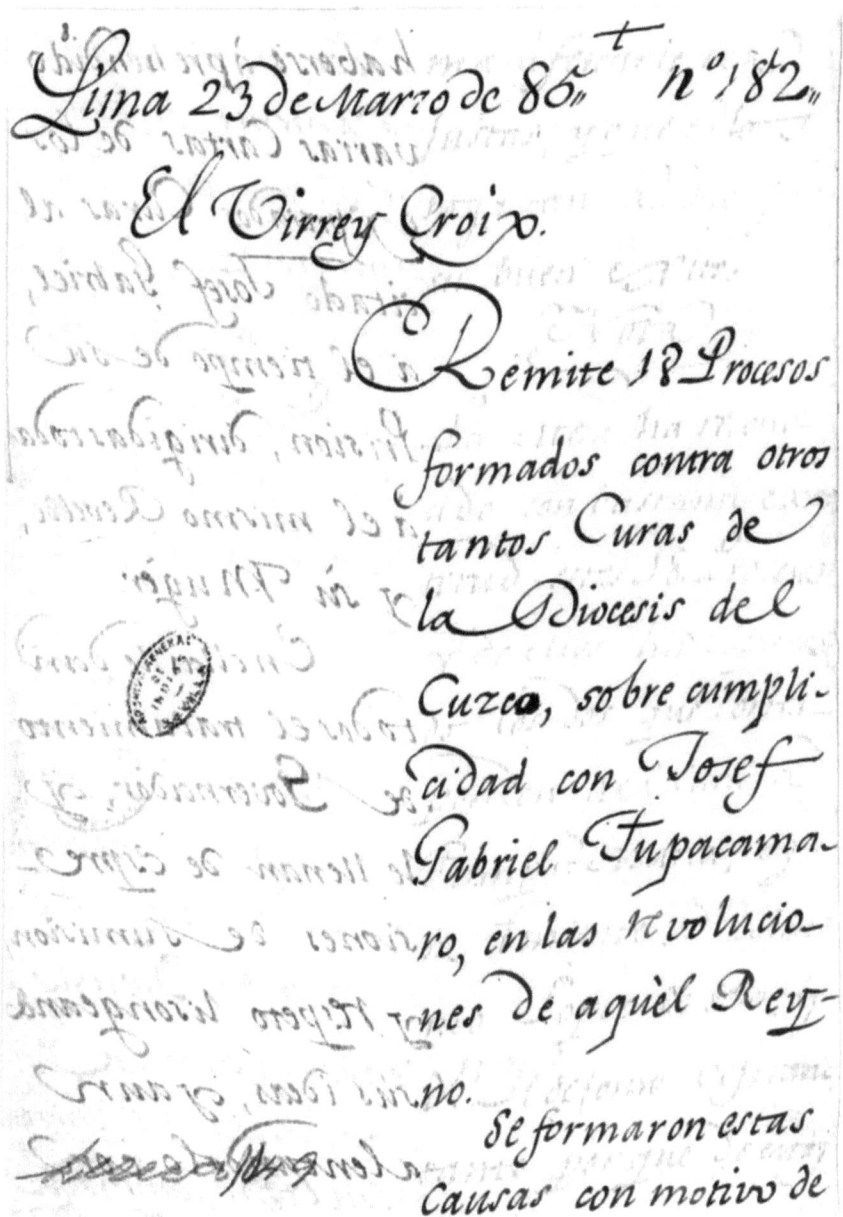

Julgamento de 18 sacerdotes em Cuzco

Moscoso reconheceu implicitamente estas práticas de extorsão, para além dos pagamentos que os fiéis tinham de fazer, também proporcionalmente à sua casta, nas missas, responsos, vigílias, casamentos, batismos, enterros e funerais, com ou sem cruzes, com ou sem sinos.

"Quanto aos escravos", ordena-se no artigo 145 deste regulamento, "no que diz respeito às taxas a pagar pelos seus enterros maiores e menores, que a tributação anterior dos que são livres seja mantida em todas as suas partes. E que os padres tenham especial cuidado, no que respeita aos corpos maiores destes últimos, em exortar os seus senhores a fazerem um piedoso reconhecimento, em remuneração do seu serviço, de quatro ou seis missas, que lhes dão juntamente com os honorários da sua sepultura".

As tarifas aplicadas na Diocese de Cuzco para alguns dos serviços podem ser tomadas como exemplo:

Para uma missa de velório de espanhóis, dos quais pelo menos um era espanhol, catorze pesos; para a Informação da liberdade, oito pesos; para a publicação das três proclamações, três pesos. No total, 28 pesos, sem contar com as arras e a oferta, que ficavam ao critério das partes noivo e noiva. Os mestiços, negros e mulatos pagavam metade, mas acrescentavam dois pesos pela cera, sempre a expensas dos maridos, mesmo que casassem com uma índia, ou com uma negra, mulata ou mestiças.

Para obter uma certidão de batismo, os espanhóis tinham de pagar quatro pesos e os outros grupos étnicos dois pesos.

Para uma sepultura maior cantada na igreja, de pretos e mulatos livres, trinta e oito pesos, com encargo de missa e vigília cantada e dois responsos, também cantados, um à porta da casa mortuária e outro à porta da igreja: os trinta pesos para a sepultura, quatro para a cruz, sinos e, sendo diminuídos de dois pesos se não se pedir incensário. Se no dito enterro pedirem poços, pagarão vinte reais por cada um, e por cada acompanhamento de sobrepeliz, dois pesos.

A disposição 112 do regulamento estabelece o seguinte:

"Os índios originais não pagam taxas de enterro, apenas as adicionais, como segue: No Arco Toral, oito pesos; em alguma capela das que formam o transepto, se a igreja as tiver, seis pesos; no corpo da igreja, quatro pesos, e debaixo do coro, dois pesos. No que diz respeito aos corpos menores, não se deve levar mais de um peso em cada enterro".

Nos dias de festa da Invenção da Santa Cruz, da sua Exaltação e em vários outros dias em que é costume, os índios levam cruzes, outras efígies de Nosso Senhor Crucificado, imagens de Nossa Senhora e Santos da sua devoção para as igrejas, com o objetivo notório de as adorar, não se lhes deve fazer a menor advertência ou coação para que cada um contribua com o estipêndio de uma missa, ou qualquer outra espécie de oblação, pois tais exações, se introduzidas, são abusos detestáveis, dignos da mais severa proibição.

Qualquer ação, movimento, pensão ou encargo que possa estar a impelir os índios a afastá-los da pontualidade com que devem recorrer aos seus párocos nas suas necessidades espirituais, especialmente para que lhes sejam administrados os Santos Sacramentos, sobretudo quando estão doentes, é tão grave e criminosa, como costuma resultar dela, ou pelo menos, dada a sua pusilanimidade, há o perigo manifesto de que se intimidem e se escusem por este motivo de pedir confissões e a administração dos outros sacramentos, mesmo em casos de urgência.

O Bispo Moscoso pretendia pôr termo a esta prática em algumas paróquias, onde os padres impunham condições rigorosas:

"O mais doloroso é a recusa dos padres ou dos seus tenentes em fazer o que lhes compete, mandando trazer os doentes às suas próprias paróquias para os confessar e administrar os outros sacramentos, com os riscos que são evidentes: Proibimos este facto, como sendo um dos mais criminosos do ministério dos sacerdotes e, portanto, sob pena de privação dos seus benefícios, a que procederemos irremediavelmente mesmo no caso da sua verificação por uma só vez; e que quanto aos encargos impostos aos que pedem tais confissões, como aquele de que fomos informados, de que devem trazer precisamente um cavalo para o sacristão, que deve servir de guia ou condutor do ministério eclesiástico, ou quaisquer outros, são prescritos e proibidos sob as mesmas penas."

A estrutura da Igreja funcionava como uma verdadeira administração pública, infestada de corrupção, o que tornava atrativo qualquer emprego nas paróquias, mas havia também padres que interpretavam a sua vocação de uma forma mais evangélica e outros que apoiavam abertamente os camponeses e os mineiros, sendo seus protetores, servindo por vezes de intermediários entre as aldeias para levar mensagens ou guardar pertences. Outros eram abertamente cúmplices e instigadores das revoltas, chegando a tratar o chefe rebelde como *Governador* e a desejar o sucesso da revolta.

Dezoito padres foram processados por estas acusações, alguns dos quais foram banidos por ordem direta do Vice-Rei e do Visitador Geral, embora este último se tenha abstido na maioria dos casos, deixando a decisão nas mãos do bispo correspondente:

"Volto a transmitir a Vossa Senhoria as cartas anexas da correspondência que vários párocos e sacerdotes têm tido com o vil e trágico cacique da província de Tinta, José Gabriel Túpac Amaru e sua mulher, para que V.S., não por comissão, mas por seu ofício pastoral, as faça reconhecer pelos seus autores e repreenda uma e outra cláusula impertinente ou viva e estranha aos seus santos ministérios, para que se emendem. O vice-rei do Peru, D. Manuel Amat, no ano de 1774, deu o

Corregimento interino da província de Chumbivilcas a D. Joaquín de Alós, e consentiu, no entanto, por ser contra as ordenanças, que vendesse o seu interino de dois anos, no valor de meio milhão de reais a D. Gerónimo Sugasti. Este, como o trabalho lhe tinha custado muito caro, fez tal distribuição, que um cacique lhe representou a grande dificuldade que a sua coleção lhe custaria no curto prazo de dois anos. Só por esta razão, despediu o cacique do seu cargo e prendeu-o. A índia cacique pediu-lhe várias vezes a liberdade do seu marido com a maior submissão e vendo que não a podia obter por este meio, embebedou a maior parte dos índios do seu ayllo [5], foi com eles à prisão, tirou o seu marido de lá e quando o corregedor e os seus parentes se quiseram opor, mataram-nos a todos com paus e pedras, deixando-o estendido no meio da praça. O vice-rei foi informado deste facto, mas como tinha permitido o benefício do corregimento, não podia proceder contra os índios, e como o seu crime ficou impune, perderam o medo de cometer o mesmo contra o corregedor e alguns dos seus tenentes ou cobradores.

Se eu tivesse notado nestas alguma ação direta em favor dos depravados intentos do enunciado rebelde, tê-las-ia reduzido a um Processo formal, mas sei que não merecem tanto, e que devem ser concluídas, se a V.S., a Deus, ao Rei e ao Reino, conviesse, pois há quem não tocasse logo nos riscos do traidor e que por outro lado, sabemos quanto os bons párocos têm servido, para que a revolta não seja mais irredutível, bem que se tivessem tido ação direta nas intenções do rebelde, não me teria conduzido, senão como na Causa de Maruri[25].

No entanto, a Mesa considera que os processos foram seguidos com tibieza e fraqueza, e que a prisão que sofreram foi de pouca importância.

Pelo contexto das suas cartas, pela grosseria e tom das suas expressões, e pela maneira de explicar os conceitos, fica-se a saber que estes padres, e talvez os outros do bispado e do reino, são, na sua maioria, a escória do estado eclesiástico. Daí vem que o Peru deve ser convertido, e os índios submergidos nas superstições mais brutais.

Que é indispensável pôr a mão com a última firmeza neste ponto sobre as propostas dos bispos, e apresentações dos intendentes ou vice patrões, de tal modo que, insensivelmente e sem ruído, se consiga uma reforma completa do Clero do Peru.

Quanto a estes eclesiásticos, que se mantiveram todos nas suas respetivas doutrinas, ainda que não cheguemos ao extremo de exercer as suas concordâncias, seria pelo menos útil transferi-los pouco a pouco e removê-los para outras partes, pois a bondade com que o Bispo os tratou, não pode deixar de os manter obrigados a manter o seu partido, e ele deve confiar muito pouco neles em qualquer situação, quer pela sua ignorância, quer pela sua fraqueza, de acordo com o que manifestaram na ocasião anterior".

O bispo de Arequipa tomou a iniciativa de "os paroquianos arruinados levantarem o grito, pedindo a Deus e ao vice-rei, *porque o rei está longe*, não só para não nos isentar de novos impostos, mas também para nos absolver dos antigos, como tem sido feito com outros em semelhantes infortúnios, não porque mereçam tais isenções, mas porque precisam delas e

:descargos q.e contra el resultam, y lo q.e es mas los continuados temores, q.e me han estado anunciando el command.te delas Armas y D.r Benito dela Mata Linares de no contemplar seguro aq.l distrito con las acciones del Obispo y su genio discolo, pensamos tambien poner otra carta como asi se hizo, mas clara, y de modo q.e no interpretase su sentido; qual es el q.e comparezca dentro del termino de quarenta dias, y asimismo tres Eclesiasticos, sus confidentes y faboritos q.e son los q.e mas se han señalado en favor de la rebelion, y todo consta y verá V.E. en la copia N.o 1.o

as pedem pela voz do seu Pastor, que *tem compaixão, não só das suas boas ovelhas, mas também das suas cabras más,* pois vê-as todas em igual necessidade.

Por compaixão, é obrigado a gritar como Moisés: "Senhor, perdoa-lhes este crime ou apaga-me do livro da vida, porque me fizeste a sua cabeça, e se os pés não podem seguir a cabeça, a cabeça deve seguir os pés, ou então eu não devo ser a sua cabeça e tu queres que eu seja a sua cabeça. Deus nos conceda isso".

O Concílio de Lima, (desenvolvido de 1583 a 1591), na sua 3ª Ação, Capítulo 3, já sublinhava que "A paciência dos índios, o seu contínuo trabalho, serviço e natural obediência, clamam por misericórdia, a sua miséria é digna da clemência divina, pelo que encarrega e exorta os magistrados a coibir as extorsões que sofrem, e adverte os sacerdotes e eclesiásticos a protegê-los e defendê-los sem se tornarem capangas da iniquidade"."

O próprio rei Filipe III assinou um Decreto Real em 1601, que afirma: "Que, sendo os índios úteis a todos e para tudo, todos devemos cuidar deles e da sua conservação, pois tudo cessaria se eles faltassem".

Para além da demissão do bispo de Arequipa, que pediu ao próprio vice-rei que esclarecesse todas as acusações e boatos que lhe tinham sido espalhados, o caso mais notório e com maiores repercussões em todas as esferas do poder e durante quase oito anos foi o do bispo de Cuzco, Juan Manuel Moscoso y Peralta, difamado como suposto instigador da rebelião de Túpac Amaru e até de favorecer a execução do corregedor Don Antonio de Arriaga, o bispo apontava diretamente "à pena do arquidiácono Don Simón Jiménez de Villaba, à leviandade de Don Benito de la Mata Linares[26] e à temerária determinação destes e dos seus aliados[27], conspirando para perder o bispo e obscurecer os seus grandes serviços para os fins que se propunham"."

Monsenhor Moscoso, que foi afastado da sua diocese e passou por um longo processo judicial em Lima, escreveu:

"Que, para admiração de todo o mundo, um bispo fosse arrancado da sua Igreja, levado à cidade de Lima com a maior ignomínia, com uma escolta de soldados, numa época das mais rigorosas naqueles países, e por ocasião de estar gravemente doente, porque se dizia ser ele o principal autor dessa morte infeliz e dessa infame rebelião, foi obrigado, na sua idade mais avançada, a sofrer os riscos de cinco mil léguas de navegação e a comparecer nesta Corte, para ser o espetáculo da ignomínia ou da piedade."

O bispo de Cuzco esteve detido em Lima durante mais de dois anos, sem receber resposta às suas queixas sobre o processo, até que lhe foi ordenado que embarcasse para Espanha no navio de guerra *Santiago La América* e, à chegada a Madrid, não recebeu resposta durante mais dois anos. Todo este sofrimento terminou com uma carta do Secretário de Justiça, Antonio Porlier, que, transcrita, tem a seguinte redação:

"Mediante a satisfação que V.S. deu na sua carta de 9 de março passado, e nos documentos que a acompanham, às acusações e reconvenções que lhe foram feitas no oficio de 31 de outubro passado, relativamente aos factos ocorridos no Peru em 1780 e seguintes, o Rei considera-se plenamente satisfeito com a referida resposta, e para o demonstrar com uma prova pública e autêntica, que salvará a reputação de Vossa Senhoria, resolveu nomeá-lo para o Arcebispado de Granada, atualmente vago, e que a Causa pendente seja considerada encerrada.

Participolo a V.S. de ordem de S.M. para sua inteligência e satisfação. Que Deus guarde V.S. por muitos anos. Aranjuez, 8 de maio de 1789. Antonio Porlier = Ilustríssimo Senhor Juan Manuel Moscoso y Peralta.

O Papa Pio VI enviou-lhe uma carta afectuosa, datada de 19 de agosto de 1789, em Roma, felicitando-o pela sua libertação do sofrimento e ratificando a sua nomeação como arcebispo de Granada.

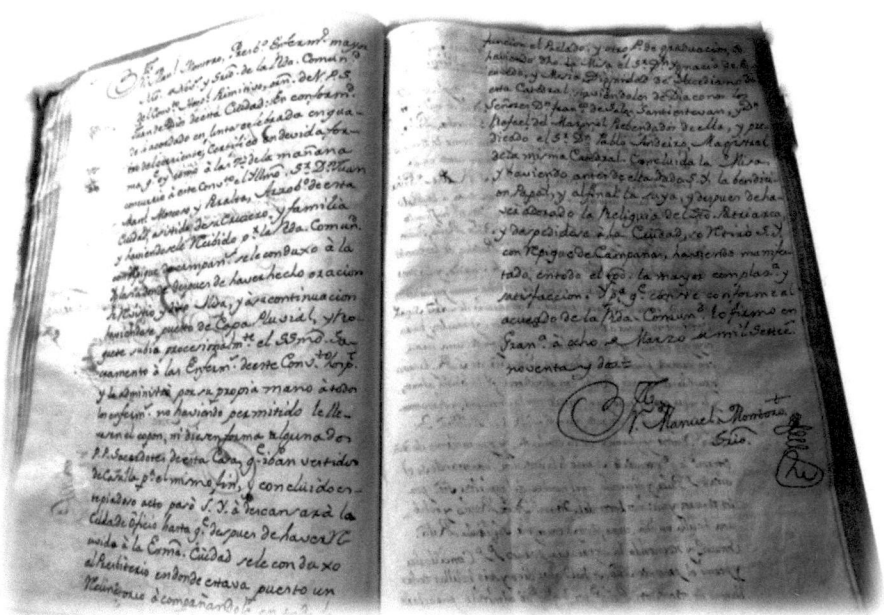

Livro de atas do Convento Hospital de São João de Deus de Granada (Génese mundial da Ordem Hospitaleira) com a primeira visita de Dom Juan Manuel Moscoso Peralta como Arcebispo de Granada, em 8 de março de 1792.

SURGE UM MITO REVOLUCIONÁRIO

O s acontecimentos de Tungasuca abalaram todas as províncias do Peru. As vozes indígenas concentra-ram-se na ação coordenada por José Gabriel Túpac Amaru, num espaço de tempo muito curto, apenas cinco meses, de novembro de 1780 a abril de 1781. A partir de maio desse ano, outros tentaram novamente.

O próprio José Gabriel escreveu-o numa carta ao Cabildo da cidade de Cuzco:

"Desde que comecei a libertar os naturais deste reino da escravidão em que se achavam, causada pelos corregedores e outras pessoas, que, sem nenhum ato de caridade, continuavam estas extorsões contra a lei de Deus, tem sido minha intenção evitar mortes e hostilidades; No que me diz respeito, mas como da parte da cidade se executam tantos horrores, enforcando sem confissão vários indivíduos em meu nome, arrastando outros, tem-me causado tanta dor, que me encontro na precisão de requerer a esse Ilustre Cabildo que contenha aquela vizinhança nos mesmos excessos, permitindo-me entrar naquela cidade porque, se isto não se fizer, não poderei tolerar por um instante de tempo a minha entrada nela com fogo e sangue sem reserva de pessoa.

Para este efeito, o R.P.L. Bernardo Castro, o Doutor Don Ildefonso Bejarano e o Capitão Don Bernardo Lamadrid, como emissários, para que com eles me deem notícias fixas do que este ilustre Cabildo resolve em assunto de tal importância, que exige a entrega de todas as armas, sejam as pessoas que as manejam de qualquer jurisdição, sob pena de passarem por todo o rigor de uma guerra justa e defensiva, sem reterem os ditos emissários sob pretexto algum, por representarem a minha pessoa, sem que seja minha intenção causar extorsão aos que se entregarem, sejam de que espécie forem, como até agora tem acontecido.

Mas se, obstinados, tentarem seguir os atos injustos, experimentarão todos os rigores que a Justiça Divina exige, pois já a vi ser espezinhada por muita gente até aqui.

O meu é o único que restou do Sangue Real dos Incas, Reis deste Reino. Isto me estimulou a tentar por todos os meios possíveis acabar com todas as introduções abusivas que tinham sido planeadas pelos corregedores e outros súbditos, colocando em todos os postos e ministérios, algumas pessoas ineptas, para elas tudo resultando contra os índios mineiros e outras pessoas, e disposições dos mesmos reis de Espanha, cujas leis tenho experimentado serem suprimidas e desprezadas, e que desde a Conquista aqui não têm olhado para aqueles vassalos para a fazer avançar, mas a sua aplicação é defraudar esta miserável gente, sem lhes deixar respirar para se queixarem. Isto é tão notório que não precisa de mais provas, senão as lágrimas deste infeliz povo que há três séculos derrama os seus olhos:

Este Estado nunca se permitiu contrair-se para conhecer o verdadeiro Deus, mas para contribuir para os corregedores, e cura o seu suor e trabalho de tal maneira que, tendo investigado por minha própria pessoa na maior parte do Reino, o governo espiritual e civil destes vassalos, verifico que todo o número que o compõe do povo racional, não tem luz evangélica, porque lhes faltam obreiros para lha administrar, isto vindo do mau exemplo que lhes é dado.

O processo exemplar que se executou contra o corregedor de Tinta foi motivado pela certeza de que estavam a ir contra a Igreja, e para coibir os outros corregedores, que a justiça era indispensável.

O meu desejo é que este género de chefes seja inteiramente abolido, que cessem as suas divisões, que em cada província haja um Alcalde Mayor da mesma nação indígena e outras pessoas de outras origens e boa consciência, sem outra inteligência que a administração da justiça, polícia cristã dos índios e outros indivíduos, e um ordenado moderado com outras condições a serem estabelecidas a seu tempo, entre as quais é indispensável que se estabeleça naquela cidade uma Real Audiência, onde o vice-rei residirá como presidente, para que os índios tenham os recursos mais perto de si; Esta é a minha ideia para o momento da minha empresa, deixando ao Rei de Espanha o domínio direto que tem tido sobre eles, sem lhes subtrair a obediência que lhe é devida, nem o comércio comum como nervo principal para a preservação de todo o reino. = Nosso Senhor Guarde V.S.M. no Campo de Ocorroco, 3 de janeiro de 1781. José Gabriel Túpac Amaru Inca".

Anteriormente, já se tinha feito senhor de numerosas aldeias, aplicando em todas elas a sua sentença de acabar com os corregedores e com todos os que se opusessem à revolta, como fez em Sangarará, cujas terras altas tinha controlado com os seus apoiantes, guardando todas as estradas. Nessa localidade incendiou a casa do corregedor, reunindo os poucos soldados da sua escolta que se refugiaram na igreja e matando-os à saída da igreja em chamas.

Os corregedores de outras cidades, alertados pelas notícias destas revoltas, fugiram delas, levando as suas riquezas para um lugar seguro, ou formando grupos para tentar impedir os avanços de José Gabriel Túpac Amaru.

Foi bem recebido em Acos, Atanapalpa e Omacha, perto de Tungasuca, com alguns confrontos em Pomacanchi, onde mais de 400 pessoas foram mortas. As províncias de Tinta, Carabaya, Calca, Azángaro, Chucuito, Omasuyos, Yungas, Pacajes, Cochabamba e Atacama ficaram sob o controlo do exército de Tupac Amaru, pelo que a rebelião tinha triunfado numa grande parte do mapa andino. Faltava apenas tomar a capital de Cuzco, o que, se fosse bem-sucedido, seria a vitória absoluta.

CERCO E RETIRADA DE CUZCO

José Gabriel Túpac Amaru, com uma multidão de índios, mestiços e alguns espanhóis, controlava as colinas da cidade, a antiga corte inca, local propício para a sua coroação, mas em Cuzco, prestes a render-se, e com a população pronta a fugir, a situação ia complicar-se.

Um veterano tenente-coronel, Manuel de Villalta, que tinha estado em Espanha sob as ordens do conde de O'Reilly e outros postos, acabou por ser corregedor de Abancay, cedendo o seu salário à Coroa.

Com os seus treze anos de experiência militar como Capitão de Granadeiros, Manuel de Villalta obedeceu à ordem de se dirigir à cidade de Cuzco, e fê-lo repreendendo os que tentavam fugir, exortando-os a não abandonar Cuzco e a enfrentar os rebeldes em nome do Rei de Espanha.

A reação surpreendente encorajou outros caciques e, sem o pretenderem, tornaram-se fortes, ou pelo menos foi o que acreditou o próprio Túpac Amaru, que ordenou o levantamento do cerco e a sua retirada, embora continuassem os assaltos a outras cidades.

A surpresa geral perante esta retirada fez com que Manuel de Villalta aparecesse momentaneamente como um herói que apenas tinha ido à capital de Cuzco, como ele próprio escreveu:

"Para socorrê-la, em vista do triste estado em que se achava, e tendo sido a sua atividade, zelo e outras circunstâncias tão oportunas, tão executivas e felizes, toda a cidade e *o seu continente* lhe clamaram pelo seu *redentor*, sem exclusão de uma só pessoa, porque já se contavam nas mãos do rebelde, com a notícia que tinham daquela terrível devastação de Sangarará, que até punha os que a comandavam, em estado de não deverem ou não poderem conter os que a evacuavam, prova real de a terem abandonado, e como felizmente não havia outro trânsito seguro, senão o que eu levava, fi-los retirar com não pouca dificuldade."

O quase anónimo arquiteto da derrota de José Gabriel Túpac Amaru seria recompensado, dois anos mais tarde, com uma subida na hierarquia, que já tinha conquistado de antemão, e com a exposição de uma feroz campanha de difamação, iniciada por um sacerdote, o padre Pedro Rodríguez Sabroso, pároco de Abancay, pedindo a demissão de Villalta, que, depois de apelar, sem sucesso, a todas as instâncias, incluindo a Inquisição, conseguiu.

Manuel de Villalta, despojado do seu trabalho e com a animosidade que o padre tinha incutido no povo, teve de passar três anos na mesma povoação de Abancay, sem outro meio de subsistência que não fosse um duro trabalho como mineiro.

Num apelo enviado ao Rei, Villalta disse: "Este é o padre que me causou um mar de tristezas, de vigílias e até de fome, zombando de todos, fugindo do povo; como um criminoso tratado com não poucos escárnios e sobretudo cheio de vergonha, por me ver fora da Graça de Sua Majestade e uma dor inexplicável por não saber a razão".

Foram necessários mais de sete anos para que o Tribunal de Madrid reconhecesse o tratamento injusto recebido por Villalta e este fosse restituído à sua honra e às fileiras militares.

DETENÇÃO DE TUPAC AMARU

O vice-rei tinha ordenado a formação de um exército de 15.210 homens e cerca de trinta peças de artilharia para se dirigirem à província de Tinta. A 28 de março, vinte dias depois da sua partida, juntaram-se-lhes mais nove mil soldados e já se encontravam com o Inspetor Geral Don José del Valle.

Depois de vários dias em que, com falsos alarmes, as tropas não conseguiam dormir, a que se juntou um forte nevão, na madrugada de 6 de abril, Túpac Amaru aproximou-se com um exército de cerca de doze mil homens e cinco canhões, e conseguiu surpreender uma das guardas avançadas, esfaqueando três soldados. Descoberto no acampamento oficial, retirou-se dali apressadamente, nas primeiras descargas, deixando para trás as peças de artilharia, com o grupo fragmentado em várias direções.

José Gabriel Túpac Amaru, com um pequeno grupo de pessoas armadas, todas a cavalo, foi perseguido por sessenta dragões de Lima e Carabaya e, vendo-se encurralado na margem de um rio, atirou-se à água e, a nado, conseguiu atravessar para a outra margem. Embora cinco dragões também se tenham atirado à água, três afogaram-se e dois desistiram.

A ação era considerada perdida no acampamento quando, por volta das duas horas da tarde, um dos capitães dos rebeldes apareceu com ele amarrado, em conluio com outros quatro, que o entregaram.

A divisão de Izaquilla, tomando outro caminho, capturou Micaela Bastidas, os seus filhos e um tio, com várias cargas de prata, com as quais fugiram para as montanhas.

O corregedor de Aymaraes, José Álvaro Cavero, na qualidade de comandante da 6.ª Coluna, era responsável pela custódia de todos:

José Gabriel Túpac Amaru, Micaela Bastidas, sua mulher, os seus filhos Hipólito Túpac Amaru (18 anos), Fernando Túpac Amaru (10 anos), Antonio Túpac, irmão de Micaela e capitão-geral do exército Túpac; Cecilia Túpac, Patricio Noguera, Ramón Brice, José Mamani, Andrés Castela, Felipe Mendizábal, Isidro Puma, Mariano Catano, Diego Ortigosa, Manuel Gallego, Melchor Artiga, Blas Quiñones, Tomasa Tito, José Vaca, Esteban Vaca, Francisco Torres, Lucas Corque, Miguel Zamalloa, Pedro Mendigure, Pascual Mansilla, Manuel Quiñones, Manuel Ferrer, Antonio Valdés, Mateo Llaneda, Rafael Guerra, Francisco Guerra, Lucas Herrera, Úrsula Parada, Isabel Colla, Francisco Aguirre, Manuel Yepes, Pedro Pablo, Miguel Landa, Antonio Brito e Gerónimo Andía.

As prisões continuaram nas semanas seguintes em todas as províncias, sob a supervisão do inspetor-geral das tropas, José del Valle, mas o número de mortos em combate ou em execuções rápidas foi crescendo, chegando a mais de sessenta enforcados a 8 de abril, e outros, espetados nas costas, por falta de carrasco.

Foi José del Valle quem escreveu ao Visitador Geral, José Antonio de Areche, dando a notícia tão esperada:

Caro Senhor: Tenho a satisfação muito especial não só de lhe escrever de Tinta, mas também de lhe comunicar que o vil cobarde José Gabriel Túpac Amaru já se encontra na prisão, de Tinta, mas comunicar-vos que o vil cobarde José Gabriel Túpac Amaru já se encontra preso, em consequência de uma pequena briga que teve ontem com a vanguarda da minha coluna, quando transpôs o pico de uma montanha para uma espaçosa ravina onde teve a ousadia de esperar por mim, e a sorte de que a rápida corrida do cavalo em que ia o teria salvo de cair nas minhas mãos, mas saiu tão castigado pelos muitos que pereceram por sua conta, e tão espantado com a fúria com que o atacaram os poucos soldados que avancei da minha vanguarda, que não encontrou terra para pisar, e esquecendo-se de que tinha uma ponte segura para fugir para o que chamava a sua capital, atirou-se barbaramente para atravessar o rio que corre por um vau onde tinha de perecer, e sem parar mais do que para dizer à sua mulher, segundo uns, ou para lhe escrever, segundo outros: *Não temos outro remédio senão morrer, porque vêm aí muitos soldados valentes.*

Foi para a estrada de Siguaní, e seguiram-no sua mulher, filhos e António Bastidas, levando consigo doze caixas de prata lavrada, diamantes e joias de grande valor, e deixando aqui, por causa do seu ultraje, muitas roupas da terra, algumas de Castela, móveis, alguma prata lavrada, seis canhões, pólvora e balas, espingardas, rejões e outras infinitas coisas, cujo inventário não se pode fazer em quatro dias, e logo que se acabe, os enviarei a Vossa Senhoria.

Os outros acontecimentos da minha viagem de Quiquijana a este acampamento, e a rendição do vil cobarde referido, verá V.S, pelos quais o incluo, abertos para o Ex.mo Vice-Rei, e não os repito para não deter o condutor disto, que é D. Bernardo de Lamadrid, a quem confio esta comissão, pela distinção e particular exatidão com que tem executado o que lhe pus à sua guarda.

Amanhã espero ver o indigno Túpac Amaru, e resolvi sair ao seu encontro na vila de S. Pedro de Cacha, que fica a légua e meia daqui, acompanhado de uma brilhante e numerosa escolta, e à tarde partirei para aquela cidade com outra escolta muito forte, até à ponte dos Arcos, onde espero que V.S. tenha a bondade de tratar de o receber e conduzir em segurança para aquela praça, para que as minhas tropas possam regressar imediatamente, porque ainda tenho muito que fazer, pois o padre de Checacupe acaba de sair da minha tenda, informando-me que esta tarde trezentos índios de diferentes aldeias das redondezas entraram nele furiosos, porque, quando passei por ela, deram-me obediência, mataram todos os espanhóis com as suas mulheres e filhos, nativos e estrangeiros da cidade, dentro da igreja, agarrando o padre, que tinha o Santíssimo Sacramento nas mãos.

Tenho prendidos a maior parte dos mais famosos aliados do rebelde e a muito famosa cacica de Acos, e todos eles passarão para aquela cidade com o indigno chefe, que os reduziu à situação em que se encontram, e ficam aqui dezasseis ou dezoito de crimes menores, que mandarei enforcar depois de amanhã. (*Eram, como se disse, mais de sessenta*).

Tenho também, segundo o cálculo que fiz, para seu monte, cerca de duas arcas de papéis e parece-me que encontrará nelas, muitos dos que deseja para descobrir a origem desta ruidosa revolta /---/ Posfácio: Quando envio isto, soube com certeza que D. Ventura Landaeta prendeu também a mulher e os dois filhos de Túpac Amaru com todas as suas joias e dinheiro, e que tudo estará neste acampamento dentro de quatro horas. Don José del Valle[28]"

O JULGAMENTO

O Coronel Don José Zaldívar Saavedra, advogado do Tribunal Real de Lima, Procurador Público Solicitador nomeado no processo criminal que "está a ser perseguido contra o rebelde José Gabriel Túpac Amaru, prisioneiro no quartel principal pelos crimes execráveis de morte ignominiosa por enforcamento, que no dia 10 de novembro do ano de 1780, deu na vila de Tungasuca, na província de Tinta, ao Corregedor da mesma, D. António de Arriaga, conspirando todos os provinciais para concorrerem à dita vila, supondo ter ordens do Rei Nosso Senhor, e do Senhor Visitador Geral, que fossem à vila de Tungasuca, na província de Tinta, dando com este crime, início ao levantamento e revolta que se tem vivido nas províncias de Quispicanchi, Tinta, Azángaro, Lampa, Carabaya, Chumbivilcas e várias outras, de que resultaram as atrocidades que se conhecem por notoriedade e pelos registos, como melhor procede a lei, compareço perante vós, e digo= Que acuso o referido rebelde José Gabriel Túpac Amaru como réu criminal para que, como tal, e em virtude dos crimes gravíssimos e quase inauditos em que está envolvido, seja julgado".

O Ministério Público, para agravar a sua acusação, considerou a morte do corregedor Arriaga como *"parricídio"*, sendo esta a única referência rejeitada pelo advogado de defesa, Miguel de Iturrizarra, advogado do Tribunal Real de Lima e Charcas, que tinha sido aceite pelo réu, com o argumento de que o corregedor executado não era seu *"pai"*, embora usasse esse termo nas suas proclamações para se dirigir ao povo. Em tudo o resto, suavizando os termos, concordou com o procurador.

O advogado de defesa, na sua prudente argumentação, não silencia as raízes do problema, a fim de atenuar a acusação de "dolo" no assassínio do corregedor Arriaga, e dirigindo-se ao juiz, afirma

"Está Vossa Excelência suficientemente informado, tanto por estes autos como pelos frequentes e justificados recursos que se têm feito aos Tribunais Superiores e ao próprio Conselho Supremo das Índias, e que ultimamente têm dado mérito à providência da extinção total e absoluta dos repartimentos e dos intoleráveis agravos que os corregedores infligiam aos provincianos no abuso que faziam do poder de repartir.

Sei que estes nunca podem legitimamente desculpar os injustiçados da vingança, que tomam para si contra os corregedores, mas os ressentimentos das suas injúrias entram em alguma parte de apologia dos seus excessos, para que ao menos as penas das Leis, quanto às suas circunstâncias, lhes sejam moderadas."

No longo relato dos crimes cometidos pelo rebelde, ele destacou:

"A primeira ocorreu na vila de Sangarará, onde surpreendeu D. Fernando de Cabrera, corregedor da província de Quispicanchi e as tropas que conseguiu alistar juntamente com as que lhe deu desta cidade, para conter e apaziguar a rebelião na sua origem, que, tendo-se alojado incautamente na igreja, o cercaram nela e, incendiando-a, fizeram-no sofrer uma morte muito cruel, segundo prudentes estimativas, mais de oitocentas pessoas, umas consumidas pelas chamas vorazes e outras que, fugindo delas, foram espancadas e atiradas, entre as quais pereceram vários europeus e pessoas de carácter e, embora este facto não apareça individualmente nos registos, é tão notório em quase todo o Reino que, sem dor, não é recordado.

A segunda, a desolação que os comissários do traidor fizeram na vila de Calga, província deste nome, que também de repente surpreenderam, dando morte cruel a outros tantos mestiços e brancos, não excetuando mulheres e crianças, nem mesmo aos próprios índios que se recusaram a aderir aos seus iníquos intentos, com outras atrocidades típicas apenas de uma nação bárbara e sem religião. =

A terceira, o cerco e as invasões que sofreu a Real Sede de Paucartambo, onde morreram muitos espanhóis e mestiços, defendendo a vila em várias batalhas que o próprio rebelde e o seu primo Diego Túpac Amaru lhes deram, para além de outras injúrias e crueldades impiedosas cometidas, nas estradas, aprisionando, matando e roubando os transeuntes e noutras vilas e herdades que, se fossem individualizadas, seriam muito longas e tornariam este escrito tão difuso e cansativo. /.../ =

No dia 6 de janeiro do corrente ano, este ímpio traidor tentou assaltar esta cidade e apoderar-se dela, trazendo para o efeito canhões de artilharia, e de trinta a quarenta mil combatentes entre índios, mestiços e espanhóis, armados de fisgas e porretes, os primeiros com porretes e os outros com pederneira e armas brancas, segundo as declarações de vários dos prisioneiros que ele tinha no seu acampamento e que conseguiram fugir e libertar os nossos, quando se encontravam no monte chamado Picho, dominante para a população, onde se tentou o assalto."

Apesar de o próprio José Gabriel Túpac Amaru o ter negado repetidamente, o procurador insistiu na sua acusação na importância do papel que lhe foi apreendido aquando da sua detenção e que trazia no bolso, intitulado **"José Primeiro, pela Graça de Deus, Inga Rei do Peru**, que tinha publicado ou estava a tentar publicar nos locais que supunha estarem sob o seu domínio.

A tudo isto acrescem as tentativas de fuga da prisão, os subornos para obter papel para escrever e a prova documental, que se conserva no Arquivo Geral das Índias: *um pedaço de tafetá, escrito na masmorra com o seu próprio sangue*[29], a que

93

se refere o procurador. De igual modo, numa das declarações das testemunhas, Fermín Luque, um dos guardas da cela, afirmou que o preso lhe pediu papel e tinteiro. No final do seu turno, comunicou o facto ao seu comandante, que lhe ordenou que voltasse a montar guarda, levando tinteiro e papel. José Gabriel Túpac Amaru utilizou-os escrevendo a Marcos Carrillo e testando, com isso, se a sentinela era um homem bom, "que também lhe disse que, se lhe trouxesse um papel escrito pelo seu filho Fernando, lhe daria papel para outro".

Prometeu também à sentinela Lino Santiago que lhe daria nove mil pesos se lhe trouxesse uma lima, ao que o sentinela respondeu que, se lhe desse quatrocentos pesos em dinheiro, lhe traria o que quisesse, mas como o rebelde não tinha, pediu papel e tinta. Este também o recebeu e Túpac escreveu ao primo, mas o destinatário não lhe deu atenção. Escreveu a três outros, pedindo dinheiro, mas as cartas intercetadas continuaram e os destinatários foram chamados a testemunhar.

O próprio Túpac Amaru confessou que o fez para deixar algum dinheiro para ajudar o seu filho pequeno Fernando. Assinou com a mão esquerda, pois era deficiente da mão direita.

Foram os índios presos que declararam, alguns através de intérpretes, "ter ouvido todos os índios que eram partidários de Túpac Amaru, que ele lhes dizia para entrarem corajosamente nas batalhas contra os espanhóis, que os ressuscitaria ao fim de três dias se morressem".

Após a comparência de numerosas testemunhas e, por quatro vezes, de quatro declarações do próprio detido, o juiz Benito de la Mata Linares, oidor do Tribunal Real de Lima, encarregado pelo Visitador Geral, proferiu a sentença:

No Processo Criminal que está pendente perante mim e que foi seguido ex officio pela Real Justiça contra José Gabriel

Túpac Amaru, cacique da aldeia de Tungasuca na província de Tinta, pelo horrendo crime de Rebelião ou levantamento geral dos índios, mestiços e outras castas, pensado há mais de cinco anos e executado em quase todos os territórios deste Vice-Reino e do de Buenos Aires com a ideia (na qual está convencido) de querer coroar-se Senhor deles e libertador do que chamava as misérias destas classes de habitantes, que conseguiu seduzir, ao que começou por enforcar o seu corregedor Don Antonio de Arriaga.

Tendo observado os termos das Leis em que o Dr. José Saldibar y Saavedra, advogado do Real Tribunal de Lima, tem atuado como Promotor Público, e o Dr. Miguel de Yturrizarra, também advogado do mesmo Tribunal, como Defensor, tendo visto os autos e o que neles resulta = Juízo tendo em vista o seu mérito e o facto de o preso ter tentado fugir do calabouço em que se encontra encarcerado em duas ocasiões, e também do quanto interessa ao Público e a todo este Reino do Peru, para a mais pronta tranquilidade das províncias por ele revoltadas, a notícia da execução da sentença e da sua morte, evitando com ela, as várias ideias que se têm espalhado por quase toda a Nação dos Índios, cheias de superstições, que os inclinam a crer na impossibilidade de lhe imporem a pena capital, por causa do seu elevado carácter, acreditando-o ser do tronco principal dos Ingas, como tem sido titulado e, portanto, dono absoluto e natural destes domínios e da sua vassalagem: Pondo também em vista a natureza, condição, baixos costumes e educação destes mesmos índios e dos das outras castas da plebe, que muito têm contribuído para a maior facilidade na excursão das depravadas inclinações do dito reo José Gabriel Túpac Amaru, tendo-os alucinados, submissos, prontos e obedientes a qualquer ordem sua, que têm vindo até à primeira, a resistir ao vigoroso fogo das nossas armas contra o seu natural pavor, e os tem feito manifestar um ódio implacável a todo o europeu, a toda a cara branca ou *pocacucas*, como eles se explicam, fazendo-os e a si mesmos autores de inumeráveis devastações, insultos, horrores, roubos, mortes, arrebatamentos, violências inauditas, profanação de igrejas, vilipêndio dos seus ministros, escândalos das suas mais tremendas armas, como a excomunhão, contemplando-se imunes ou isentos delas, assegurando-lhes isso com outras malditas inspirações, Aquele que se chamava o seu Inga, que ao mesmo tempo que publicava nas suas inumeráveis convocações, banhos e ordens (de que há muitos originais nestes autos) que não ia contra a Igreja, a privava, como se disse, da sua maior força e poder, fazendo-se legislador nos seus mais sagrados arcanos e ministérios, cujo sistema seguia da mesma maneira contra o seu legítimo Soberano, contra o mais augusto, mais benigno, mais íntegro, mais venerável de todos os monarcas, que até agora ocuparam o trono de Espanha e da América, privando ambos os Poderes das suas prerrogativas e poder mais particulares, pois colocou sacerdotes nas doutrinas, recebeu-se a si próprio nas igrejas sob um pálio, nomeou juízes principais nas províncias, tirou os repartimentos ou comércio permitidos por tarifa aos seus juízes, levantou as obvenções eclesiásticas, extinguiu as alfândegas reais e outros direitos que ele chamava injustos. Abriu e queimou as obrasses, abolindo as graças de mitas concedidas pelas leis municipais aos seus respetivos destinos: Mandou confiscar os bens dos indivíduos e habitantes das mesmas, e não contente com isto, quis executar os mesmos, apoderando-se das riquezas dos cofres reais, impôs a pena de vida aos que não lhe obedecessem; plantou ou formou horas para este fim em todas as vilas, executando muitas; fez-se pagar tributo; Com este medo e com as suas ofertas diabólicas, revoltou as cidades e as suas províncias e afastou os seus habitantes da justa obediência ao seu legítimo e verdadeiro Senhor, aquele que é nomeado pelo próprio Deus para os comandar como Soberano, ao ponto de dar às suas tropas a ilusão iníqua de que ressuscitariam depois de ele ser coroado, os que morriam nos seus combates, tendo, ou fazendo-o crer, que a causa que defendia era justa, tanto pelo seu libertador, como pelo direito de ser o único descendente do tronco principal dos Yngas, mandando lançar canhões, como lançou muitos para se oporem à autoridade do Rei e às suas armas poderosas e triunfantes; reduzindo os sinos das igrejas e o cobre, que ele roubou para este uso. Designou o lugar do seu Palácio e o método da sua legislação, para quando fosse chefe universal desta terra, e quis tornar o seu juramento patente a toda a sua Nação, atribuindo a si próprio os ditames reais, como o prova o papel de rascunho encontrado no seu próprio vestido e que o convence. Mandou pintar-se ou retratar-se em prova destes desastrados desígnios com insígnias reais de unco, mascapaycha e outras, pondo por troféu do triunfo, que dizia ter alcançado na vila de Sangarará, representando os mortos e feridos com as chamas que queimaram a sua igreja, e a liberdade que deu aos que estavam presos nas suas cadeias e, ultimamente, desde o princípio da sua traição, mandava e comandava como Rei, sob o frívolo e falso parentesco de ser descendente legítimo, como se indica, do Sangue Real dos imperadores gentios e com especialidade do Ynga Phelipe Túpac Amaru, cuja declaração foi usurpada desde então sem faculdade, já que nem sequer o Tribunal da Real Audiência de Lima, onde pendia esta causa, lhe tinha declarado qualquer direito a esta descendência, Pelo contrário, havia razões muito seguras para lho negar, cujas presunções da sua descendência, apesar de estar neste estado duvidoso, causaram tal impressão nos índios que, levados por ela, lhe falavam e escreviam no meio da sua rudeza com a maior submissão e respeito, por vezes chamando-lhe Senhoria, Excelência, Alteza e Majestade, vindos de várias províncias para lhe prestarem a sua própria obediência e vassalagem, não cumprindo nisto as estreitíssimas obrigações de fidelidade e religião que ele e todos os vassalos têm para com o seu Rei natural, prova evidente e dolorosa da má orientação em que esta classe infeliz é governada, e também de quão pouco ele conhece a subordinação e obediência devidas ao poder legítimo do nosso adorável Soberano, deixando-se ser maliciosamente persuadido pelas ofertas deste traidor ingrato e mau vassalo seu, de quem e da sua Real Audiência de Lima, de sua Excelência o Vice-Rei e de mim, fingiu que tinha ordens para executar o que tão barbaramente executou, e não deve ter acreditado no mais idiota dos lícitos, além de que no que diz respeito às suas ofertas, Os Índios não podiam ignorar que os repartimentos ou o enunciado do comércio tarifário, permitido aos seus juízes territoriais, ia ser tão cedo retirado, como a experiência tem assinalado, provando-lhe assim como o nosso respeitável Soberano desejava e procurava, como sempre desejou e procurou o seu alívio.

Sabiam também que as obvenções não eram pagas, nem as têm pago, senão por sua livre e espontânea vontade, muitos deles desejando e ansiando por isso, para os enterros de pompa e uso dos outros sacramentos sagrados, com a ostentação que lhes causa grandes despesas, visto que os seus respetivos doutrinadores ou sacerdotes estão satisfeitos e têm sido satisfeitos pelo sínodo correspondente, sem estes direitos ou ocasião de outros emolumentos; Nem este homem e os seus malvados sequazes deviam desconhecer, para se juntarem às suas promessas, que, segundo a lei do reino, estão isentos de impostos, como se observa escrupulosamente no que diz respeito à sua educação, à sua própria lavoura e à sua indústria, mas para que este benefício e liberalidade não se converta, como se costuma converter, em agravo contra Nosso Rei e Senhor, servindo-se a si mesmos como fraudadores do referido direito real de alcábala, levando sobre suas cabeças ou em seu nome, com supostas graças às cidades e vilas de consumo e comércio, o que não é seu ou não lhes pertence, sendo de outros não isentos, infringindo nisto, todas as leis do cristão, do vassalo e dos homens de bem e de verdade, justiça e retidão para o que fim, para que cumpram estas qualidades e aquelas soberanas decisões, sempre se tem visto que as ditas guias sejam examinadas e vistas com engano, e que são tomadas, levadas e dadas sem custo nem detenção pelos ministros que cobram este direito real, e que são os fiscais das tais fraudes que se cometeram e se cometem repetidamente por esta classe de privilegiados, a cujo justo zelo e diligência este traidor chama escandalosamente opressão e tributação, sem saber que são os índios que a formaram, se assim é, e não se vê que, de outro modo, se arrisquem as riquezas ou sagradas rendas do Estado.

Sabendo também que ele e os da sua mal educada nação não pagam outras pensões reais, e mesmo que as pagassem, a religião e a vassalagem ditam, ensinam e demonstram-lhes o cumprimento do que neste ponto é ordenado pelos legítimos superiores, considerando que estes não desejam outra coisa senão elevá-los à sua maior e mais completa felicidade, e que estes direitos são necessários, indispensáveis para a defesa da nossa amada e venerada Santa Igreja Católica, para a proteção delas e dos outros membros do seu convento, mantendo-a na justiça, ou para as defender contra qualquer poder inimigo ou qualquer pessoa que as insulte ou injurie, as prejudique ou prejudique nas suas vidas, nos seus lucros e nas suas propriedades, nas suas honras ou no seu sossego ou paz.

Considerando tudo isto e as liberdades com que este vil insurgente convidou os índios e outras castas a juntarem-se a ele, chegando ao ponto de oferecer os escravos da sua escravidão, e ferindo subtilmente o infeliz e miserável estado em que ficaram as suas províncias, que ele alterou e que dificilmente se remediarão ou restabelecerão em muitos anos dos danos nelas causados pelo dito José Gabriel Túpac Amaru, com as detestáveis máximas difundidas e adotadas nas da sua nação e sócios ou confederados para tão horrendo fim, e olhando também para os remédios que o sossego destes territórios e o castigo dos culpados, a justa subordinação a Deus, ao Rei, aos seus ministros, exige, devo condenar e condeno José Gabriel Túpac Amaru a ser conduzido à Praça Principal e Pública desta cidade, arrastado ao lugar do tormento, onde assistirá à execução das sentenças dadas a sua mulher Micaela Bastidas, a seus dois filhos, Hipólito e Fernando[30] Túpac Amaru, a seu tio Francisco Túpac Amaru, a seu cunhado António Bastidas, e a alguns dos seus outros principais capitães e ajudantes do seu iníquo e perverso intento ou projeto, os quais morrerão no mesmo dia e uma vez cumpridas estas sentenças, A sua língua será cortada pelo carrasco e depois amarrado ou atado por cada um dos seus braços e pés com cordas fortes, e de tal maneira que cada uma destas possa ser facilmente atada ou presa a outras que estejam penduradas nas cinturas de quatro cavalos para que, colocadas de tal forma que cada uma destas puxe para o seu lado, olhando para outros quatro cantos ou pontos da praça, marchem, separem ou arranquem os cavalos a um só, de maneira que o seu corpo se divida em outras tantas partes, levando-o, logo que seja tempo, para o monte ou alturas chamadas Picho, onde teve a ousadia de vir intimidar, e pedir a rendição desta cidade, para que ali seja queimado numa fogueira, que se preparará, lançando as suas cinzas ao ar, e em cujo lugar se colocará uma lápide com pontos, exprimindo os seus principais crimes e mortes, e para única memória e castigo do seu execrável ato.

A sua cabeça será enviada para a vila de Tinta para que, estando três dias na forca, seja depois colocada num poste na entrada mais pública da mesma. Um dos braços será mandado para a vila de Tungasuca, onde era cacique, para o mesmo fim, e o outro para ser colocado e executado na capital da província de Carabaya, e uma perna será também mandada para a vila de Libítaca, na província de Chumbivilcas, e as restantes para a vila de Santa Rosa, na província de Lampas, para que se observe a referida demonstração, com testemunho e ordem dos respetivos corregedores ou juízes territoriais, para que publiquem esta Sentença com a maior solenidade por Bando, logo que chegue às suas mãos e em outro dia igual em cada ano subsequente, do qual ouvirão aviso instruído aos Governos Superiores, a quem reconhecem os ditos territórios.

Que as casas destes últimos sejam arrasadas, deitar sal à vista de todos os vizinhos da cidade ou cidades onde os têm ou onde existem. Todos os seus bens serão confiscados, para o que se dá a correspondente comissão aos juízes provinciais, de que todos os indivíduos da sua família, que até agora não vieram ou não virão ao poder das nossas armas, ou da justiça que sobre eles pende, para os castigar com penas iguais, rigorosas e afrontosas, são infames e incapazes de adquirir, possuir ou obter de qualquer modo qualquer herança ou sucessão, se em qualquer tempo quiserem ou houver quem pretenda ter direito a ela.

Que os registos seguidos sobre a sua ascendência no referido Tribunal Real sejam recolhidos e queimados publicamente pelo carrasco na praça pública de Lima, de modo que não reste qualquer memória de tais documentos, e que aqueles que apenas contenham testemunhos sejam reconhecidos e se descubra onde se encontram os originais, dentro do prazo que lhe foi atribuído para a própria execução.

E quanto à ilusória nação dos índios, sua Majestade será consultada como convém, para o fim de que se agora, ou em qualquer tempo, algum destes quiser reclamar nobreza ou descendência igual ou semelhante dos antigos reis da sua gentilidade, será com outras coisas consultado, reservando esta permissão e conhecimento à sua Real Pessoa, com absoluta inibição e sob as mais graves e rigorosas penas a qualquer juiz ou tribunal que o contrarie, receber tais informações e que as recebidas até agora não têm valor nem efeito, até que o Rei as confirme, pois esta resolução está muito de acordo em impedir o que se lê nestes autos, reservando da mesma forma de sua soberana determinação o quanto é e será conveniente em vista das razões que são indicadas e que este traidor conseguiu armar-se, para formar um exército e força contra as suas Reais Armas, usando ou reduzindo e vencendo com as suas falsidades os caciques ou segundas pessoas deles, nas povoações que, sendo de índios, não são governadas pelos tais caciques, mas são governadas por prefeitos eletivos anuais que votam ou são nomeados por eles, cuidando das mesmas comunidades eleitorais e dos corregedores, preferir as pessoas que conhecem a língua castelhana, o uso das suas notas será introduzido com mais vigor do que até agora, sob as mais rigorosas e justas penas contra os que as não usarem, depois de passado algum tempo em que as tenham aprendido, passando com esta mesma ideia um ofício de súplica e comissão ao M.RR. Prelados eclesiásticos, de modo que nos concursos de curatos ou doutrinas advertem muito particularmente os adversários, que tragam certidões dos juízes provinciais do maior número de paroquianos que neles falem a língua castelhana, pondo nas listas que enviam aos vice-patronos esta circunstância, respetiva a cada um dos propostos, Os bispos e corregedores darão conta de cada uma delas ao respetivo Governo Superior, deixando ao soberano arbítrio de Sua Majestade premiar e distinguir as vilas cujos vassalos tenham correspondido, nas atuais circunstâncias, à justa lealdade e fidelidade que lhes é devida.

Finalmente, em consequência destas precauções, fica proibido o fabrico de canhões de qualquer espécie, sob pena, para os fabricantes nobres, de dez anos de prisão em qualquer das de África, e sendo plebeus, duzentos açoites e a mesma pena pelo mesmo tempo. Reservando-se, por agora, para tomar a mesma resolução relativamente à fábrica de pólvora, que se seguirá mais tarde. E por existirem em muitas acendas, engenhos e obras destas províncias, uma variedade delas de quase todos os calibres, serão recolhidas pelos corregedores, logo que se acabe completamente a pacificação deste levante, para darem conta à respetiva Capitania Geral, a fim de que se lhes dê o uso que parecer conveniente = Assim o providenciei, ordenei e assino por esta minha Sentença definitivamente julgada = José António de Areche.

Proferida a extensa e singular sentença, em que os factos do caso se misturam com numerosas questões de governo e de interpretações políticas, notificam-se o preso, o procurador e o advogado de defesa, e ordena-se que nessa noite se acendam os candeeiros das casas, e que não se admitam grupos de mais de quatro homens ou mulheres nas ruas da e na manhã do dia 18 de maio, *"Que na praça não se ouça voz alguma de perdão ou qualquer outra que possa comover o povo, declaro que quem o fizer (bem que não se espere) incorre na pena irremissível de morte, sem outra ordem de julgamento, que não seja a apreensão de tal crime, por ser o mais prejudicial e contrário à paz pública."*

Juan Bautista Gamarra, notário público, foi encarregue de certificar os factos ocorridos na praça:

"Como hoje, sexta-feira, dia dezoito de maio do corrente ano de 1781, se executou o que se ordenou na sentença anterior, sendo José Gabriel Túpac Amaru, levado à praça principal e pública da dita cidade, arrastando-o para o lugar do suplício sobre um cavalo, onde assistiu à execução das sentenças dadas a Micaela Bastidas, mulher do dito Túpac Amaru, seu cunhado António Bastidas, seus dois filhos Hipólito e Fernando Túpac Amaru[31], seu tio Francisco Túpac Amaru e os demais mandantes da sua iníqua e perversa tropa e tendo os carrascos concluído a sentença com todos os presos; Neste estado, um dos referidos carrascos cortou a língua do dito José Gabriel Túpac Amaru, e depois amarrou-o por cada um dos braços e pés, com cordas fortes, de modo que estas foram atadas às cintas de quatro cavalos, que estavam com os seus cavaleiros, e tendo feito os sinais para puxar, dividiram o corpo do dito traidor em quatro partes, sendo a cabeça destinada à vila de Tinta, um braço à vila de Tungasuca, outro à capital da província de Carabaya, uma perna à vila de Libitaca, localidade de Chumbivilcas e outra para a localidade de Santa Rosa na localidade de Lampa, e o resto do corpo para o Cerro de Picho, por onde pretendia entrar na dita cidade, onde se preparou uma fogueira na qual o atiraram juntamente com a sua mulher até ficarem em cinzas e se espalharem pelo ar, o que foi feito na presença do sargento José Calderón e de um piquete de soldados que guardavam os ditos cadáveres = Em testemunho da verdade = Juan Bautista Gamarra, Escribano de Su Majestad, Público y del Cabildo.[32]

Um documento da época relata que José Gabriel *"tiraram-lhe os grilhões e as algemas, puseram-no de bruços e, pondo-lhe um laço em cada mão e pé, tiraram-lhe quatro cavalos do corpo, que não puderam despedaçar, ou por preguiça ou porque o índio era mesmo de ferro; prenderam-no no ar com tanta força que parecia uma aranha. Compadecido, o Senhor Visitador mandou ordenar à companhia que lhe cortassem a cabeça, o que foi feito imediatamente, e o corpo foi levado para a forca, onde lhe cortaram os braços e os pés".*

O CASO DE MICAELA BASTIDAS

Dos duzentos presos encarcerados na cidade de Cuzco, dezoito foram condenados à morte. Os restantes sofreram penas menores de flagelação ou desterro, e muitos foram absolvidos, tal como centenas de prisioneiros que foram libertados, quando se provou que a sua participação nas revoltas se devia ao facto de terem sido raptados ou forçados a elas. Sem dúvida, entre as mais de três mil páginas do processo principal, dirigido pelo juiz Benito de la Mata Linares, encomendado pelo Visitador Geral, José Antonio Areche, a mais notável é a de Micaela Bastidas:

"No processo criminal que está pendente perante mim e que foi seguido ex officio pela Real Justiça contra Micaela Bastidas, mulher do vil traidor José Gabriel Túpac Amaru, por cumplicidade na rebelião premeditada e executada por ele, ajudando-o quanto pôde, dando as ordens mais enérgicas e fortes para reunir pessoas para as enviar a ele e aos seus outros capitães que apoiavam as suas ideias vis, invadindo as províncias para as submeter à sua obediência, condenando ao suplício supremo quem não obedecesse às ordens dele ou do seu marido, sendo a causa de muitas mortes quando tinha notícias, em cuja alegria se manifestava publicamente sempre que era informada de qualquer ação favorável incentivando e encorajando os índios, dando os postos de coronéis àqueles que considerava mais devotados, e falando com horror dos espanhóis, e com expressões que imprimiam o maior ódio aos nativos, oferecendo-lhes que só pagassem o tributo, mas nenhum outro direito, gozando da sua própria liberdade no tempo da sua idolatria proferindo nas suas conversas palavras que denotavam que ela aspirava a reinar, fazendo-se por isso obedecer com mais rigor do que o seu marido, desprezando as armas sagradas da Igreja, retirando-as das portas das mesmas onde as via fixas, e substituindo-as por editos seus; publicando proclamações, dando comissões, nomeando para se encarregarem da administração dos sacramentos, mandando fechar as igrejas quando bem entendesse, dando passes para que os seus soldados não impedissem os da sua fação, escrevendo cartas para publicar os felizes acontecimentos de seu marido, destinados, como escandalosamente se explicava, a libertar o Reino de tantos encargos e fardos, pedindo que lhe mandassem gente com a pena de vida dos desobedientes, observando os termos da Lei, tendo como Fiscal Acusador o Dr. Pablo de Figueroa e como Fiscal Acusador o Dr. Pablo de Figueroa e como Defensor Gregorio Murillo, ambos do Real Tribunal de Lima; Tendo visto os Autos e o que deles resulta:

Declaro, por seus méritos e pelos crimes provados, que devo condenar e condeno à Micaela Bastidas à pena de morte.

A justiça que ele manda fazer é que ela seja tirada da caserna onde está presa, arrastada com uma corda de esparto ao pescoço, mãos e pés atados, com a voz de um pregoeiro anunciando o seu crime, sendo assim levada para o lugar do suplício, onde há um pequeno estrado onde, segundo o seu sexo e em consulta com o pudor, se ajustará e assentará o garrote, se lhe cortará a língua, e logo se lhe fará morrer com o instrumento, o qual, uma vez verificado, se lhe pendurará na forca, sem que dali se retire, até que alguém lho ordene. E logo se esquartejará o seu corpo, levando a cabeça ao Cerro del Picho, a qual será fixada num pelourinho com uma pauta em que se lerá o seu crime; um braço a Tungasuca, outro a Arequipa e uma das pernas a Carabaya, levando o resto do corpo ao mesmo Cerro del Picho, onde será queimado com o de seu marido, no braseiro que ali estará; os repetidos corregedores dando prova documentada de terem executado e publicado esta sentença por Bando e mais, condeno-a a perder todos os seus bens, aplicados à Câmara de Sua Majestade; e em consequência do confisco ordenado por esta ordem, se ela tiver alguma casa ou casas, serão arrasadas à vista de toda a vila, onde existirem. Assim declaro e mando por esta minha sentença, definitivamente julgada. José Antonio Areche.

A 16 de maio de 1781, o tabelião Espinavete vai ao quartel ler a sentença à condenada e dá conhecimento do seu conteúdo ao advogado de defesa e ao procurador.

No dia seguinte, Micaela Bastidas, colocada na capela, pediu para testemunhar sob juramento, nos termos da lei, por Deus Nosso Senhor e sinal da Cruz, e disse que "Antes de vir para o Picho guardava em sua casa os móveis, louça e pratas do padre de Pampamarca, não porque o padre os mandasse, mas porque a declarante gostava muito deles e para que não fossem roubados. = Que a prataria era composta por onze pires, dois médios, uma bacia grande, uma roda, uma concha, seis chávenas, uma bacia, um pote de chocolate, dois tabuleiros grandes, dois pequenos. O ornamento do dito eclesiástico, toda a sua roupa, livros, um assento do Senhor de Tungasuca; seis jarros de prata do altar, quatro ou seis malhas de prata, roupa branca, um Santo Cristo; que entre os referidos bens se encontravam duas malas pequenas de D. Ildefonso Bejarano, que só tinham roupa e livros, uma caixa de ornamentos que uns índios de Azángaro levavam com umas joias de prata, que o declarante não sabe de quem eram; cujos móveis ficaram em Tinta.

Que em Tungasuca uma índia tinha uma petaca; que a dita índia se chamava Tomasa, que não sabe de onde veio, que foi trazida por um jovem de Yanaoca, cujo nome e apelido não sabe, mas que é filho de Esteban Zamora, que vive na dita vila, e que na dita petaca havia alguns vestidos de mulher e de homem, e um meio de prata.

Que a dita índia levou outros dois sacos com duas camadas de seis calções, dois folhos, três chupas, um folho de luto, que os ditos sacos pertencem a Martina Fuentes, moradora nesta cidade, e que o dito índio lhos deu, para que ela os guardasse enquanto o seu dono os viesse buscar.

Que em Tinta a declarante tinha uns pedaços de pano e persianas que pertenciam a uma herança de Ayapata; = Que deve a Martina Fuentes marcos de chafalonía e que uma casa que a dita Fuentes tinha em Tungasuca foi tomada pela declarante sem móveis; = Que Dona Antonia Escobedo, vizinha de Tinta, lhe emprestou quatro varas de pano preto, que a declarante deu a um alfaiate, cujo nome e apelido desconhece; = Que na Casa de Cabildo de Tinta havia umas roupas que os índios trouxeram e guardaram ali, assim como muita prata lavrada, que foi dada ao Inspetor. = Que na Casa de Cabildo de Tinta havia algumas roupas que os índios trouxeram e ali guardaram, assim como muita prata lavrada, que foi dada ao Inspetor. Que isto é o que tem a dizer e a verdade, sob juramento em que afirmou e ratificou, disse ter mais de 25 anos. Não assinou porque não sabia.

A sentença foi executada rapidamente, fazendo-a coincidir com as outras, no dia 18 de maio de 1781.

"José de Palacios, tabelião do Rei Nosso Senhor e Público do número desta Cidade de Cuzco do Peru, dou fé e testemunho verdadeiro, como hoje se executou na pessoa de Micaela Bastidas, mulher do vil traidor José Gabriel Túpac Amaru, a sentença que precede, datada do dia quinze do corrente da seguinte maneira = Estando a Praça Principal desta Cidade, com a Guarnição das Tropas de Infantaria e Cavalaria, e estando presentes os Juízes e várias pessoas de distinção, a dita Micaela Bastidas foi tirada à hora regular da manhã, do Quartel onde estava presa com o seu hábito da Misericórdia, e uma corda de capim esparto ao pescoço, os pés e as mãos atados, e com a proclamação do costume, foi assim levada, arrastada para o lugar do suplício, onde a fizeram sentar num pequeno banco e lhe ajustaram o instrumento do garrote. Foi-lhe cortada a língua e, depois de morta com o referido instrumento, foi pendurada na forca, sendo tudo feito pela mão do carrasco. À tarde do mesmo dia, o seu corpo foi esquartejado ao pé do suplício. A sua cabeça foi fixada em

Callanca, a entrada comum da cidade e o início do Cerro del Picho = Um braço foi destinado a Tungasuca; Outro para Arequipa e uma das pernas para Carabaya e o resto do corpo foi levado para o próprio Cerro de Picho e aí foi queimado numa fogueira montada para o efeito juntamente com o de seu marido, conforme ordenado na referida sentença, em cuja execução estive presente, e para que conste, e onde for mais conveniente, assino e subscrevo na dita Cidade de Cuzco, aos 18 dias do mês de maio de 1781 anos. = Em testemunho da verdade = José de Palacios, Notário Real e Público = Cuzco, 20 de junho de 1781".

Existe uma versão manuscrita que difere do registo oficial de execução:

"A índia Mica (Micaela), a quem cortaram a língua na presença do marido e que, por ter o pescoço muito fino, não conseguiu asfixiá-la, os carrascos atiraram-lhe forcas, que, atiradas de ambos os lados com muitos pontapés no estômago e nos seios, lhe tiraram a vida".

CARTAS DE AMOR E DE RAIVA

A carta surpreendente é uma das muitas cartas apreendidas de Micaela Bastidas, que chamava familiarmente ao seu marido José Gabriel *"Chepe mío"* ou *"Chepe de mi corazón" (Chepe do meu coração)*. Este, por sua vez, chamava-lhe *"Mica"* em várias outras cartas. Esta carta revela o que foi escondido por tantos historiadores que, para mitificar a figura de Túpac Amaru II, ocultaram a sua faceta violenta de abusador, precisamente sobre a mulher que, cega de amor, sofria as longas ausências do guerreiro presunçoso, mas também recebia castigos quando estavam juntos, como o próprio José Gabriel Túpac Amaru reconheceu no seu depoimento ao juiz: *"É verdade que, antes da revolta, por vezes batia, esbofeteava e espancava a sua mulher, mas depois não o fez."*

Ela perdoa tudo, exceto a solidão e as longas ausências do marido:

"Meu Chepe: Deves ser uma grande dor para mim, porque andas muito por aí, vagueando pelas aldeias e mais em Yauri, demorando dois dias com grande descuido, porque os soldados têm razões para se aborrecerem e irem cada um para a sua aldeia. Já não tenho paciência para aturar tudo isto, porque eu próprio sou capaz de me entregar aos inimigos, para que me tirem a vida, porque vejo a pouca vontade que tens para este grave assunto, que prejudica a vida de todos, e nós estamos no meio dos inimigos, que não têm tempo certo para viver, e por tua causa, todos os meus filhos e os outros que estão do nosso lado estão na iminência de serem postos em perigo.

Já vos tenho cobrado bastante que não se demorem nessas aldeias, onde não há nada para fazer, mas ocupam-se em passear, sem ter em conta que os soldados não têm manutenção, embora lhes dêem dinheiro e este se esgote no mais curto espaço de tempo e então todos se retiram, deixando-nos desamparados, de modo que pagamos com a vida, porque eles (como já devem ter reconhecido) só vão pelos juros e tiram-nos os olhos de casa e ainda mais agora, Os soldados estão a retirar-se ao saberem que Vargas e Ure espalharam que o povo de Lampa, unido a outras províncias e a Arequipa, vos ia cercar, e perderam a coragem e tentam voltar para trás, com medo do castigo que lhes possa cair, e toda a gente que eu tinha previsto para a descida de Cuzco vai perder-se, e juntar-se-á aos soldados de Lima, que já estão na estrada há muitos dias.

Tudo isto vos previno, porque me magoa, mas se quereis a nossa ruína, podeis ir dormir, pois tivestes o prazer de passear sozinho pelas ruas da cidade de Yauri, até chegardes ao extremo de subir à torre, quando não podíeis ir a estes excessos, porque estas ações não correspondiam à vossa honra, mas sim para vos difamar e para fazer com que pensassem pouco de vós.

Pensei que, de dia e de noite, fosses compreensivo ao tratar destes assuntos, e não tanto descuido, que me tira a vida, que ainda não tenho carmesim, nem estou em mim mesmo, e por isso peço-te que antecipes este assunto, ofereceste-me para cumprir a tua palavra, mas a partir de agora não darei crédito às tuas ofertas, pois faltaste à tua palavra.

Não tenho pena de perder a minha vida, mas sim a desta pobre família que precisa de toda a ajuda e por isso, se o povo Paruro vier, como lhe disse no (...)[33] meu anterior, estou pronto a caminhar com o povo, deixando Fernando num lugar designado, porque os índios não são capazes de se mover neste tempo de tantas ameaças.

Dou-vos avisos suficientes para irdes imediatamente a Cuzco, mas vós os destes todos de barato, dando-lhes tempo para se prevenirem como têm feito, pondo canhões no Cerro de Picho, e outras artimanhas tão perigosas que já não sois capazes de os alcançar, e que Deus guarde as nossas almas. Tungasuca e 6 de dezembro de 80.

Também vos digo que os índios de Quispicanche já estão cansados e aborrecidos de servir de guardas durante tanto tempo. Finalmente, Deus vai querer que eu sofra pelos meus pecados. Eu, tua mulher.

Depois do fim deste, tive o meu próprio aviso de que os de Paruro já estão em Acos e por isso vou a pé, mesmo que isso signifique perder a minha vida."

A MORTE DE HIPÓLITO

Dos três filhos de José Gabriel Túpac Amaru e Micaela Bastidas, foi o mais velho, Hipólito, que sofreu o desprezo e a tortura como os seus pais.

O filho mais velho de José Gabriel Túpac Amaru declarou ter nascido em Tungasuca e ter vinte anos de idade. Nessa idade, era considerado menor de acordo com a justiça espanhola, que fixava o limite em vinte e cinco anos, embora com um intervalo a partir dos dezoito para "os crimes mais horrendos", como o Ministério Público indicou e o oidor assumiu. As suas declarações sobre a sua total dependência da vontade do pai não ajudaram, e negou qualquer iniciativa própria na rebelião, embora reconhecesse ter disparado o canhão e provocado algumas mortes.

Quando soube da sentença, pediu para testemunhar, descrevendo em pormenor algumas das ações que tinha anteriormente negado.

Mas o Visitador Geral não considerou nenhuma circunstância atenuante e apenas admitiu que, sendo arrastado por um cavalo, foi colocado debaixo de um saco. Quanto ao resto, o notário Tomás de Gamarra certificou o que aconteceu na manhã de sexta-feira, 18 de maio de 1781: "Tudo o que foi ordenado na Sentença foi executado na pessoa de Hipólito Túpac Amaru, sendo arrastado para a cauda de um cavalo num saco, e a sua cabeça, braços e pés foram cortados para serem enviados para os lugares destinados, execução que foi levada a cabo por Felipe Quinto, que foi quem lhe cortou a língua com uma faca antes de o enforcar, e Pascual Orcoguaranca, os carrascos.

Os julgamentos e as sentenças acumularam-se, resultando em dezasseis enforcamentos, dois garrotes, duas mulheres, que, uma vez mortas no instrumento, foram ditas nas respetivas sentenças como no tendo sido enforcadas desde o início por "respeito ao seu sexo", embora tenham sido penduradas como todos os outros; doze sentenças de duzentas chicotadas para os onze presos e os vinte e três banidos e os outros, que foram absolvidos.

As autoridades do Vice-Reino acreditavam que, com a dureza das penas e a crueldade das execuções, a situação seria controlada e a calma regressaria às províncias peruanas se os restantes membros da família Túpac Amaro e os seus seguidores fossem perdoados, e foi essa a tarefa do Vice-Rei Agustín de Jáuregui, já não pressionado pelo anterior Visitador Geral, José Antonio Areche, que partiu para Madrid. O seu substituto, Jorge de Escobedo, era a favor do indulto, e assim foi feito.

AS RAÍZES SOCIAIS DO PROBLEMA

Num apelo que é uma declaração de reconhecimento implícito da família Túpac Amaru, três principais índios das aldeias de San Juan de Macusani e San Salvador de Ayapata, em nome de *"Todos os outros principais presidentes de câmara e vereadores mestiços concordaram em comum, que os miseráveis índios, índias, mestiços e meninos, sem exceção de pessoas, idade ou qualidade, experimentaram horrendas e incomparáveis abominações e maiores desgraças"*:

"Por causa dos *tirânicos ladrões crocodilos* dos corregedores, nós do nosso povo e da nossa província, mas de todo o Reino do Peru das Índias, não temos experimentado as suas tiranias, encontramo-nos extremamente aniquilados e molestados nos nossos bens, gados, fazendas e em todos os nossos géneros. Não só nos nossos bens e gados temos experimentado as desgraças dos ditos ladrões, mas também nas nossas pessoas e nas nossas almas, o que tem sido a razão da moléstia em que hoje nos achamos, pelo que hoje se quebram os divinos preceitos da Lei de Deus e da Santa Madre Igreja, e Sua Majestade carece dos Seus Reais Interesses e sofrem os mosteiros, conventos, colégios e hospitais, e para que a alta consideração de V.E. veja o modo por que nós miseráveis índios e mestiços e outros pobres padecemos por causa dos ditos ladrões de corregedores, faz-se muito necessário que levemos à justa justificação de V. E. para que, imposto o que vamos referir, ponha o remédio conveniente e é desta maneira:

A primeira coisa que os corregedores fazem, chegam à cidade de Cuzco, de onde pedem mantimentos, serviços e outras provisões a todas as povoações da província para o seu transporte e de todas as povoações da dita província, vamos transportá-los nas nossas mulas à nossa custa, sem juros de meio real e todas as perdas e demoras que se derem na dita viagem, é à nossa custa e à força do nosso trabalho pessoal, os colocamos na província onde fazem o que querem colocar novos costumes. Do mesmo modo, é costume os caciques pagarem aos seus criados o mesmo que a qualquer demónio que esteja na sua companhia e ao próprio corregedor.

Depois deste facto, começa a distribuir-nos todos os trapos e efeitos que tem planeado para a província e cobra-nos à força, sem ter em conta que somos tributários e se alguém quiser resistir, chicoteia-nos, e cobra-nos o pior dos efeitos, pois uma vara de pano de terra que vale um real e meio, não nos dá por um peso, e que numa vara de quatro sesmas, que na realidade são dois terços, dá-nos por uma vara; Uma faca, que vale um real e meio, vale um peso; uma libra de ferro vale um peso; uma vara de briquete estreito, que vale quatro reais na loja, vale quatro pesos.

Os preços de todo o tipo de bens são assim: uma mula que vale dez pesos é-nos dada por trinta e cinco pesos, porque somos tão esmagados nestes negócios caros. É isto que nos dão a nós, mulheres e homens, para que nenhum de nós escape a este rigor.

Depois que terminam de distribuir, começam a cobrar com uma tirania e nós, os pobres, temos o nosso modo de vida na dita nossa cidade, nossas ovelhas, um pouco de lhamas e alguns de nós temos nossa pequena fazenda de batatas, com esses bens nos sustentamos. Da mesma forma, com eles pagamos os nossos tributos e outras pensões que temos para as nossas necessidades, que os ditos corregedores nos tiram para a distribuição, a flor das nossas ovelhas e o melhor dos nossos carneiros, sem nos deixar com o que podemos procurar para o nosso alívio; da mesma forma, tiram-nos as batatas, que é o nosso alívio para o sustento das nossas famílias, em algumas medidas dobradas, e nós, desgraçados, ficamos num perecimento total que, perseguidos pela necessidade da fome, somos obrigados a comer raízes de palhas e raízes das ervas do campo, e os nossos tributos estão pendentes, e os serviços aos ditos miseráveis corregedores sem juro de meio real, que não temos tempo nem descanso para procurar alívio, para podermos pagar os nossos tributos, porque nós os índios originais pagamos o terço a cinco pesos e os sobrinhos dois pesos e quatro reais, que não podemos pagar, porque nos achamos tão nus.

Vossa Excelência vede o que sofremos nas nossas provisões, que suportamos contentando-nos em dizer que Deus é Grande, porque vendo estas tiranias, muitos, por não terem onde pagar esta distribuição, fogem e nem sequer entram na aldeia para ouvir missa e ficam sem se confessar porque lhes tiram o gado e o sustento natural, e os serviços que nós fazemos, tanto de aluguer como o frete dos nossos carneiros, por balde, mitanes, muka, michir por balde, e se perdem uma mula, cobram-nos duzentos ou trezentos pesos.

Por não verem estes rigores, muitos pobres se esquivam e vão peregrinar nas províncias e em terras estrangeiras, e nós, caciques, pagamos por estas faltas, ao tempo de todos os tributos reais, razão pela qual não têm podido aumentar os interesses reais de S.M, que cada dia se vão atrasando mais e mais, para que a piedosa justificação de V.E. considere o que padecem os seus vassalos e o que nós padecemos, porque estes corregedores ladrões, até das nossas devoções que temos prometido a Deus nos privam, que tomemos alterazgos para celebrar as festas dos santos, porque estes tiranos despojam os altares, porque vendo-nos totalmente nus, perdemos a nossa devoção, porque já não há vida para os miseráveis índios.

Não há quem cuide de nós, só Deus, porque a misericórdia de S.M. e a de V.E. são tão distantes, que se soubessem o que padecemos das hostilidades dos corregedores que nos fazem no Reino do Peru, nunca permitiriam que os seus vassalos experimentassem semelhantes danos, e sempre seríamos protegidos e favorecidos, segundo o que S.M. manda nas suas Reais Ordens, nas suas Reais Cartas e instruções, porque os ditos ladrões, violando os conteúdos e ordenações de S.M. nas suas Reais Ordens e instruções que os índios sejam protegidos e favorecidos expõem-se a perseguição e aniquilamento, os miseráveis índios, mulheres, mestiços e crianças, pelo que eles são e nós somos todos do Reino tão pobres e sobrecarregados de dívidas sem podermos remediar, porque vendo estas desgraças e roubos tão manifestos, que os ditos ladrões de corregedores executam com os miseráveis índios, mulheres, mestiços e crianças, Dom José Gabriel Túpac Amaru, natural da província de Tinta, se expôs para nos defender, nos rebelamos contra os *ambiciosos ladrões crocodilos* dos corregedores, por cuja rebelião não é nem tem sido contra a nossa Santa Fé, nem por voltar ao trabalho das trevas da gentilidade, nem é contra a Coroa Real, nem por não pagar os tributos reais, nem menos por negar a justiça, mas por terem descanso das pensões e hostilidades dos ditos ladrões, e acharem descanso para servirem a Deus Nosso Senhor e ao Rei Nosso Senhor e manifestarem a lealdade da nossa vassalagem como seus fiéis e verdadeiros vassalos, pagando inteiramente os tributos reais, que por isso nos vimos nas maiores penas e chegámos a perder a vida, assim como o Nosso Governador, que saiu em nossa defesa, perdeu a sua vida por nós e todos perdemos, não sei quantos milhares teríamos morrido, porque os ditos salteadores saíram para o Collado das nossas províncias para nos assolar, e assolaram-nos até às aldeias desabitadas à força de fogo, ranchos, gado, ovelhas, todas as nossas provisões foram dizimadas e deixaram-nos nas últimas necessidades.

Apenas o nosso governador Don Diego Cristobal Túpac Amaru, com os seus dois sobrinhos Don Mariano e Don Andres Túpac Amaru (Mendigure) nos defendiam, prometendo perder as suas vidas por nós.

Entretanto, por Misericórdia Altíssima e de Vossa Majestade, nos ordenou o Perdão Geral para a nossa paz e perdão da Rebelião, pelo que damos infinitas graças a Deus, e para que a nossa paz tenha maior efeito, e certos como dissemos das nossas hostilidades e atrasos, a piedosa justificação de Vossa Majestade servirá para exigir que os ditos corregedores vão para suas casas, deixando as províncias do Peru em paz, sossego e tranquilidade, servirá para exigir que os referidos corregedores vão para as suas casas para que, livres do mal que nos causavam, comecemos a pagar as Homenagens Reais e a servir a Deus Nosso Senhor como cristãos católicos e ao Rei Nosso Senhor (que Deus o conserve), e para que nos livremos do mal que nos causavam como seus fiéis e verdadeiros vassalos, índios, mestiços, mulheres, pretos, mulatos, de qualquer qualidade que sejamos nas vilas e províncias do Reino do Peru das Índias, cujo cumprimento faremos com o maior afã, em que se creditará a lealdade da nossa vassalagem.

Por isso = Pedimos e suplicamos a V. Ex.ª que, por sua misericórdia, tenha a bondade de atender o que lhe pedimos, e assim o fazendo, receberemos misericórdia com justiça, e juramos que o nosso pedido não é com malícia, mas para conseguir justiça = Felipe Cano, cacique da vila de Macusani = Nicolás Guaman, cacique da vila de Macusani = Ayllo Saella = Eu, Dr. Don Sebastián Concha y Xara, sacerdote titular da dita Doutrina, certifico que é verdade o que está expresso por este Comum nesta petição e, para que conste, assinei-a aos vinte e seis dias do mês de janeiro do ano de mil setecentos e oitenta e dois".

Os segundos e principal caciques da vila de Putina e Chupa, em Azángaro, também escreveram cartas, "todas em comum com a voz de cada um *in solidum*, em nome dos nossos ayllus e acendas", seguindo o mesmo padrão das outras cartas, embora fossem mais longe no ataque aos corregedores:

"Cada corregedor é senhor absoluto de vidas e herdades, porque cada corregedor distribui nesta província e sempre em todas, outro tanto mais do que a tarifa duzentos mil pesos e quando dão residência, mentem dizendo que só distribuíram pela tarifa, tirando juízes de residência a seu gosto, aos seus criados, aos seus amigos, coniventes com eles, e nós não alcançamos justiça, porque os nossos memoriais voltam às suas mãos.

Depois de tanto trabalho, Don Lorenzo Zata entrou nesta província de Azángaro como Corregedor, que parecia não ser mais do que um demónio que fazia uma confusão com os seus costumes, porque ordenava a todos os que traziam alimentos da Quebrada del Cuzco que pagassem dois reais pela carga de milho, quatro reais pelo alqueire de farinha, quatro reais pelo cesto de coca, pelas batatas e por tudo, quando trazemos estes alimentos para nos sustentarmos".

Outros caciques dirigem cartas ao vice-rei e ao bispo, agradecendo o perdão geral, mas advertindo que "não se esqueçam das nossas fraquezas para nos infamar, nem da nossa doença para nos remediar, porque de nada serviria ao mundo os vassalos que, tendo a ventura de ser vassalos de tão grande rei, tão católico, tão cristão e tão benemérito, ficassem sem honra nem conveniência e como inúteis membros do Estado".

O frade franciscano Cipriano Salazar, missionário e sacerdote substituto na Doutrina de Checa, escreveu ao bispo de Cuzco, pedindo proteção para os seus paroquianos "reduzidos à obediência do nosso Soberano e à de V.S.I., que de facto não fomentaram uma rebelião total e formal, *mas material e simulada*, só para a defesa precisa dos seus bens e da sua vida, pelo facto de que, dominando no seu território uns oitenta partidários estranhos da província de Chumbivilcas, os forçaram e atraíram para o seu lado com tirania e assassinatos, e destas parcialidades resultou uma monstruosidade incompreensível, uma forte pedra de tropeço que resistiu e frustrou todos os esforços dos obreiros evangélicos que visavam a desejada tranquilidade, e o resultado não foi mais do que prisioneiros e bons trânsitos, insultos e ameaças com ultrajes contra as suas pessoas e estado, com o que esta cidade se tornou o teatro do terror para os eclesiásticos e cidades vizinhas."

DON AGUSTIN DE JAUREGUI, CAVALLERO

DEL ORDEN DE SANTIAGO, DEL CONSEJO DE SU MAGESTAD, TENIENTE GE-
neral de sus Reales Exercitos, Virrey, Governador, y Capitan General de los Reynos del Perú, y
Chile, y Presidente, de la Real Audiencia de esta Capital, &c.

EL JUSTO APRECIO QUE MERECEN LA GE-
nerosidad, y buenos servicios de los Havitantes
de este basto Imperio que con tanto honor, y
esfuerzo han aspirado à conseguir su tranquili-
dad; el interes que todos tienen en afianzarla,
como que de ella penden sus vidas, y Haciendas; el temor de que se renovasen las calamida-
des pasadas, y lo que es mas la necessidad de asegurar el Culto de
Dios, el respeto à sus Sagrados Templos, y Ministros, y la fideli-
dad al REY nuestro Señor; han obligado al fin à tomar por ultima
resolucion la de prender à Diego Christoval Condorcanqui, sus
sobrinos, y demás principales que con el sobrenombre de Tupac-
Amaro, aspiraban à mantener sus alevosos designios, abusando para
ellos de la clemencia con que se les ha tratado, de los beneficios
que se les han dispensado, y de todos los medios de suavidad con
que se ha procurado atraherlos, disimulando las repetidas señales que
despues de el indulto han dado de su perfidia. Desde los prime-
ros momentos en que se les hizo saber aquella piadosa disposicion,
se advirtió lo que manifestaron de continuar en sus depravadas ideas,
pero se creyò pudiesen abandonarlas convencidos por el tiempo, y
la experiencia de las ventajas, y felicidad que estaba el sosiego
de sus Casas, el perdon de sus delitos, y la liberalidad con que se
proveìa à su subsistencia, y como concurrieron en aquella ocasion
algunos hechos que aparentavan la sinceridad del arrepentimiento, aun-
que siempre se desconfiò de ella, pareciò prudencia afectarlos hasta
lograr otros testimonios que hiciesen menos equivoca la realidad de
de su conducta. Lexos de conseguir los que se deseavan, y devian
prometerse de su verdadera enmienda, fueron repetidos los informes
y avisos de la que estos traydores afectavan parages retirados las
Tropas que los havian castigado, se restituìan, les fuese mas facil
renovar sus inquietudes; y por tan justos recelos los Gefes, y juezes de todas clases, han clamado todo el año pasado por la urgente necesidad de sacar de allí à lo menos los principales cavezas
de esta ilusa familia sin que ni las suaves diligencias, ni los arbi-
trios que se han practicado hayan podido vencer la resistencia, y
fingidas extrañas con que Diego Christoval se ha negado aun à los
partidos, y ofertas mas ventajosas con que se le ha brindado, y aun-
que todos estos motivos justificavan la inalterable bondad del REY
para rendir con su poderoso brazo à los que no se postravan por
el agradecimiento à sus beneficios; se disimularon porque su Real Pala-
bra empeñada en el indulto, no se creyese olvidada en la resolucion
que estos antecedentes dictavan como inescusables. Avisò al mismo
tiempo el Exmo. Señor Virrey de Buenos-Ayres las justas sospechas
que tenia de que este obstinado Caudillo havia ocultado Armas, y
que segun las cartas que se cogieron en la Ciudad de la Paz la in-
tentaba sobrecoger para atabar con sus Moradores de todas clases,
y castas, y posteriormente el Venerable Prelado de aquella Diocesis,
su Procurador General, y otros manifestaron la desconfianza que siempre tenian de sus dobles tratos. Siguieronse otros no leves indicios
de la ocultacion que se le imputava de los caudales, y tesoros usurpa-
dos, sin que las reconvenciones que se les hacian bastasen para manifes-
tarlos. Cometiò despues Mariano hijo de Josè Gabriel, conocido por Tupac-
Amaro el atentado de sacar el nueve de Septiembre en la noche con Armas
del Monasterio de Santa Catalina del Cusco à sus Mancebas; reciviose la Su-
maria que el Corregidor de Quispicanchi havia formado, contra Andrès
Mendigure, sobrino, y primo de aquellos, por la construccion de la Capilla
de Cañiamur, sus objetos, y sediciosas persuasiones con que declarò à los
Indios, pero como muchos de estos hechos, y otros de igual clase, no pasa-
ban de un bien fundado, y prudente recelo, viendo que Andrès, y Mariano
se vinieron despues à esta Capital, y que à pesar de sus influjos, los Indios se

mantenían fieles, y obedientes; se continuò la condescendencia, y por no
privarlos de las piedades que la soberana clemencia del REY les havia
dispensado, se dexò à el tiempo la resolucion, dandoseló para volver
en sì, y evitar lo que iva haciendose tan justa como forzosa. Nada
se consiguiò, porque Diego con osada intrepidez se atreviò à dispu-
tar el pretendido apellido de Tupac-Amaro à el tiempo mismo de
recivir en las Reales Cartas del Cusco el mes de Octubre ultimo
la pension de mil pesos que liberal, y piadosamente se le havian
asignado. Pretendiò los mayores honores aun para las cenizas de su
traydor hermano, y afectando otros visos de autoridad, y mandos vivia
en Tungasuca de un modo nada conforme à sus delitos ni à la sumi-
cion, y humilde reconocimiento con que devia estar por haverselos
perdonado; y redoblando por estos motivos el Comandante Don Gabriel de Aviles sus zelosas atenciones, diò parte ultimamente del suceso
que sobrevino en treinta de Enero de este año en Marcapata, y aun-
que no ha tenido resultas; se ha acreditado con las amenazas hechas
à los Mestizos y otras castas el peligro en que todas podian verse si
oportunamente no se precave, tomando las providencias que conven-
gan, para atancar la raiz de tan pernicioso influxo, como lo solici-
tan los mismos Caziques que fieles han clamado por la prision de
estas Cavezas, conociendo las contingencias à que podrìan en lo suce-
sivo exponer la incauta credulidad de sus Indios, y la subordinacion
en que hasta hora los mantienen. Por estos motivos considerando los
riesgos, y perjuicios que los Vecinos, y Moradores de todas clases,
y castas del Reyno podrìan experimentar, si mas adelante hicieran
las Indios la impresion que felizmente no han logrado hasta hora
tan perjudiciales sugestiones; y acudiendo à asegurar à todos la tran-
quilidad de estas, y la quietud de sus comercios, el giro de sus
Minas, cultivo de sus Haciendas, y la felicidad que es consiguiente
à la paz, quietud, y fiel subordinacion à nuestro Soberano, y legi-
timo Señor, y duroso; y mirando tambien por los mismos Indios,
porque seducidos por sus fanaticas pretensiones, no se priven
por una inconsiderada reincidencia de los alivios que ya gozan, ni
de las seguridades que su afianza el perdon se les concediò asegurar
las personas de Diego Christoval, sus sobrinos, y otros de su familia, para disponer despues lo que convenga de todas ellas; y de
acuerdo con el Señor Visitador General del Reyno, precediendo tambien el de esta Real Audiencia, se tomaron las precauciones, y providencias que parecieron oportunas; y haviendose tenido la gustosa noticia de quedar verificadas dichas peticiones sin la menor resistencia, al-
teracion, ni desgracia, por el zelo, prudencia, y talento con que se
determinò el Comandante Don Gabriel de Aviles, y executò el Correxi-
dor de Quispicanchi Don Raymundo Necochea ha parecido justo que
esta importante noticia se publique en todo el Reyno para consuelo
de los fieles Vasallos del REY nuestro Señor, y exemplar que con-
tenga à los que pudieran estar seducidos de esta familia, Y paraque
asi se verifique, y al mismo tiempo se ratifique à todos, y los indios entiendan que esta disposicion fundada en tantas sospechas, y
motivos seducidos por el indulto, en nada altera su inviolable seguridad siempre que guardando la condicion esencial con que se concediò de no volver à reincidir, ni cooperar en manera alguna à
las inquietudes permanezcan fieles como deven MANDO, que todo
lo dicho, se publique por Bando en esta Capital, y demàs Pueblos
del Reyno; para cuyo fin se imprimiràn los exemplares necesarios que
se remitiràn por mi Secretaria de Camara à los Corregidores, Comandantes, y demàs Gefes Militares, y Politicos, para que lo ha-
gan publicar en todas partes, dando à entender à los Indios los justos motivos de esta resolucion, y todos los buenos efectos que para
ellos mismos debe producir. Lima 29. de Marzo de 1783. = Don
Agustin de Jauregui. = Juan Maria de Galvez.

Es copia del Bando Original, que se halla en esta Secretaría de Camara, y Virreynato de mi cargo, de que Certifico, Lima 9. de Abril de mil setecientos ochenta y tres.

Juan Maria de Galvez

O líder Diego Cristóbal Túpac Amaru escreveu ao vice-rei Jáuregui, a 29 de janeiro de 1782, lamentando o desmembramento de Julián Catari e a prisão de mais de vinte dos principais habitantes da Cidade da Paz, depois de insistir na sua fidelidade a Deus e à Coroa, pedindo para ser um exemplo de Saulo.

"Lembrai-vos que a Divina Graça transformou um Saulo em Paulo e um Agostinho em Doutor da Igreja. Se V.E. me confiasse algum ministério em que pudesse servir o meu Rei e Senhor, far-vos-ia a mercê que me fizésseis, à custa da minha vida, até morrer gloriosamente".

Enquanto escrevia isto, ele e os seus emissários preparavam a revolta em numerosas aldeias, com as mesmas práticas de José Gabriel: morte para quem se contentasse com um perdão e não continuasse a luta.

O corregedor de Lampa, por sua vez, advertiu que os rebeldes *"estão a uma curta distância da cidade de Chucuito, com armas nas mãos"*, e continuou:

"Os indígenas que compõem as localidades de Ilave, Juli, Pomata, Zepita, Junguyo e Asiento del Desaguadero, em cujos espíritos orgulhosos e altivos pouco ou nada impressionaram com o generoso perdão, e mesmo depois de o terem abraçado, o vil sacrílego Diego Cristobal Túpac Amaru prossegue, difundindo ordens e convocatórias, encarregando outros dos seus infames sequazes que, introduzindo o joio no coração do povo, e este cancro pode alastrar aos que hoje são leais; Seria bom que amanhã ele continuasse as suas marchas com maior aceleração ainda".

É o corregedor de Azángaro, Lorenzo Zata, que confirma o receio do possível fracasso do perdão: "Temos notícias positivas de que Diego Túpac Amaru deu ordens contra as intenções da sua rendição até ao dia 9 do mesmo mês de dezembro, e sabe-se por outras notícias que ele e os seus emissários continuaram a dá-las posteriormente, para que a rebelião e o levantamento continuem e permaneçam".

Durante três meses, os rebeldes sitiaram a cidade de La Paz e os seus habitantes foram obrigados a "comer todos os animais a que pudessem deitar a mão, sem poupar os mais imundos, e depois a servir-se de cadáveres e outras imundícies, que não bastavam para sustentar toda a gente, pois morreram de fome dez mil pessoas de ambos os sexos, cujos cadáveres serviram de sustento a muitos. Chegaram a tal ponto que, até para carregar os mortos, a preferência era disputada entre os parentes, de modo que houve casos em que houve contenda e até morte inevitável, pois tal era o conflito e a tribulação daquele povo. Por fim, Deus, compadecendo-se de tantos clamores, pois aqueles habitantes imploravam a sua clemência, quis que D. Inácio Flores os socorresse no dia 7 de julho com a sua chegada e todas as tropas que tinha sob o seu comando. /.../ Depois da sua introdução na cidade, muitas pessoas morreram de indigestão, que lhes sobreveio por comerem demasiado para a fraqueza dos seus estômagos".

O receio de que a revolta voltasse a alastrar era tal que Lorenzo Lata insistiu: "Em virtude dos apelos ao povo que Diego Cristóbal Túpac Amaru tem feito e está a fazer a partir da sua residência em Azángaro, que quem passar para a referida cidade seja obrigado a verificar a sua rendição, com as formalidades e solidez que ofereceu, e que, caso contrário, seja tratado como inimigo".

"É claro que pensamos que seria da maior importância que o referido Túpac Amaru fosse obrigado, sem perda de uma hora, antes de se reunir e reunir novas forças, a passar à cidade de Cuzco, com toda a sua família e riquezas roubadas, para cumprir o que ofereceu há três meses e que, caso contrário, seja levado à força e tratado como um rebelde, cuja obstinação e má fé que professa, tem dado não poucas provas na opinião daqueles que têm observado cuidadosamente a sua conduta[35]."

O vice-rei Jáuregui foi informado pelo comandante Avilés, de Cuzco, numa carta escrita às oito e meia da noite de 16 de março de 1783:

"As pessoas de Diego Túpac Amaru, sua mulher, sua tia Antónia e sua mãe, e Andrés Galleguillos, estão seguradas nesta cidade =.

Não duvidando que a ordem de aprisionar o Túpac Amaru fosse consistente, usei o pretexto da vinda do bispo de Arequipa, ponderando as suas muitas faculdades e o carácter relevante em que o constituem, e que era necessário dar-lhe uma escolta competente e que esta tinha de ser revezada de posto em posto, porque a velocidade com que caminha, tornava impossível que as tropas o seguissem nas mesmas mulas, Destaquei três companhias de cavalaria de cinquenta homens bem armados, colocando-as de Urcos a Piguani, uma distância de dezassete léguas, cujo estratagema procurei fazer crer, tanto pelas ordens que dei aos capitães, como por ter dado uma carta ao capitão que mandei a Sicuani para o prelado, e por ter lamentado muito não ter recebido instruções de V. Ex.cia no correio do fim de fevereiro.

Passados alguns dias, dei instruções a D. Raimundo Necochea para que adiasse a sua visita à sua província, para que, quando eu o informasse, pudesse dirigir-se a Tungasuca para o que me acontecesse. Na altura que me pareceu proporcionada, escrevi a Salcedo para que tomasse as providências para quando recebesse a resolução de Vossa Excelência sobre o tropeiro dos presos e que, se precisasse de mais tropas, me avisasse para que eu as enviasse a tempo.

Na noite do dia 10 recebi os dois expressos de V. Ex.ª e para não dar suspeitas aos que estavam em minha casa, recebi os papéis escondidos, mantive a conversa até se irem embora e passei o resto da noite a escrever a Necochea, que fosse para o destino previsto e que estivesse pronto para assistir Salcedo, com as duas companhias que o acompanharam na sua visita

esta, y si así no lo ha practicado órdeno á VI que inmediatamente proceda á poner por obra sus prisiones
disponiéndolas con aquella sagacidad, y prudencia que
les espropia, y necesaria para evitar la fuga de lo
principales reos encuya seguridad consiste el logro
de este importante asunto que sinduda se abenturará
si recelosos ellos de esta disposición se pusiesen en
salbo.= Conformándome con el parecer de V.I. en
una de sus citadas cartas, y con el mismo objeto de
no abenturar el sucesso con la fuga de algunos de
los principales reos dispuse inmediatamente que se
asegurasen las personas de Mariano, y Fernando tu
pacamaro, y Andrés Mendigure los que quedan presos en el cuerpo de mi guardia, y siendo conveniente
que lo mismo se ejecute con Diego, y su familia antes
que llegue esta noticia á esa Ciudad, y pueda trascen-
der á los culpados repito á VI no retarde sus pricio-
nes con la sagacidad tan íntimamente encargada para evitar la fuga= Hé advertido que los autos que
Vd me remite con o originales, y me persuado que

à província e que se por esquecimento não prendesse alguns dos prisioneiros, ele próprio os executasse.

Comuniquei a Salcedo a ordem do que devia fazer, avisando-o do lugar e destino de Necochea, e ao amanhecer do dia 11, o tenente do exército Don Juan Gonzalez tomou as ordens, tanto por segurança como por ser jovem e valente, e ser o mais indicado, porque tendo o seu próprio cavalo, a sua partida não tinha de ser pública, e para que pudesse ajudar Salcedo no que pudesse acontecer e conduzir os prisioneiros, pois o corregedor não devia sair da província em tais circunstâncias, como eu o avisei, e só disse a González que obedecesse a Salcedo no que eu lhe mandasse fazer.

Neste dia, à tarde, recebi uma resposta de Salcedo à primeira mencionada, na qual ele me assegurava que não precisava de mais tropas e que, assim que fosse enviado, executaria a prisão.

No dia 12, ao amanhecer, despachei D. Francisco Laycequilla, tenente-coronel da milícia, com o duplicado e ordem para fazer o que Salcedo lhe ordenava. Este homem, além de ter uma coragem acreditada, é um homem de prudência e de sentido comercial, e como não é um dos que estão ao serviço, a sua ausência seria menos notada.

Esta tarde, um amigo disse-me que se dizia que os sobrinhos estavam presos em Lima e que o tio ia ser preso, acrescentando-me a circunstância de os ex-presos terem recebido ordens para entrar de noite, o que talvez eles próprios dissessem, ou se suspeitasse, porque se dizia o que os Condorpuces tinham declarado em Urcos.

Não preciso de exagerar o quanto fiquei surpreendido com esta notícia e com o cuidado que ele teve comigo, pois previ as consequências da fuga, que me era habitual fazer se viesse a sabê-la.

No dia 13, recebi uma resposta de Necochea em que me dizia que partia mais tarde e que hoje de manhã chegaria a Pueblo Nuevo, que é o local indicado (devido à sua proximidade de Tungasuca) para observação, e que cumpriria as outras ordens, se fosse caso disso.

No dia 14, escreve-me de Pamacanche, com data de 13, e informa-me de que lhe foi assegurado que Diego foi avisado de que ficou assustado com o facto de Marcapata e diz-me que Salcedo está em Condoroma e que, devido à sua ausência, se fosse possível, executaria a prisão.

No dia 15, informa-me que, devido à demora de Salcedo, determinou a prisão e executou-a em Diego, na sua mulher, na sua tia e na sua mãe, e informa-me que Galleguillos estava aqui, e que no dia seguinte entraria com os prisioneiros e que um súbdito de Pueblo Nuevo, apesar de ter dito que iria com ele, fugiu a galope, sem dúvida para os avisar.

À tarde, prendi Galleguillos recorrendo ao delegado do comércio, Don Simón Gutiérrez, porque não sabíamos onde vivia e, se o corregedor ou nós perguntássemos por ele, suspeitar-se-ia do fim e estragaríamos o negócio. Gutiérrez executou-o com grande dissimulação, embora tenha passado toda a tarde à sua procura.

Escrevi aos corregedores de Caylloma, Arequipa, Lampa, Azángaro, Carabaya, Puno e ao comandante de La Paz.

Esta prisão foi tão oportuna que, se não tivesse sido efetuada, creio que em breve teria havido novos tumultos.

Não creio que seja apropriado enviar os prisioneiros para Lima, porque será conveniente confrontá-los e interrogá-los sobre os tesouros escondidos, e porque se resultar em pena capital, é melhor que a sofram aqui, onde servirão de melhor exemplo, e porque a distância é grande e há poucos a encarregar da condução, e eu preciso deles aqui.

O comandante Gabriel Avilés e o oidor Benito de la Mata Linares escreveram ao vice-rei Jáuregui de Cuzco a 1 de agosto de 1783:

"Meu venerável senhor, pode agora ter a certeza e a felicidade de se ver livre do maior obstáculo às rectas intenções de Vossa Excelência, para a pacificação completa destes países e dos seus nativos, com o perverso Diego Túpac Amaru, que, com o testemunho da sentença e da sua execução, que incluímos, sofreu o castigo condigno pelos seus crimes, pelo menos aquele que nos faz aterrorizar e compreender de alguma forma a sua enormidade.

Repare-se que, no seu exórdio, se expõem os principais crimes em que ele e os outros cúmplices incorreram cujo método, ainda que não regular, nem praticado nos tribunais, temos todavia contemplado que era necessário nas presentes circunstancias, compilar os factos mais substanciais que se tem provado, servindo ao mesmo tempo de manifesto autorizado, para que se torne pública não só a sentença e a sua execução, mas também as justas e fundadas razões que a motivaram, pelo que se providencia a sua publicação nas províncias, servindo esta diligência de documento irrefragável para os índios, da verdadeira morte deste homem, que eles acreditavam ser descendente dos seus Yncas, e seu libertador.

No que diz respeito a Manuela Tito Condoni, embora a sentença devesse determinar o lugar, deixamos isso às faculdades superiores de VE., tendo em conta a consulta efetuada sobre o destino dos membros desta família perversa e a ordem de V.E.

Também tomámos providências para que, nos locais onde Diego e os seus sequazes manifestaram o seu coração sanguinário, permaneça durante algum tempo um monumento dos seus excessos, distribuindo neles fragmentos dos seus cadáveres, e que o braço da Justiça seja autorizado a tratar dos vassalos ingratos e desconhecidos.

Relatório dos condenados sentenciados na cidade de Cuzco, pelo Comandante de Armas Don Gabriel de Avilés e o Oidor Don Benito de la Mata Linares:

Primeira sentença: Diego Cristóbal Túpac Amaru, enforcado, arrastado e esquartejado.

Marcela Castro, mãe de Diego: língua cortada, enforcamento e esquartejamento.

Simon Condoni e Lorenzo Condoni, pai e filho, foram enforcados e esquartejados.

Manuela Tito Condoni, ao desterro perpétuo destes reinos, ficando ao critério do vice-rei determinar o destino. Esta era a esposa de Diego.

Segunda sentença:

Ramos Jacinto, Lucas Jacinto, Isidro Aquegua[36], línguas cortadas, enforcamento e cabeças cortadas.

Andrés Alca, em duzentos açoites e desterro, à disposição do vice-rei.

PERDÃO GERAL

O Vice-Rei informa o Secretário das Índias da situação:

"Por carta de 27 de janeiro último, fui informado pelo Inspetor Geral Don José del Valle que, embora devido às muitas águas, neves e outros problemas, o rebelde Diego Cristóbal Tupa Amaru não pôde chegar à localidade de Sicuani, na província de Tinta, no dia 20 do mesmo, que lhe tinha sido marcado para vir, segundo as minhas ordens, render-se com os seus sobrinhos, caciques, segundos chefes, curacas e cabildos, e entregar armas e mantimentos, em consequência do Perdão Geral por mim concedido, O rebelde Diego Cristóbal Tupa Amaru, no dia 26, tendo o Corregedor da província, Don Francisco Suárez de Salcedo, saído ao seu encontro, e tendo feito os mais eficazes esforços para dissipar as suas apreensões, O Corregedor, tendo sido representado pelos índios da sua escolta, que eram cerca de duzentos em número, que não poderia ser surpreendido pelas nossas armas, como eles temiam, com outras expressões dirigidas a dissuadi-lo da sua tentativa, e que o dito Corregedor, pela sua atividade, tendo-se assegurado de que ele continuava o seu caminho, lhe trouxe a notícia da hora em que chegaria àquele acampamento, e que, cheio de desconfianças e receios, fez publicar um interdito, impondo a pena de vida a qualquer soldado que os insultasse ou ofendesse, por mínimo que fosse, avisando-os, igualmente, de que todos deveriam manter-se à frente das suas tendas sem armas, e que puniria com o maior rigor quem gritasse ou causasse a menor perturbação.

Tendo tratado disto, Túpac Amaru entrou no acampamento com cinquenta índios armados com espingardas e carabinas, porque os outros que o acompanhavam tinham partido, permanecendo nas montanhas imediatas para observar o destino do seu chefe.

Que traziam essas bandeiras, duas brancas e uma amarela, que entregaram ao aproximarem-se da sua tenda; Que o recebeu no seu interior, rodeado dos principais chefes do exército, e que ele se apresentava tão confuso e perturbado, que ao ir ajoelhar-se a seus pés, achou conveniente apoiá-lo com os braços, encorajando-o com expressões do maior agrado e estima, pois não conseguia proferir uma palavra, assegurando-lhe que, estando sob a proteção das Armas do Rei, deveria ter plena confiança de que ninguém lhe infligiria a menor extorsão ou menosprezo, pelos quais era responsável.

Perguntou-lhe pelos sobrinhos, pela mulher e pela mãe, e ele respondeu-lhe que o seguiam, embora o medo e as dúvidas os fizessem demorar alguns dias.

Depois de pouco tempo de conversa, pôs-lhe nas mãos o papel que me acompanhava em cópia autenticada, que na sua continuação relata as cerimónias e formalidades que tiveram lugar na magnífica e brilhante função do dia seguinte; que, tendo-o recebido sem o ler, o avisou para ir com ele a Sicuani, a fim de fazer as devidas apresentações ao Rev. bispo de Cuzco; que todos a cavalo, escoltados pelos dragões provinciais de Lima e Caravaillo, o encontraram a sair da igreja, que está situada numa grande praça, que Túpac Amaru se prostrou a seus pés, implorando a sua misericórdia e proteção, banhado em lágrimas; Que na manhã do dia seguinte, ao mesmo tempo que prestava o juramento de fidelidade perpétua, todas as montanhas circundantes estavam coroadas por um grande número de índios, não só das províncias vizinhas, mas também de Larecaja, La Paz, Pacages e até dos Andes, que, conscientes da estima com que tratavam o seu chefe, desceram em grandes tropas para lhe pedir a absolvição da excomunhão que lhes fora imposta pelo prelado e para prestar obediência a Sua Majestade.

Durante o dia, uma multidão de pessoas foi chegando com o mesmo objetivo, e esperavam que o mesmo acontecesse nos dias seguintes.

Que Túpac Amaru tinha escrito à sua mulher, mãe e sobrinhos para irem para lá sem a menor demora, com os canhões e armas que tinha deixado em Azángaro e não duvidava que eles obedeceriam prontamente às suas ordens.

Que ia enviar os seus, em cumprimento das suas precauções, a todas as províncias do Vice-Reinado de Buenos Aires, onde ainda houvesse rebeldes, para que regressassem imediatamente às suas casas, ordenando aos caciques, segundos, regentes e principais, que viessem sem demora assegurar-se pelos seus próprios olhos, do seu sincero e verdadeiro arrependimento, e da perpétua fidelidade que tinham oferecido ao Rei Nosso Senhor.

Que como o mesmo, comunicou esta notícia ao Vice-Rei de Buenos Aires, ao Coronel Don Ignacio de Flores, ao Tenente-Coronel Don José de Reseguín e ao Capitão do Exército Don Ramón de Arias, para que servissem de governo nas suas operações e provisões.

Que Túpac Amaru mostra, em todas as suas ações e relações, um inegável arrependimento pelos seus crimes passados; que está adornado com um discernimento e vestes que não são comuns aos índios, embora não consiga explicar todos os seus pensamentos pela sua educação desajeitada.

Que lhe reiterou, na presença do Senhor Bispo e de todos os oficiais, que reduzirá todo o Reino à obediência de S. M., mesmo que lhe custe derramar a última gota do seu sangue; que não discordará um pingo do que ele lhe aconselhar e achar conveniente para o conseguir, e que provará com obras efetivas esta e todas as suas promessas, de que não duvida, segundo os exames minuciosos que faz de tudo o que se propõe e executa, com uma intenção que descobre ser reta, e sem a menor duplicidade.

No documento que citei, ele torna presente a Graça do Perdão que ia ser usada com ele, a sua família e o resto dos vassalos errantes, e que não antecipou a sua obediência por medo da morte que os éditos o ameaçavam e, confessando os seus crimes, manifesta o seu arrependimento e pede perdão.

No mesmo documento, expressa que entregou as suas armas e deixou as restantes em Azángaro, e protesta que será doravante o mais fiel servidor de S.M. Perante isto, o Inspetor emite uma ordem, admitindo o pedido de perdão e reservando para o dia seguinte a solenização do Juramento de Fidelidade, ordena que o processo seja entregue ao Bispo, tendo em conta que o dito Túpac Amaru e os seus seguidores estão ligados à excomunhão que fulminou no início da rebelião.

Depois de ter dado a sua absolvição e a dos outros ao decano Manuel Mendieta y Leiva, a absolvição de mais de trezentos foi efetuada no mesmo ato.

No dia 27, o Rev. Bispo e o Inspetor fizeram comparecer o dito Túpac Amaru na igreja, conforme consta da diligência deste dia, e leram na presença de todos os oficiais e de grande número de espanhóis e índios, a Ordem de Perdão por mim concedida, e o referido papel, com as ações tomadas em consequência, Foi-lhe dada a correspondente admoestação, a fim de assegurar a firmeza da lealdade que protestava, e foi-lhe ordenado que, não obstante as armas que tinha trazido e entregue, fizesse o mesmo com as outras que tinha em lugares distantes, nomeadamente, canhões de artilharia, espingardas, espingardas de caça, pistolas, lanças, rajones, espadas, sabres, punhais, pólvora, salitre, bandeiras e tambores, chumbo, ferro e bronze para os fabricar e tudo o que fosse ofensivo, bem como os trajes, barretes de granadeiros e outras insígnias militares, dentro do prazo perentório de doze dias, e que os seus sobrinhos, Andrés e Mariano e o resto da sua família

(✠)

DON AGUSTIN DE

JAUREGUI, CAVALLERO DEL OR-
den de Santiago, del Consejo de S. M. Teniente General de sus Reales Exercitos, Virrey, Governador, y Capitan General de los
Reynos del Perù, y Chile, y Presidente de la
Real Audiencia de esta Capital.

OR QUANTO EN CARTAS DE VEINTE
y siete, y treinta y uno de Enero proximo
antecedente, escritas en el Pueblo de Siquà-
ni, una por el Señor Inspector General Don
Josef del Valle, y otra por el Ilustrisimo Señor Obispo del Cuzco, se me participa la agra-
dable noticia de haver verificado sus prome-
sas de rendicion sumisa, Diego Criftoval Tu-
pa Amaro, Solemnizandola el citado dia veinte y siete, en la
Iglesia del mismo Pueblo con el juramento de perpetua fideli-
dad, y obediencia al Rey, subordinacion à sus Leyes, y Orde-
nes, y à las de sus Magistrados y Juezes, con serias protes-
tas de ser en adelante uno de los mas fieles Vasallos de S. M.
y de procurar la total pacificacion de los Pueblos afetados:

1   A   que

que á su exemplo y á presencia de la humanidad y buen trato que esperimentò desde su ingreso à aquel Pueblo, hiban
llegando à miles los Indios que coronaban los Zerros circunve-
zinos, no solo de las Provincias inmediatas, sino de las de La
recaja, la Paz, Pacages, y hasta de los Andes, à pedir la ab-
solucion de la excomunion que les impuso al principio de la
revelion aquel Prelado Diocesano, y à dar la obediencia à S. M.
y que se esperaba se verificase lo mismo en los dias sucesibos,
con otras particularidades dignas de la mayor estimacion; y con
respecto á ser estos felizes sucesos los mas interesantes á la Re-
ligion, y al Estado, y unos testimonios nada equibocos de la
detestacion de los errores con que se havia propagado el fa-
natismo en el seno de una nacion Cristiana, y fermentado el
espiritu de la irreligiosidad, é indolencia, sensiblemente demos-
trada con los horrendos consiguientes, y notorios estragos que
han formado la Cadena de los yerros de estos miserables ilu-
sos, y à que desengañados de sus fanaticos sentimientos, han
buelto, por la inmensa piedad de Dios, al conozimiento de lo
que les importa para conseguir, mediante una vida ajustada à
las Leves Divinas, y humanas, la Salvacion de sus Almas, des-
viadas hasta aora del camino de la Verdad, y en estado de experimentar su eterna perdicion: Por tanto deviendo reconozer
por Autor y origen de estas felicidades, al todo Poderoso, é
inspirando la Caridad Cristiana, no solo la justa complacencia
del bien de estos infelizes, sino los mas humildes ruegos al Al-
tisimo, para que continuando sus piedades, docilite cada dia
mas sus Corazones, con las abundantes luzes de la gracia: Ordeno y mando, que para anunciar devidamente al publico la
Misa solemne de accion de gracias, acordada con el Ilustrisimo
Señor Arzobispo de esta Santa Iglesia Metropolitana, de-
mostracion de nuestra reverente gratitud, y reconocimiento á la
Magestad Divina, por el grande beneficio de la paz que asi
se digna dispensarnos; Se iluminen las Calles de esta Capital
por tres noches consecutibas empezando desde la de este dia,
y que se execute lo mismo en las demas Ciudades, y Pueblos
del Reyno, supuestas las prevenciones que và à acer su Seño-
ria

ria Ilustrísima, à los respectibôs Párrocôs, y las Cartas de Rue go, y encargo que se escriviràn por mi Secretaría de Camara, al propio fin á los Reverendos Obispos, y Cavildos en Sede vacante; Y para que llegue á noticia de todos se publique es ta Orden en forma de Vando en los parages acostumbrados en esta Capital, y en las demas Ciudades, Cavezas de Obis pado ó de Próvincia, imprimiendose en competente número de Exemplares al fin de que se acompañen con las Cartas indica das, y las respectibas á los Governadores, y Corregidores del distrito de este Virreynato. Que es fecha en Lima à Veinte de Febrero de mil setecientos ochenta y dos. = DON AGUS TIN DE JAUREGUI = = Juan Maria de Galvez =. *En la Ciudad de los Reyes del Perù en dicho dia Mes y año. Yo el presente Excribano, por voz de Joaquin Cubillas Ne gro que hace de pregonero se publicó el Bando que contienen estas foxas à usansa de Guerra, en los lugares públicos, y acos tumbrados de esta dicha Ciudad con un piquete de Soldados y su respectivo Oficial, y en concurso de mucha Gente de que doy fee. Josef Mariano Saavedra. Excribano Público de en tradas de Carceles.*

Es Copia de su Original que queda en esta Secretaria de Cámara y Virreynato de mi cargo, de que Certifico. Lima Veinte de Fe brero de mil setecientos ochenta y dos.

compareçam na mesma, para que ratifiquem pessoalmente o juramento de fidelidade, que depois do deles ele devia prestar em seu nome, não obstante ser sabido que o dito Mariano já se tinha rendido às bandeiras de S.M., e que já tinha prestado o juramento de fidelidade às bandeiras de S.M., perante Sebas tián Segurola, comandante das tropas da cidade de La Paz, e que também lhe foi ordenado que não perdesse tempo em aju dar a pacificar o povo, e que o obedecesse e subordinasse a S.

M., como tinha protestado e oferecido nas cartas escritas ao mesmo Bispo.

Que juraria em seu nome e da sua família que se submeteriam verdadeiramente às sábias e bem acordadas leis do nosso Soberano, às suas Ordens Reais, e às dos seus magistrados e outros ministros; que tratariam com recíproca boa harmonia e fraternidade os espanhóis e mestiços de ambos os sexos que deviam regressar aos seus antigos domicílios, e tendo ouvido todas as condições acima mencionadas, jurou cumprir fiel e religiosamente o que foi prescrito, e dando voz e garantia de tempo, repetiu o juramento em nome dos seus sobrinhos Andrés e Mariano Túpac Amaru e de toda a sua família, e que em prova da sua fidelidade ao nosso Soberano, prometeu que à custa da sua própria vida e da sua família, seria fiel ao nosso Soberano, pacificaria todas as povoações que estivessem em tumulto e, tirando a espada que lhe fora permitido trazer para o laço, deu-a ao Inspetor, em crédito da sua obediência, que também consta ter-lhe devolvido, exortando-o a usá-la para ajudar a pacificar as povoações em tumulto e que, estando de joelhos no presbitério do altar-mor, se prostrou aos pés do Rev. Bispo e Inspetor e que, depois de ter levado três pancadas do Coronel das Milícias, D. António de Ugarte, no Estandarte Real que serviu na pacificação deste Reino, foi seguido pelos porta-estandartes das tropas veteranas e das milícias, que estavam todos formados na praça daquela vila para disparar salvas e tiros de artilharia nas ocasiões que tinham sido ordenadas ao Major-General D. Joaquín Valcárcel, e que neste estado lhe foi assegurado por palavra de honra que ajudaria a pacificar as vilas agitadas, que nenhum subalterno ou pessoa de qualquer dos que habitam estes domínios o molestaria em nada, nem faria mal à sua pessoa, família e bens, nem aos dos seus parentes e amigos, se, fiel e verdadeiramente subordinado e rendido à proteção do Rei Nosso Senhor, cumprisse o que se lhe oferecia, sob a religião do juramento.

Também me diz, em carta de 31 do dito mês, que, para o afirmar ainda mais na sua fidelidade e para lhe dar novos testemunhos da infalibilidade do perdão e da estima com que o tratava, tinha sido padrinho do crisma da sua mulher, que tinha chegado ali no dia 29 e não tinha recebido este sacramento; que no dia seguinte esperava ser padrinho do seu casamento, com a bênção do Rev.mo Bispo, porque tinham casado em El Collado, estando excomungados e perante um pároco incompetente.

Informou-me também, noutro dos referidos dias 29, que as frequentes chuvas fortes e o terreno pantanoso onde acampava, por não haver outro em frente do Collado, que era aquele que devia considerar inimigo, o tinham obrigado a colocar as tropas em quartéis naquela cidade, desejando evitar as suas doenças, que já começavam, e torná-lo mais feliz.

Que ali determinou aguardar as notícias da impressão causada nas províncias acima pela atuação de Diego Cristobal Túpac Amaru e as do coronel Don Ignacio Flores, sobre se seria ou não necessário empreender uma nova campanha no próximo mês de março para a pacificação total do Reino, o que, no caso de acontecer, o que não esperava, não esperava, De acordo com as perspetivas favoráveis que as coisas iam tomando, determinou reunir na mesma vila as tropas que havia solicitado às províncias de Lucanas e Guamanga, e as que pudesse reunir à de Tinta, com as demais precauções respetivas que se encontrassem para iniciar as suas operações no momento em que as circunstâncias que pudessem ocorrer o exigissem.

Ao mesmo tempo acompanhava-me uma carta do dia 31, cópia da carta escrita de Oruro, datada de 24 de dezembro, pelo dito coronel, na qual lhe diz que todo o corpo de cinco mil homens que o tenente-coronel Don José Reseguín tinha trazido em socorro da cidade de La Paz, estava reduzido a trezentos e sessenta soldados entre veteranos e Tucumanos; que estes últimos se encontravam na pequena localidade de Pucarani,

141

aguardando o reforço que ele lhes enviava de algumas tropas do Regimento Fijo de Buenos Aires, e seiscentos Cochabambinos, e diz-lhe que não há razão para temer novas hostilidades por parte dos índios, depois de Julián Túpac Catari ter sido aquartelado, e eles terem jurado obediência e submissão ao Rei como quarenta mil deles no Santuário de Las Peñas, estimulados pelo meu édito; Pude assim esperar que, com a ajuda de alguns veteranos vindos de Buenos Aires, acabassem com as desordens e pusessem fim a tantas misérias e crimes.

Don Sebastián de Segurola esperava as tropas que partiam de Arequipa, que já se sabia estarem em Cabanilla, sob o comando do capitão Ramón de Arias, porque com elas poderia afirmar aos índios que vacilavam na sua obediência ao Rei nas províncias de Omasuyos e Leracaja, que não deixaria de lhe escrever a partir de agora e que o intervalo das suas cartas seria curto porque, embora partisse depois para La Plata, para tomar posse da Presidência que a mercê de S. M. lhe tinha conferido, voltaria imediatamente à dita cidade para atender aos importantes acontecimentos da pacificação.

O bispo de Cuzco escreveu também a Jáuregui que, desde que Diego Cristobal Túpac Amaru apareceu nas proximidades da aldeia de Marangani, a duas léguas de Sicuani:

" Mais de quatrocentos índios tinham sido absolvidos, e o número de índios e mestiços de todas as províncias sublevadas aumentava aos milhares, multiplicando o gostoso trabalho de lhes conferir o sacramento da Confirmação e repetir as suas admoestações, pedindo ao Vice-Rei que não perdesse o que se tinha trabalhado, nem pusesse mais em perigo a Fazenda Real, e que usasse de toda a franqueza e confiança com Túpac Amaru, ordenando-lhe que fosse prontamente às províncias do Collado, para verificar o que tinha oferecido, porque segundo o que tinha observado naqueles dias, só era capaz de solidarizar-se com aquela satisfação e de nenhuma outra maneira, e que o corregedor daquela província, D. Francisco Salcedo, o acompanhasse, tanto para servir de testemunha das suas operações, como para que o meu coração não fosse perturbado por algumas notícias sinistras que muitos mal intencionados com o espírito afetado de zelo, ou malfadados com a tranquilidade universal de que íamos gozar, pudessem produzir, perturbando por outro lado o espírito e os protestos do índio, quando ele certamente concebeu que a sagacidade e a brandura são o timoneiro certo e único da feliz conclusão desta grande obra."

O bispo adverte, no entanto, que "o único motivo de sedição deve ser a paz, pelo domínio que tem sobre os índios, pois nesta ocasião sentiu que a veneração com que o tratam se transformou em adoração".

Jáuregui desconfiava do incómodo que Túpac Amaru poderia adquirir com a sua presença, "proporções para algumas inteligências com as principais pessoas das províncias e que, se está autorizado com a liberdade de ir ter com elas para o fim indicado, o torna mais respeitável para que sigam as suas ideias, se abusando da confiança, que ainda não deve estar completa, se deixa vencer por aqueles que não estão contentes com a tranquilidade e operam contra ela".

Embora o decreto do perdão da vida e do tributo por um ano aos que voltassem à obediência a Sua Majestade tivesse tido o seu efeito, este não foi total, porque ainda havia rebeldes e indiferentes, "uma vez que já não acreditavam naqueles que eram ou se supunham ser seus chefes, emissários ou comissários, para além do terror que, naturalmente, tinha provocado o sucesso do combate que o comandante das tropas de Arequipa, Don Ramón de Arias, teve na localidade fronteiriça alta de Juli, na província de Chucuito, para onde se dirigiu desde a localidade de Puno, que encontrou bastante deteriorada, embora sem notícias entre os seus nativos", tendo realizado uma Junta de Guerra porque o fogo da sedição tinha começado a acender-se naquela província, por causa da malícia e perversidade do índio Melchor Laura, - coronel de Túpac Amaru - que

rapidamente vinha seduzindo e reunindo as pessoas desta povoação e as de Sepita, Ilabe e outras da mesma província,
supondo que o perdão não era verdadeiro e que era uma tentativa de os enganar, como gritavam ao grupo enviado pelo dito
comandante, estes recusaram obstinadamente o que os levou
a serem atacados e derrotados com a morte de mais de seiscentos deles e a prisão de vários chefes do seu exército, sem
que a tropa tivesse mais desgraça do que a de um ferido, devido
ao golpe de uma pedra. Os próprios índios entregavam os seus
capitães para serem castigados.

Para além destas vitórias nos campos de batalha, e mesmo que
fossem verdadeiras as notícias das manifestações maciças de
submissão à Igreja e ao monarca espanhol, permanecia o profundo conflito da desigualdade, que José Gabriel Túpac Amaru
levantou porque, com o seu desaparecimento, a raiz do problema não tinha sido resolvida.

UMA NOTA NA IMPRENSA INGLESA

O jornal britânico *Jackson's Oxford Journal,* na sua primeira página de 24 de agosto de 1782, inseriu extratos de uma carta que o Arcebispo de Lima escreveu ao Cirurgião-Mor do Rio de Janeiro, descrevendo a situação após a prisão e execução de José Gabriel Túpac Amaru, na qual este confessava com receio o ressurgimento revolucionário do seu irmão Diego Túpac e do seu filho Mariano:

"Todas as batalhas que aqui se travaram, sem poupar os inocentes, perderam e derrotaram quatrocentos soldados que vieram de Buenos Aires para dar socorro. Esta cidade foi bloqueada por José Gabriel Túpac Amaru, o principal impulsionador da rebelião, e embora o tenhamos vencido e derrotado na batalha de Tinta, no entanto, o filho desse rebelde e seu irmão, Diego Túpac Amaru o venceram e, se possível, deram a mais terrível barbárie e crueldade.

Todas as províncias entre Cuzco e Chuquisaca são testemunhas diretas das suas horríveis devastações; as povoações mais importantes foram saqueadas.

A loucura dos americanos foi levada mais longe do que é possível imaginar: as longas lanças que possuem, enfiam-nas nos corpos dos seus prisioneiros, e assim os expõem com a mais brutal crueldade, até morrerem, e se eu fosse descrever o seu horror irreligioso, ao destruírem as igrejas e o clero, e até as mulheres e crianças, brutalmente torturadas, senti-lo-ia demasiado Oh, Deus Todo-Poderoso, quando é que todas as nossas calamidades terminarão, pelas desgraças da sua crueldade!

A situação no Peru mudou drasticamente no espaço de oito meses, e as consequências terríveis são que já não temos qualquer vigor no nosso governo para nos proteger; províncias inteiras estão abandonadas, os campos estão sem cultivo, e todo o tipo de animais que tínhamos para criar foram destruídos, todos os mineiros e outros trabalhadores foram mortos, e todo o comércio e negócios foram totalmente arruinados".

Em 11 de maio de 1783, o Vice-Rei foi informado da prisão de Juan Bautista Túpac Amaru na província de Condesuyo de Arequipa, onde era seguido secretamente por três emissários de Francisco Salcedo, encarregados por Gabriel de Avilés.

Aos emissários foi oferecida uma recompensa de quinhentos pesos, tarefa que cumpriram sem dificuldade, devido à boa disposição do meio-irmão do executado José Gabriel, mas muito diferente em carácter e pretensões dinásticas na época. Ele era, após o massacre da sua família, o único Túpac adulto sobrevivente.

Com esta detenção, as autoridades estavam confiantes de que tinham desmantelado completamente os líderes da rebelião, especialmente quando já tinham colocado Gabriel de Avilés, os restantes diretamente relacionados com ele e a criança Fernando Túpac Amaru no Corpo de Guardas do quartel de Infantaria, no Colégio do Príncipe para filhos de caciques e índios nobres, sob a direção do prebendário Don Juan de Bordenave, professor de Latinidade e Belas Letras, aguardando a decisão do vice-rei sobre o seu futuro imediato.

O transporte de todos os condenados à flagelação e ao desterro de Cuzco para Lima e El Callao era penoso e cansativo. O próprio Juan Bautista Túpac Amaru conta este facto nas suas memórias.

"Saímos, mais de sessenta de nós, desgraçados, entre os quais crianças de três a oito anos; todos usávamos cadeias. As nossas lágrimas e soluços, as nossas roupas esfarrapadas, os nossos rostos quase cadavéricos devido à fome e à sede em que tinha

mos sido mantidos, e em que nos encontrávamos naquele preciso momento, longe de despertarem compaixão, atraíam de todos os lados as palavras "velhacos, traidores, que paguem por isso".

Esta humilhação repetiu-se em todas as paragens da longa viagem.

Muitos deles, incluindo idosos e crianças, não resistiram às dificuldades de uma viagem de quase duzentas léguas, pouco mais de mil quilómetros, difícil mesmo para a escolta, que foi obrigada a parar nos arredores de muitas aldeias para pernoitar e abastecer-se, com algumas deserções.

O incumprimento da palavra de Diego Túpac Amaru e o seu falso arrependimento, punido com a pena de morte, levaram as autoridades a desconfiar de todo o grupo, tendo sido reforçadas as medidas de segurança e repressão contra todos os detidos.

Fernando Túpac, com apenas doze anos de idade, também sofreu as consequências e foi transferido do Colégio do Príncipe para a prisão do Castillo de El Callao, sem outra justificação que não fosse o elevado risco que a sua fuga representaria para a segurança do Reino.

As ordens vindas da longínqua Madrid não deixavam margem para dúvidas:

"O Rei quer que Fernando Túpac Amaru, filho do rebelde José Gabriel Túpac Amaru, seja mantido prisioneiro e em plena custódia no Castelo de Callao, até que, uma vez terminada a guerra, possa ser enviado em segurança para Espanha para cumprir a sentença que lhe foi dada, pelo que o envio a V.E. por ordem de S.M. para sua inteligência e governo. = Dios G. a VE., El Pardo, 9 de janeiro de 1782".

A comunicação de 4 de junho do mesmo ano fazia referência a esta comunicação: "Em 9 de janeiro do ano anterior, foi avisado de que Fernando Túpac Amaru deveria ser mantido prisioneiro e sob custódia total no Castelo de Callao, até que, uma vez terminada a guerra, fosse enviado em segurança para Espanha para cumprir a sentença que lhe fora imposta.

2ª   ✝   1783. VI. 1

No obstante que en R.l ôrn. de V. re
enero del año proximo pasado se pre
vino á V.E. que á Fernando de Tupacamaru se le mantubiese preso, y con
toda Custodia en el Castillo del Callao,
hasta tanto que concluida la Guerra
se le remitiese a España con toda
Seguridad para cumplir la sentencia
que le había cabido; en vista de lo
que en carta de 4 de Junio siguiente
Nº 113. expone V.E. acerca de la deter
minacion que había tomado de acu
erdo del Visitador Grãl. antes de haber
recivido aquella orden, para hacer
poner en libertad á dho. Fernando de
Tupacamaru, y poco despues enel
Colegio de los Naturales para su edu
cacion christiana; ha resuelto S.M
mantenga V.E. á ese Muchacho en
dho. Colegio con el debido cuidado, y
[tachado] de que se le dé educacion
hasta que si nueva providencia se le
advierta otra cosa. Dios g.e a V.E. Aranjuez
1º de Junio de 1783.

Sseñor Virrey del Perû

Arquivo Geral das Índias. Sevilha. / Lima 1049. Carta ao Vice-Rei Jáuregui,
1 de junho de 1783.

Considerando que S. M. esta determinação, e antes do perdão geral que achou por bem conceder a todos os rebeldes que voltaram às suas cidades e casas, sem excetuar desta graça o seu principal chefe Diego Cristóbal Túpac-Amaru e Andrés Mendigure que, aliás, o aceitaram, nem que, em consequência do referido perdão, e de acordo com o Visitador, mandou soltar o dito Fernando, e pouco depois no Colégio dos Naturais para a sua educação cristã, como deu a conhecer no dia 23 do passado mês de março, lhe pareceu que, em tais circunstâncias, devo esperar nova ordem para dar execução à referida ordem de 9 de janeiro se, não obstante o que fica dito, for vontade de Sua Majestade que se cumpra, o que espera que seja da real aprovação, pelos inconvenientes que poderiam resultar de nova prisão deste jovem em tempo de tentar demonstrar aos da sua nação o engenho e infalibilidade do perdão.= Nosso Senhor tenha piedade de V. Ex.ª. Lima, 4 de junho de 1782. Sua Excelência. Agustín de Jáuregui.

A Sua Excelência Dom José de Gálvez.

Nota = É verdade que na carta de 23 de março de 82, n.º 33, deu conta de ter colocado este jovem num colégio e de ter apontado pensões aos principais rebeldes, cujos atos foram fortemente reprovados por ordem de 27 de fevereiro deste ano de 83, mas nada foi avisado sobre se este rapaz deve permanecer ali, tendo em conta o que lhe foi executado ultimamente, ou se deve ser enviado para Espanha de acordo com a ordem anterior de 9 de janeiro de 1782, para cuja providência o Rei tomou a ideia de que, uma vez que não tinha recebido a pena capital como seu pai José Gabriel Túpac-Amaru por ser criança, não deveria restar naqueles reinos algo tão próprio ou imediato para aquele traidor.= 7 de maio de 1783.

Nota de 1 de junho:

"Que ele seja mantido no Colégio com o devido cuidado para receber uma educação até novas ordens do Rei."

"Não obstante na Real Ordem de 9 de janeiro do ano passado se ter avisado a V. Ex.ª que Fernando de Túpac Amaru devia ser conservado prisioneiro e em plena custódia no Castelo de Callao, até que a guerra acabasse e ele fosse remetido em segurança para Espanha, para cumprir a sentença que lhe tinha sido dada, tendo em conta a carta de 4 de junho (n.º 119) que V. Ex.ª me escreveu sobre a decisão que tinha tomado de acordo com o Visitador Geral antes de ter recebido essa carta ordem, para soltar o dito Fernando de Túpac Amaru, e pouco depois para o Colégio dos Naturais para sua educação cristã, S.M. resolveu conservar o dito menino no dito Colégio com o devido cuidado de que se lhe dê educação, até que por nova providência se lhe dê outra coisa.= Aranjuez, 1 de junho de 1783".

"Acusando a Vossa Excelência a receção da Real Ordem de 1 de junho do mês e ano passado, em que S.M. resolveu em força da minha representação nº 119, que Fernando Túpac Amaru, filho do rebelde José Gabriel, subsiste no Colégio de Naturais para educação cristã, remeto agora a que fiz a Vossa Excelência com o nº 200, em que relatava que os desta família permaneciam infiéis e que pela mesma razão, eu tinha mandado prender todos eles, e que se seguissem as suas causas para lhes dar o castigo proporcional como de facto se executou com o castigo ordinário sobre Diego Cristóbal Túpac Amaru, sua mãe e outros, do que também dei conhecimento a Vossa Excelência com o nº 251.

E entre os que ficaram para serem enviados àqueles Reinos e à disposição de S.M. estarão nos primeiros navios de guerra que saírem deste porto, por serem considerados prejudiciais neste e capazes de levantar outra rebelião, um deles é o dito Fernando Túpac Amaru, com o qual se cumpre a vontade do Soberano em todas as suas partes, a quem V.E. terá a bondade de transmitir esta notícia em prova da minha obediência aos vossos reais preceitos. Que Nosso Senhor vos guarde por muitos anos como eu desejo. Lima, 16 de janeiro de 1784. Exmo. Agustín de Jáuregui".

A 16 de março de 1784, foi tornada pública a Sentença das novas tentativas revolucionárias em que Fernando Túpac Amaru, sem ter participado, foi incluído:

"No processo criminal seguido ex oficio contra Mariano Condorcanqui, chamado Túpac Amaru, e Andrés Mendigure, que foi enviado pelo Governo Superior a este Tribunal Real no dia 5 do presente mês, para a sua resolução definitiva sobre a reincidência após o perdão, nos desígnios sediciosos que resultam do Processo e pelos outros excessos subsequentes de que foram respetivamente acusados, por ocasião da nova revolta ocorrida nos Altos de Marcapata, província de Quispicanchi, a construção de uma capela no lugar de Cañamuno e o tumulto que começou na aldeia de Ascensión, e se estendeu a outras no Guarochiri, sob a direção de Felipe Velasco, el Espejero, já punido; e contra Fermín Burgos Oblitas, Juan Tomas Palominos, Lucas Garay, Carlos Ochoa, Matías Cuyacondori, Antonio Quispe, Vicente Nina Vilca e Agustín Mamani, pela culpa e cumplicidade que lhes é imputada nestes autos com o resto deduzido e alegado pelo Sr. Oidor, que atuou como protetor geral, e pelo Fiscal de S.M.= Vistos, etc. = Decidimos à vista do processo e do mérito da Causa e do que dela resulta, bem como dos que foram presentes contra o referido Felipe Velasco e seus cúmplices no referido levantamento que começou na localidade de la Ascensión e o seu levantamento se estendeu a outras na referida província de Guarochiri com o resto que deve ser considerado = Que devemos condenar e condenamos o referido Mariano Condorcanqui, conhecido por Túpac Amaru, e Andrés Mendigure, em desterro perpétuo destes Reinos e que pelo prazo de dez anos sirvam nos trabalhos Reais da Prisão que lhes for designada, com a condição de que depois do dito tempo não a deixem sem permissão Real, para o que serão enviados sob o registo de um dos navios que estiverem prestes a regressar aos

Lima 16. de Enero de1784.

Nº 310.

El Virrey Jauregui

Acusa el r.bo de la R.l or.n de 10. de Junio del año proximo parado en que se le previno hiciese continuar à Fern.do Tupac-amaro hijo del revel- de Josef Gabriel en el Colegio de Naturales, reciviendo la educacion, y expone que consiguiente à lo que comunicò con el num.º 200. sue lo poco que debia hacer en qualquiera delos de esta Familia, que

Lima, 19

Reinos de Espanha, como também estarão à disposição de S.M., Fernando Condorcanqui, irmão do referido Mariano, filho do principal rebelde José Gabriel, será também posto à disposição de S.M., pois a sua retirada destes reinos é conveniente para a sua tranquilidade e melhor serviço do Soberano[37]".

Nesse mesmo mês, no âmbito da *limpeza dos corregedores*, soube-se que o da vila de Cajatambo, Don Carmen de Moncada, "devia saldar as dívidas que tinha por causa das repartições, para poder ser devolvido a Espanha", mas, além disso, devia ser-lhe confiada uma comissão, para que, ao facilitar a sua viagem, servisse de mérito no seu registo.

Uma vez tomada a decisão pelo Visitador Geral e pelo Vice-Rei, Moncada demite-se do cargo de corregedor e é nomeado capitão comandante, encarregado de entregar em Cádis os documentos e os condenados que deviam ser embarcados nos navios *San Pedro de Alcântara* e *El Peruano*.

"Assim como Don Carmen Moncada se encarrega de cuidar e entregar ao presidente da Contratação de Cádis, os prisioneiros que são enviados no registo dos dois navios de guerra, *El Peruano* e *San Pedro de Alcântara*, prestes a zarpar, também carrega os caixotes com os seus processos para entregar ao referido presidente, que não atrasará a entrega à V.E. como é devido.

O dito Moncada está também encarregue de entregar em Cádis o caixote que contém os 372 exemplares da oratória de D. José Baquíjano de que lhe falei na representação n.º 356, cuja notícia resolvi pôr em separado para que V. Exa. não fique sem saber o paradeiro dos referidos três caixotes, como era normal se chegasse com antecedência // Lima e 1 de abril de 1784 = Agustín de Jáuregui".

O vice-rei De Croix, que tinha sucedido a Jáuregui em abril, não imaginava, quando escreveu a José Gálvez, secretário das Índias, a 19 de dezembro de 1784, o destino trágico do padre lictor reformado Fray Juan Alcedo, da Ordem de Santo Agostinho, incluído como prisioneiro na lista do navio *San Pedro de Alcântara*, que lhe foi ler pessoalmente um estranho documento que tinha escrito:

"Alguns meses depois da minha chegada a esta Capital, e encontrando-me uma tarde sozinho no meu gabinete, apresentou-se-me um religioso da Ordem de Santo Agostinho, que disse chamar-se Fr. Francisco Xavier Barreto y Carvacho, cujo nome deixou escrito de próprio punho para o meu governo, e tendo-me entregado um papel intitulado 'Protesta de amor terno, fidelidade y vassalagem a el Católico Monarca de las Espanhas', assegurou-me que se tratava de um poema heroico contendo um laudatório com algumas advertências úteis, e pediu-me que o lesse com atenção pelo que o seu conhecimento poderia significar para mim.

Tendo retirado o religioso e reconhecido o referido papel, verifiquei que se tratava de uma sátira declamatória contra as disposições do nosso Governo, e a mais denegridora e injuriosa para os ministros do Rei que a malícia poderia inventar. Asseguro-vos que este acontecimento me surpreendeu muito, pois embora estivesse informado de que este tipo de crime era frequente neste Reino, nunca acreditei que a audácia fosse tão grande que houvesse alguém tão ousado que tentasse fazer-me cúmplice dele, pondo nas minhas mãos e recomendando-me a leitura de tais calúnias.

Não podendo persuadir-me de que se tratava de um homem de bom senso, mandei vir à minha presença o provincial e o secretário da dita Ordem para se informarem e, interrogando-os com cuidado e reserva sobre o dito religioso, asseguraram-me que não conheciam ninguém em toda a Ordem que tivesse o referido nome, o que me fez compreender a malícia com que ele procedia, Eu estava decidido a corrigi-lo com a severidade que merecia por ambos os excessos, e mostrei-lhes o dito papel, bem como o que continha o nome escrito com a sua letra, e

ordenei-lhes que me dissessem, sob a Sagrada Religião do juramento, se conheciam aquela letra, ou se sabiam ou
presumiam de quem seria a letra, e uns e outros responderam
que era sem dúvida a do Padre Lictor Reformado P. Juan de
Alcedo, residente no seu convento da Casa Grande, nesta capital, conhecido por ser um homem de génio malicioso e de
pena mordaz, ordenei-lhes imediatamente que o colocassem
numa reclusão onde não tivesse comunicação com nenhuma
pessoa estranha e que, recolhendo e reconhecendo os papéis
encontrados em seu poder, me enviassem sem reservas todos
aqueles em que, direta ou indiretamente, tocassem em assuntos de governo ou de qualquer modo tratassem da atual
constituição do Reino.

Tendo efetuado esta diligência e não tendo encontrado um rascunho ou qualquer outro papel relativo ao assunto, para
melhor instrução do processo, enviei-o ao presidente do Tribunal, Ambrosio Cerdán y Pontero, ordenando-lhe, que se
dirigisse ao referido convento e, tendo obtido a autorização do
Prelado local, recebesse uma declaração juramentada do referido religioso para reconhecer o referido papel, o que foi feito e
ele confessou abertamente ser obra da sua mão e respondendo
aos outros factos que mencionei".

O Vice-Rei, preocupado com o assunto, transmitiu-o ao Visitador Geral, Jorge de Escobedo, e ambos concordaram que a
pena de transferir o religioso para outro convento não era proporcional à gravidade da infração, nem evitava o risco de se
repetir, concluindo que era aconselhável enviá-lo para Espanha e à disposição de Sua Majestade, com os documentos
originais.

"Resolvi que o referido religioso seja transferido para aqueles
reinos à disposição de S. M., enviando-o para o efeito, com um
certificado de registo, no navio de guerra *San Pedro de Alcântara*, do qual dou conhecimento ao presidente da Contratação
de Cádis para que o deposite num convento ou casa de religião

daquela cidade, onde será mantido em segurança até ordem em contrário."

O Vice-Rei não sabia que a sua decisão o condenaria à morte e que o frade nunca chegaria a Cádis.

A MARINHA VACARO

Cancelada a incerteza que a eventual presença de navios ingleses poderia causar em toda a costa do Chile e do Vice-Reino do Peru, após a vitória de Bernardo de Gálvez em Pensacola e o apoio espanhol à independência para criar os Estados Unidos, e o subsequente Tratado de Paz que pôs momentaneamente fim ao conflito entre os reinos de Inglaterra e Espanha, cujas relações eram instáveis desde o século XVI, era urgente em Madrid a necessidade económica de normalizar a rota entre os portos do Pacífico e Cádis, sempre condicionada pela sazonalidade da perigosa travessia do Cabo Hornos. O estado de conservação de toda a frota era lamentável.

Quatro anos antes, em 1779, Antonio Vacaro foi nomeado comandante-chefe do Esquadra dos Bajeles do Sul, com a missão de proteger as costas desde o Estreito de Magalhães até El Callao, composta pelos navios de guerra *San Pedro de Alcântara, El Peruano, Santiago La América*; as fragatas *Santa Paula, Princesa de Aragón, Santa Bárbara, Begoña, Águila, Nueva Galicia* e outros navios como *Monserrat*.

Embora o seu porto de origem fosse Concepción, no Chile, não era adequado para as reparações e carenagens da frota, pelo que se decidiu que El Callao seria o local para as efetuar. No entanto, os elevados custos de manutenção das tripulações, oficiais e marinheiros obrigaram a uma redução urgente e a tornar novamente úteis os navios da armada, que transportavam mercadorias e bens em melhores condições para a Fazenda Real do que os navios privados.

De todos os navios mencionados, apenas três estavam em condições de se preparar para navegar para sul, para a Península Ibérica, via Cabo Hornos: *San Pedro de Alcântara, El Peruano* e *Santa Paula*.

Na sequência das decisões judiciais e políticas que se seguiram às revoltas indígenas, os dois navios deveriam tornar-se prisões flutuantes para homens, mulheres e crianças direta ou indiretamente ligados à revolta, embora o mau estado dos navios, a falta de tripulação e a escassez de recursos tenham atrasado a sua partida durante mais de um ano.

A transferência dos exilados do Peru, embora constituísse um problema de segurança, não era o mais importante. Estava em jogo muito dinheiro, que o tesouro real, com os cofres vazios, e os consignatários, mercadores, comerciantes, corretores e companhias de seguros, não só em Lima e Cádis, mas também em metade da Europa, esperavam para fazer negócio.

A dura troca de ordens e respostas entre o vice-rei Agustín de Jáuregui e o comandante-chefe da marinha, sediado em El Callao, foi um exemplo disso:

"Pela cópia da Real Ordem anexa, vereis a vontade positiva de S.M. de que todos os navios que compõem a Esquadra do vosso comando regressem imediatamente aos reinos de Espanha, com um registo de bens e frutos: convém, pois, verificar este soberano preceito tão altamente recomendado; e assim é devido à sua observância, que providencieis o necessário para que, com o maior ardor e eficiência, se prossiga o trabalho dos navios mandados preparar para este fim. Exorto os seus comandantes a que o façam, em termos de não lhes admitir qualquer pretexto para a sua demora, considerando que, como V.S. sabe, o prazo que fixei para que estivessem completamente preparados tem sido muitíssimo cumprido, e esta Superioridade tem estado e está pronta a prestar todo o auxílio que lhes for solicitado para o cumprimento das ordens dadas, podendo V.S. dizer, em resposta a isto, o que cada um necessita para estar em condições de se pôr a caminho.

Uma vez que a base do mérito da ordem de S.M. são os muitos atrasos sofridos por este Tesouro, é consequente que o seu alívio seja tratado por todos os meios possíveis:

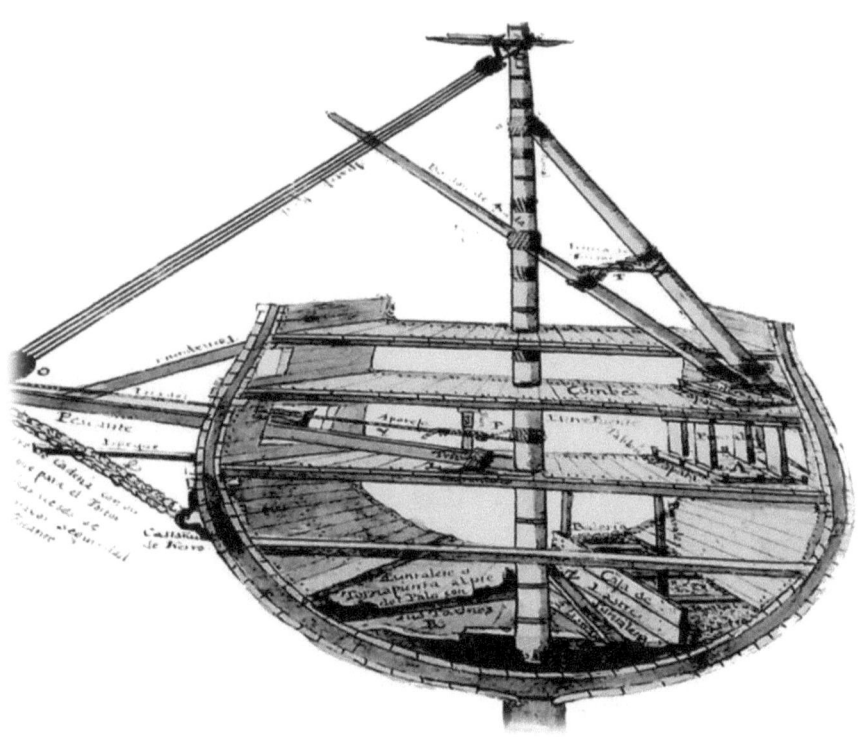

Esboço de elementos de um navio / Museu naval de São Fernando (Cádis) / Foto: F.B.A.

Compreendo bem a impossibilidade do navio de V. S. e do Urca *Monserrat* regressarem a Espanha durante a presente temporada, mas como o seu menor número de oficiais reduz as despesas, peço a V. S. que o limite às lotações necessárias, tendo em vista as que foram trazidas de Espanha e acreditadas pelos relatórios do Contador dos navios, cujas cópias envio a V.S., de modo a que, no seu número e posto, o número de oficiais a afetar a cada um dos dois navios seja precisamente o mesmo que teria, fazendo, consequentemente, os restantes oficiais possam ser embarcados nos outros navios que estão a ser equipados, na certeza de que, uma vez navegados, não serão pagos outros salários senão os correspondentes aos da tripulação necessária, já referida= Espero que V.S. assim o ordene, e que me dê conta do que fizer, para que eu possa fazer o que tenho a fazer por S.M. = Deus guarde V.S. por muitos anos. Lima, 21 de janeiro de 1784 = Don Agustín de Jáuregui = Sr. Don Antonio Vacaro".

O chefe da esquadra respondeu energicamente, alertando para as necessidades dos navios:

"Exmo. Senhor: Por carta de 21 do corrente, Vossa Excelência enviou-me cópia da Ordem Régia de 21 de junho do ano passado, na qual S.M. ordena que todos os navios de guerra que compõem a esquadra do meu comando regressem a Espanha com o Registo de Fundos e Frutos, e para que seja devidamente cumprida, Vossa Excelência avisa-me para dar as minhas ordens aos comandantes e não lhes permitir qualquer desculpa para a sua demora, uma vez que o tempo fixado para o seu completo apetrechamento foi ultrapassado, e que o Governo Superior está pronto a dar-lhes qualquer desculpa para a sua demora, que dê as minhas ordens aos comandantes e não lhes permita qualquer pretexto para a sua demora, visto ter sido excedido o tempo fixado para o seu completo apetrechamento, e que este Governo Superior se tem prontificado a prestar os auxílios que forem solicitados para o mesmo fim, ordenando-me, finalmente, que peça o que cada navio possa necessitar para empreender a sua viagem.

A tudo isto respondo declarando a V. Ex.cia, que as minhas ordens e providências para a preparação dos navios foram e são diariamente tão ativas e eficazes, que estou convencido de que nada mais me resta fazer nesta parte, a não ser continuar o método até agora seguido, e se o tempo que V. Exa. fixou para que eles estivessem completamente prontos foi ultrapassado, não pode V. Exa. desconhecer as sérias razões para tal, se se lembrar das reiteradíssimas diligências que lhe dirigi durante a minha permanência no Reino do Chile prevendo então, devido à deterioração dos navios no rigoroso inverno, que quando S.M. necessitasse de os utilizar não os encontraria prontos, e é isso que está a acontecer muito pontualmente, não pode desconhecer as graves causas desta situação.

Se tivessem sido reparados anualmente neste porto, como propus, e como se faz em todos os departamentos da Europa, estes atrasos não teriam acontecido. Pode acrescentar-se ao que já disse, que em virtude das ordens superiores de V. Exa. foram despachados seis navios particulares para o transporte das tropas no Panamá, e o número do estaleiro-mor em El Callao é tão pequeno que dificilmente atingirá o número de carpinteiros e montadores, de pouco mais de cem homens. Não é de estranhar que os nossos trabalhos sofram algum atraso, quando é impossível a estes poucos indivíduos suprir as tarefas extraordinárias que agora se oferecem.

Embora V. E. me insinue que tem estado pronto a prestar o auxílio que se lhe pedisse, como o auxílio que foi necessário para os trabalhadores do mestre não estava nas suas mãos, era ocioso pedi-lo: No dia de hoje, já é notória a falta de marinheiros com que os navios devem ir para Espanha, porque tendo desertado e morrido com a longa permanência nestes reinos, o maior número das nossas tripulações, foi necessário recorrer a todas as castas de gente que agora temos e é indispensável dispensar a maior parte delas, ou porque são índios tributários que terminaram a campanha feita na última guerra, ou porque são poucos os indivíduos úteis que, entre os restantes, se podem escolher.

Em relação V.E. solicita que na minha resposta eu indique o que cada navio precisa, repetirei por escrito o que há um mês tenho suplicado verbalmente a V.E. várias vezes, e que se reduz a ordenar um urgente recrutamento com que se possam guarnecer os navios *Peruano, San Pedro de Alcântara* e a fragata *Santa Paula,* dos seiscentas vagas que lhes faltarão, excluindo os que mencionei, por ser este o único meio de poder conseguir o fim a que se destina.

Também me diz na sua carta acima mencionada, que como a base que dá mérito à ordem de S.M. são os muitos atrasos sofridos por este Tesouro, é consequente que se atenda ao seu alívio, se não enviando o navio *América* e a urca *Monserrat,* porque V. Exa. sabe da impossibilidade da sua execução na presente época, pelo menos limitando o número de oficiais aos precisos e indispensáveis, e trazendo à vista os que foram trazidos da Europa, cuja lista V. Exa. me envia para que, segundo o seu número e posto, eu possa limitar os que devem ficar e despache os excedentes, ficando assente que não serão pagos outros salários além dos que pertencem aos referidos, depois de se terem posto a navegar os navios destinados a Espanha.

Mas como, para me libertar dos encargos estreitos que resultam destas disposições superiores, preciso de dar a V. Ex.ª uma conta pormenorizada do estado em que está estabelecida a Armada neste destino, faço-o dirigindo a V. Ex.ª outro relatório mais extenso do que aquele que me tem recebido, de modo que, se V. Ex.ª o julgar conveniente, será este que deverá servir de base ao meu relatório de modo que, se V. Exa. julgar conveniente, é esta que deve servir de governo, pois nela se inclui, em primeiro lugar, o Estado-Maior que por Ordem corresponde ao carácter de Geral, com que o Rei se dignou distinguir-me, composto de mim, de um major e de um ajudante de ordens, que é o menor número que se pode reduzir e se considera sempre separado do complemento do navio: é esta que se segue depois, e nela V. Exa. notará que o número total de indivíduos, ascende a dezoito, dos quais quatro doentes e incapazes de navegar em toda a sua vida, pelo menos os três primeiros, restam catorze, o que é menos dois indivíduos do que os dezasseis que a nau trouxe de Espanha, e serão três, após o uso da licença que o tenente Ventura Laredo aguarda.

A lotação da urca mantém-se, sendo composta por nove oficiais, e, separando o piloto-mor do Mar do Sul e o capitão da Companhia de Marina del Perú, que nela estão embarcados e aqui devem permanecer por causa das respetivas comissões, fica igual ao número de sete com que saiu de Espanha.

Advirto também que as patentes dos súbditos que restam não podem ser ordenadas de outra maneira que não seja a que foi ordenada, porque as promoções que o Rei lhes conferiu tornam inverificável o que V.E. me ordena de deixar nos ditos navios indivíduos da mesma patente que os que vieram de Espanha, e ainda que isso fosse possível, seria uma injustiça geral para todos e uma ação direta contra o que foi ordenado por S.M. nas suas Ordenações e Reais Ordens, que também contém a lista anexa, o Comandante e Capelão da *Princesa de Aragão*, os oficiais encarregados dos armazéns em Callao; o comissário na recolha de madeiras e guarda de armazéns, que deixou a Esquadra no porto de Talcahuano; e os indivíduos de que se compõe o Ministério dos Baixos do Sul; cujo aviso deixará V.E. plenamente informado do número total de sujeitos empregados no Ramo da Marinha, que, além dos que guarnecem os navios do Rei, devem existir nestes domínios, de acordo com as disposições da Ordens dos Arsenais e determinações soberanas com que este estabelecimento é aprovado.

Eu, que da minha parte só quero contribuir o mais possível para o melhor serviço de S.M., espero que V.E., à vista do que fica dito, se digne comunicar-me o que for do seu superior agrado[38] = Nosso Senhor vos guarde por muitos anos. Lima e 25 de janeiro de 1784 = Sua Excelência o Senhor B.L.M. de V.E., seu muito reconhecido e atento servidor = António Vacaro = Sua Excelência o Senhor Agustín de Jáuregui.

O vice-rei responde, impondo a sua autoridade e pondo fim à discussão:

"V.S. respondeu, com data de 25 do mês passado, à carta que lhe enviei no dia 21 do mesmo mês, sobre vários pontos relativos à armação dos navios sob o seu comando que devem regressar a Espanha, e embora não duvide da sua eficiência e zelo, e as suas ordens e medidas na matéria devam ter sido as mais ativas, não posso deixar de pedir a V.S. que se aproxime o mais possível das ordens e medidas para a pronta armação e partida deste porto dos referidos navios, estou certo que em assunto de tamanha importância aplicará todos os seus esforços, sem poupar meios nem fadigas para o conseguir, pois é impossível esconder a Vossa Senhoria a urgência do cumprimento das ordens e providências acima referidas. A urgência de cumprir as disposições do Soberano com que me encontro, e os graves e notórios prejuízos que ameaçam a sua detenção e demora, tanto pelo adiantado estado da estação em que a passagem do Cabo Hornos é difícil e perigosa, como também pela demora que sofrem o Real Erário e Comércio, com a falta do giro das grandes somas de dinheiro que devem transportar, para cujo remédio, é-me indispensável repetir a V.S. uma e outra vez que o mais tardar até ao dia 15 do corrente, os ditos navios devem estar a navegar.

Estou persuadido que não pode servir de desculpa ou pretexto para retardar a partida destes navios, o mau estado em que V. S. diz que se encontram e os grandes prejuízos que sofreram no porto de Talcahuano e nas costas do Reino do Chile, pois além de que se a sua necessidade fosse tão urgente, eu teria mandado remediá-la em Talcahuano, ou no estaleiro de San Vicente, onde há madeira e proporções suficientes para isso, e finalmente neste porto de El Callao, como se fez sem minha ordem no navio *San Pedro de Alcântara*.

Não ignora que a última resposta que lhe dei sobre este assunto se limitou apenas a lembrar-lhe as Ordens Reais que eu tinha, para não permitir que a Esquadra do seu Comando se retirasse, nem de modo algum abandonasse aquelas costas, avisando-o, igualmente, que, não obstante elas, poderia formar uma nova junta de primeiros e segundos comandantes, com a assistência dos mestres superiores da Mestria, para que, em conjunto, resolvessem o que fosse mais útil e conveniente para o Real Serviço.

Para além disso, não posso deixar de lembrar a V.S., como me foi dito nas suas consultas anteriores, que os navios do Rei que mais se danificaram (exceto o *San Pedro de Alcântara*, que foi reparado e consertado neste porto no final do ano 81), foram apenas o *Santiago la América* e a urca *Monserrat*, os quais foi resolvido que permanecessem neste porto, e que só regressassem a Espanha, levando as riquezas e preciosidades do Rei e do Comércio, o dito navio *San Pedro e o Peruano*, e que só a dita nau *São Pedro* e o *Peruano*, com a fragata *Santa Paula*, pois estou persuadido pelo facto de V.S. me ter dito que a nau *São Pedro* e o *Peruano*, com a fragata *Santa Paula*, são os únicos que voltarão a Espanha, quando se tratou de os enviar para conduzir os dois regimentos do porto do Panamá, foi-me assegurado que poderiam estar prontos para zarpar em todo o mês de novembro próximo passado de 1783, e tendo passado este prazo e tendo corrido mais de dois meses, é reparável para mim, ter a certeza de que ainda permanecem inaptos, pois embora seja certo que depois de ter sido resolvido que as ditas tropas deveriam ser transportadas em navios de comércio, dei as minhas ordens para que os seis navios destinados a este fim fossem ajudados com pessoas da Mestrança, também é verdade que todas estas ordens foram com a qualidade de que por este motivo não se descuidassem os outros importantes objetos que se determinaram, e que ainda que por este motivo se atrasasse por algum tempo a armação dos navios de guerra, nunca se presumiu e acreditou que a sua demora fosse tão grande como a que agora se nota, e assim neste conceito, e no que vou dar as mais rigorosas ordens, para que se armem os navios das gentes que V.S. diz faltarem, espero que se armem e que a sua partida se verifique no prazo indicado.

E quanto aos oficiais que devem permanecer neste porto de Callao, encarrego novamente V.S. de reduzir o seu número ao muito preciso e indispensável, evitando que os que estão doentes e incapazes, como diz, de voltar a navegar durante a sua vida, peçam a sua reforma como devem, pois, de tudo isto darei conta a S.M. com o respetivo relatório. Deus guarde V.S. por muitos anos. Lima 2 de fevereiro de 1784 = Don Agustín de Jáuregui = Sr. António Vacaro, Comandante da Esquadra".

Antonio Vacaro insiste que é impossível que os navios partam com tanta pressa e no estado em que se encontram:

"Exmo. Senhor, por ordem superior de 2 do corrente mês, V. Exa. ordena-me que até ao dia 15 do mesmo, o mais tardar, zarpem os navios de guerra destinados a Espanha com o Registo de Fundos e Frutos, avisando-me de que o atraso no seu desembaraço é reparável, pelas razões com que serve de reproduzir o que lhe manifestei na minha carta de 25 do passado e para satisfazer a tudo quanto corresponde, direi primeiro a impossibilidade que contém o preceito da partida no dia preciso determinado, e depois demonstrarei em apoio do que anteriormente afirmei, a origem da deterioração dos navios, os meios que propus para os evitar sem serem aceites, o processo das suas obras até ao estado em que se encontram, e finalmente as causas da sua demora.

Para referir o primeiro, bastará dizer a V.E, que os navios do meu comando estão muito desfalcados de homens, como tenho dito, devido ao grande número de desertores e mortos que o longo tempo da sua permanência nestes domínios lhes causou, e que, apesar das minhas repetidas declarações, feitas desde há cerca de dois meses verbalmente e por escrito, de que por meio de uma imposição se devia remediar esta falta, só consegui até agora que me fossem enviados sessenta homens fracos e doentes, em vez dos seiscentos que pedi a V.E. com um número competente de marinheiros entre os muitos que residem nesta cidade, como sendo uma circunstância necessária para a execução das manobras de navegação.

As poucas pessoas que temos atualmente, que têm sofrido e continuam a sofrer o trabalho pesado que deveria ser feito pelas tripulações completas de cada navio, estão consideravelmente diminuídas, porque ou desertam, fugindo da grande fadiga, ou adoecem, com tal excesso que, entre Tropas e Marinheiros, há mais de trezentos indivíduos no hospital, e a maior parte deles sofre de doenças malignas, que, se não tiram a vida, custam-lhes uma longa convalescença para recuperarem.

Em virtude do exposto, bem vê V. Exa. como é difícil que os navios de guerra possam zarpar, não digo no termo fixado, para o qual só faltam dois dias, mas nem sequer em muito mais tempo, se não se prestar quanto antes o auxílio solicitado, e embora eu tenha repetido, cumprindo o contexto literal da ordem de V.E. as mais ativas providências aos comandantes dos navios *Peruano, San Pedro* e da fragata *Santa Paula*, para que, sem se pouparem a diligências ou fadigas, vejam o modo de verificar a sua partida, a resposta recebido dos comandantes, a impossibilidade que lhes é enviada convence-os, porque pedem mais pessoas, que é o que precisam no dia, e no facto de não lhas darem, ficam isentos do encargo que daí possa resultar, tal como eu, porque não está ao meu alcance fornecê-las.

Respondendo agora às reproduções que V. Ex.ª faz da minha carta de 25 do passado, dizendo-me que as perdas sofridas no Chile não deviam ter servido de pretexto para retardar a partida dos navios de guerra, porque se estivessem em vigor teriam sido remediadas no porto de Talcahuano ou no Estaleiro de S. Vicente, onde há madeiras e proporções para isso, ou se não em Callao, como se fez sem ordem de V. Ex.ª com o navio *S. Pedro Alcântara*, direi que cada um dos três arbitramentos propostos e que será necessário que eu compile ou exponha a V.E.

Tenho repetidamente manifestado a V.Exa. uma ideia do mesmo, a qual se reduz ao facto de que no porto de Talcahuano e no de San Vicente, que são os mesmos, pois estão a apenas um quarto de légua um do outro, os navios não podem cuidar nem remediar os seus estragos, devido à escassez das facilidades e ajudas que ali existem, sendo além disso totalmente impossível fazê-lo nos invernos, devido às imensas chuvas e à dureza do tempo que se faz sentir; E como a esquadra do meu comando tinha de estar pronta a operar durante todo o verão, para impedir os desígnios do inimigo quando se oferecesse, eu estava sempre na contingência de não poder reparar os navios, nem pô-los no estado que V.E. me tinha previsto, pelo que disse que devia invernar no porto de El Callao, para que, visitando-os a seu tempo, os pudéssemos pôr em condições de navegar quando fosse conveniente. Isto disse e reiterei a V.E. em 15 e 17 de janeiro, 19 de fevereiro, 23 de março, 25 de junho e 26 de julho de 1781; em 12 de junho, 9 e 12 de setembro e 22 de dezembro de 1982, relatando-lhe em algumas destas cartas os desastres sofridos, as más consequências que, se não tratasse de os remediar, se seguiriam e que chegaria a acontecer que S.M. não poderia usar os navios quando precisasse deles; Porque é que S.E. insiste em dizer que se as perdas fossem urgentes eu poderia tê-las remediado no porto de Talcahuano ou nos estaleiros de San Vicente, quando eu já disse tantas vezes que isso não é praticável?

Em prova do que foi dito, veja-se se algum dos mercadores daquele país que tem navios na Carrera permite que eles sejam feitos naqueles portos; sendo certo que não, seria inconsequente que, tendo ali madeiras e proporções para o seu reequipamento, preferissem o de Callao, onde se crê que tudo é mais caro.

Não me digam que há um estaleiro onde se constroem navios, sem antes examinarem o infeliz sucesso que todos eles tiveram, e os enormes prejuízos causados pela crença errada de que esse lugar é útil para esse fim. Adquira esta notícia se quiser, e não duvido que só o caso recente do navio *São Miguel*, ali construído, o fará mudar de opinião.

Sabe-se que este navio, segundo informações muito precisas, custou ao seu proprietário, que podeis informar, o dobro do dinheiro que teria gastado a construí-lo noutras partes da costa; levou mais de cinco anos a embarcar e, se a esquadra não tivesse ajudado o seu barco, talvez não tivesse sido possível lançá-lo à água.

Depois de tudo isto, corria um risco evidente de se perder para chegar a Callao e foi imediatamente necessário gastar mais de quarenta mil pesos na sua viagem, sendo a causa de tudo isto o mau tempo em que foi construído e a má qualidade das suas madeiras, o que, como a experiência demonstrou, causará em breve a sua ruína total.

Ora, se um navio novo, que acaba de ser construído no porto de S. Vicente, sofre estes estragos e se gastou tanto tempo em repará-los aqui, como é de estranhar que os navios de guerra tenham vindo de lá deteriorados, e que não tenham efetuado aí a sua composição? Deduzam os encargos que daí podem resultar, depois de refletirem com a maturidade que corresponde ao que referi e estou pronto, se quiserem, a satisfazê-los, com razões facultativas e de igual solidez.

O que ainda me falta salvar é a razão que tive para não me valer do terceiro método que me foi sugerido para a composição dos navios, e sendo este o de vir com eles para o porto de Callao da mesma maneira que enviei o navio *San Pedro* sem a vossa ordem, devo mostrar as razões que me ajudaram a não o executar, às quais atenção, digo eu:

Que antes de V. Ex.ª me responder sobre a determinação, tomada pela junta de comandantes, de enviar o referido navio, os seus membros tinham em mente todas as reflexões que se podem deduzir de o ver incapaz de operar com os outros da esquadra, tanto pela falta do seu mastro principal, como pela avaria do seu leme e casco; e sendo totalmente irremediável naquele lugar, não restava à junta outro recurso senão o escolhido; nem duvida que se todos os navios estivessem na mesma disposição, teriam deixado o uso do seu próprio critério, mas a avaria neles não era visível, exceto para os peritos, a quem a experiência deu algum conhecimento prévio.

V. Exa. achou por bem dizer-me, na sua ordem superior de 7 de março de 1781 que o porto de La Concepción era o meu destino e que se houvesse hostilidades naquelas costas, por eu não ter subido para as impedir com a esquadra do meu comando, eu seria responsável por todos os danos que daí pudessem resultar, não era justo que S.E. tirasse para o fruto das imensas despesas que fez para sustentar estas forças, uma inação absoluta, não restava à Junta nem a mim, o poder de abandonar um destino que tão de perto se recomendava, no ínterim em que as deteriorações dos navios não eram tais como as que se atingiram no fim do ano de 1782, e, embora em consequência das minhas últimas diligências, tenha sido do agrado de V.E. avisar-me a 14 de janeiro de 1782, a fim de nela se resolver o que fosse mais conveniente para o serviço pois a necessidade era grave e não havia lugar para mais nada, como eu lhe tinha dito antecipadamente.

Suponho que, pelo que precede, V. Exa. estará convencido dos grandes danos que todos os navios de guerra sofreram em Chile, e embora a deterioração de uns tenha sido menor do que a de outros, não se deve dizer que os navios *Peruano* e *San Pedro* e a fragata *Santa Paula* não necessitassem de uma longa e dilatada composição. Também não se persuade que eu tenha prometido equipá-los durante todo o mês de novembro passado para transportar as tropas do Panamá, pois há uma diferença tão notável desta viagem para a navegação do Cabo de Hornos, que só isso basta para atrasar os dois meses para além daquele prazo que é tão razoável para Vossa Excelência, porque estas razões não foram bem ponderadas, nem as que se deduzem a favor das anteriores, devido à acumulação de trabalhos que se interpuseram, com o aprestamento dos seis navios de marcha, destinados por última resolução ao transporte das tropas, pois embora seja muito certo que V.E. me ordenou que ajudasse nestes trabalhos, não se pode dizer que não o tenha podido fazer. É igualmente verdade que lhe disse muitas vezes que o pequeno número de operários da secção de mestres não era capaz de fazer face à multiplicidade de ferragens empreendidas, sem que daí resultassem atrasos consideráveis, e se S. Exa. me avisou para preferir os transportes por considerar mais urgente, e foi o que se fez, de que acusação me podem acusar de lhe ter obedecido?

Pela minha parte, Senhor, só posso dizer que o trabalho nos nossos navios foi muito maior do que se pensava inicialmente, porque se descobriram grandes avarias no cordame e nos cascos, que não se podiam reconhecer de antemão, e se eu tivesse sabido da falta de mestria e de marinheiros que teríamos tido, com a morte de uns, a deserção de outros e a epidemia de doenças que os que ficaram estão a sofrer, Mas agora que, pela imponderável fadiga com que todas as dificuldades foram suavizadas, se veem carregadas as duas naus, e a fragata para o mesmo muito breve, só com o auxílio das pessoas que se pediram, vejo que V.E. longe de estar satisfeito com a atividade e zelo com que me tenho conduzido, está a fomentar algumas acusações, das quais me tem sido necessário ser sincero nos termos em que as executo.

Espero, porém, que V. Ex.ª tenha a bondade de me dizer se o satisfiz devidamente, pois estou pronto a justificar as minhas operações, certo de que nunca tiveram outro objetivo senão o do melhor serviço do Soberano, o cumprimento das suas Reais Ordens e o dos superiores preceitos de V. Ex.ª.

Quanto a reduzir a um número muito exato o número de oficiais que aqui devem permanecer, e impedir que os que estão doentes peçam a sua reforma, nada mais me resta fazer, pois já fiz as duas coisas antecipadamente nos mesmos termos em que V. Ex.ª me ordena. Lima, 16 de fevereiro de 1784 = Exmo. B.L.M. do mui reconhecido e atento servidor de Vossa Excelência = António Vacaro = Exmo. Agustín de Jáuregui.

O Vice-Rei, que já não tinha argumentos para refutar o chefe da Esquadra do Sul, subscreve estas afirmações e dá-as a conhecer ao Secretário das Índias em Madrid:

"Tendo-se resolvido que os navios deste comércio fossem com os Regimentos de Infantaria para o Porto de Panamá e não os de guerra, como V.E. ordenou na Real Ordem de 10 de fevereiro do ano 83, considerando quanto mais oneroso era para a Real Fazenda conduzir as ditas tropas destinadas a este Reino, que os navios de guerra fossem enviados para a Europa com os bens do Rei e do Comércio e que os de terra fossem para o Panamá para conduzir os referidos regimentos, dei as mais estritas ordens ao Comandante da Esquadra António Vacaro, para que desse as suas ordens com a mesma rapidez para que o navio *Peruano o San Pedro de Alcântara* e a fragata *Santa Paula*, que são os navios que podem regressar este ano, visto que o *Santiago La América* e a urca *Monserrat* estão incapacitados e precisam de uma longa carruagem, e apesar das muitas dificuldades que têm surgido, tanto a nível de oficiais capitães como de marinheiros, das quais darei conta a V. Ex.ª, com cópia de tudo, pelo correio do dia 16, e por via de Buenos Aires, com as medidas ultimamente tomadas, espero que os ditos navios e fragata saiam do porto de Callao durante este mês; o que desde já levo prontamente ao conhecimento de V. Ex.ª, para as medidas que julgue convenientes expedir em previsão da chegada dos ditos navios, e para que informe V. Ex.ª do cuidado que tenho tido em tão importante assunto para o seu melhor Real Serviço. = Lima, 9 de fevereiro de 1784".

MORTE DO VICE-REI JÁUREGUI

Em 6 de abril desse ano, Agustín de Jáuregui entrega o comando do vice-reinado a Teodoro Croix, quando os navios *El Peruano* e *San Pedro de Alcântara* estão prestes a zarpar para Cádis, mas a morte súbita[39], no final desse mês, na Quinta Rincón del Prado, em Lima, onde vivia, que tinha pertencido ao vice-rei Amat, interrompe a carreira de Agustín de Jáuregui.

Theodore de Croix, nascido na Flandres, depois de uma carreira militar e política na Guarda Real e na Nova Espanha com o seu tio, o vice-rei Carlos de Croix, e graças a este último, o seu amigo ministro José de Gálvez, secretário das Índias, nomeou-o novo vice-rei do Peru em fevereiro de 1784, prosseguindo a sua política de renovação de todos os postos que tivessem qualquer ligação com a insurreição de Túpac Amaru.

O vice-rei De Croix informa José de Gálvez da morte de Agustín de Jáuregui, seu antecessor, indicando que considerava oportuno dar continuidade a uma carta deste último que tinha enviado para Madrid nos navios *El Peruano* e *San Pedro de Alcântara*, que partiram do porto de El Callao a 14 de abril de 1784, transportando grande parte das suas riquezas, especialmente prata selada, e o resto que já tinha a bordo da fragata comercial *La Mexicana*, na qual se preparava para fazer a sua viagem.

De Croix suspeitava que o destino da fortuna privada do antigo Vice-Rei não seria o que ele desejava:

"E sabendo que nestes termos não era fácil arrecadar estes fundos, e que D. Tomás de Jáuregui, seu filho, poderia facilmente ocultar tantos quantos achasse conveniente, além do grave prejuízo que se causaria aos interessados no dito navio com a demora, devido ao adiantado da estação, Não julguei conveniente mandar inventariá-los, persuadido de que esta diligência se pode fazer com maior segurança naquele Reino, onde existem herdeiros e onde passa todo o património, desde que se faça em tempo oportuno e antes que se perca.

Igualmente submeto à consideração de V.E, que o que foi enviado nos referidos navios de guerra seja regularmente registado nas mãos de um estranho, pelo que será responsável a viúva do referido D. Agostinho, a quem ele escreveria nos mesmos navios, e que os restantes fundos sejam transportados por D. Tomás de Jauregui, juntamente com o testamento concedido por seu pai, na referida fragata *La Mexicana*, o que também advirto o Presidente da Real Audiência de Contratação de Cádis, para que não permita que sejam extraídos por quem quer que seja, até receber ordens de V. Exa. O que espero mereça a vossa aprovação, pois só me move o benefício da família do meu antecessor = Lima, 10 de maio de 1784 = O Cavalheiro De Croix".

Nessa altura, o novo Vice-Rei desconhecia o que se passava mais a sul, mas Ambrosio Higgins de Vallenar, Mestre de Campo das Fronteiras, informou-o a partir do Chile:

"Pelo navio de nome *La Perla Chilena*, que zarpou no dia dezanove do corrente para El Callao, tive a honra de escrever a Vossa Excelência, informando-o da chegada a esta baía do navio de S.M. *San Pedro de Alcántara*[40], incluindo alguns papéis que mostram a parte que chegou ao meu conhecimento das razões e circunstâncias da sua chegada de 43° e meia latitude Sul, e o seu comandante resolveu então passar da Enseada de la Quiriquina para o porto de Talcahuano, atracando firmemente debaixo do canhão do Forte de Gálvez, que cobre um dos lados da dita enseada, onde se conserva calmo, providenciando o desembarque da carga até que se tenha desembarcado o suficiente para reconhecer o estado atual deste navio, enquanto isto não se fizer, dizem que não se deve mandar a Junta da Marinha examinar se a avaria que sofreu na viagem de El Callao para a costa de Chiloé pode ser reparada aqui, ou se seria melhor para o serviço do Rei, voltar a El Callao, onde se acha o principal armazém das provisões navais, pertencentes a estes mares, e muitos dos objetos que parecem ser necessários, e que não se encontram neste destino, como será mais extensamente explicado, suponho, a V.E., o Senhor de Bedoya.

Este senhor tencionava desembarcar em Talcahuano os índios e outros prisioneiros que traz a bordo, entre os quais o filho e a família do rebelde José Gabriel Túpac Amaru, e para tal efeito recebi uma comunicação verbal do tenente do navio Don Juan Trujillo, e como esta disposição me pareceu de natureza muito delicada, tive de lhe representar as consequências que uma tal resolução poderia acarretar num país quase cercado de índios e infiéis, constantemente viciado em motins e novidades, comandado por caciques atrevidos e outros chefes profundamente cautelosos, pedi ao dito comandante que me fizesse o favor de não só desistir da intenção de desembarcar os rebeldes do Peru, mas também de aumentar cada vez mais a sua segurança a bordo, dando as mais estritas ordens para que nenhum índio ou mestiço possa passar para este país, nem atracar com eles sob qualquer pretexto que seja. O Senhor de Bedoya ainda não me respondeu, mas estou convencido de que terá a bondade de se encarregar dos resultados, acedendo como deve à minha representação.

Quanto ao resto dos socorros, estou a providenciá-los com a maior brevidade possível: forneci ao Mestre de Prata, D. Gaspar de Amenabar, as lojas e armazéns em Talcahuano, para neles depositar a carga de frutos e tesouros que o navio transporta, designando boas tropas e oficiais de toda a satisfação para a guarda desta riqueza. Continuarei a tratar de tudo como é meu dever, e do que acontecer darei conta a Vossa Excelência, assim como ao Senhor Presidente deste Reino, como chefe imediato nas ocasiões que se oferecerem. Exmo. Senhor = Ambrosio Higgins de Vallenar".

Nos mesmos termos, Higgins dirigiu-se ao comandante do *San Pedro de Alcântara*, oferecendo a sua colaboração durante o tempo necessário para reparar o navio, mas esclareceu:

"Quanto ao desembarque dos índios da família de Túpac Amaru e outros presos de Estado, que vêm do Peru a bordo daquele navio, devo expor à consideração de Vossa Senhoria que aqui temos um grande inconveniente de podermos comunicar em terra com os índios destes países, por mais cuidado que se tenha em embaraçá-los, visto não haver nesta praça nenhum posto seguro e livre de comunicação com os mestiços, e mesmo dos índios trabalhadores da terra, nem ser conveniente transferi-los para esta, nem menos para os fortes da nossa fronteira, porque, além da novidade e alvoroço que o seu aprisionamento e chegada a este Reino causaria entre as nações contíguas, poderia dar-se o infeliz caso de escapar algum dos principais, especialmente o jovem filho de José Gabriel Túpac Amaru, refugiando-se entre estes índios do Chile, com consequências muito fatais[41] para o serviço do Rei, perturbando a tranquilidade e boa subordinação que, à custa dos trabalhos que V.S. não ignora, tem conseguido estabelecer nesta fronteira e nos países adjacentes.

A este respeito, espero e peço-lhe que me faça o favor de desistir da pretensão de mandar esta família para terra encontrando a melhor maneira de os ter seguros a bordo do seu próprio navio ou de os transbordar para a urca *Monserrate*, durante o tempo em que a reforma do navio *San Pedro* se prolongar, e mesmo nesta situação, será muito importante não permitir o menor trato ou conversa entre estes prisioneiros e os nativos deste país, sem exceção na ordem para este fim, nem mesmo aos próprios espanhóis destas províncias. Concepción de Chile, 20 de junho de 1784. = Higgins".

As tensas relações entre o comandante do *San Pedro de Alcântara*, Manuel Fernández Bedoya e Ambrosio Higgins, tomaram um rumo inesperado quando o primeiro decidiu desembarcar o prata e parte da carga, a fim de reconhecer a origem da água e *"deixar em segurança, sob a responsabilidade de Higgins, o tesouro descarregado em Talcahuano e regressar a El Callao para reparar o navio"*.

Mas Fernández Bedoya não entrou em conflito apenas com Higgins. A relação era ainda mais tensa com Antonio Vacaro, pois o comandante do *San Pedro de Alcântara* afirmava que as velas fabricadas em Quillota[42] estavam podres e que as madeiras chilenas eram de má qualidade. Vacaro refutou todos estes argumentos, porque ambos os materiais tinham sido utilizados por toda a marinha, incluindo o *San Pedro Alcântara*, durante muitos anos sem qualquer problema.

A discussão epistolar chegou a tal ponto que Antonio Vacaro escreveu a Madrid detalhando o assunto e indicando que "Tanto o navio *El Peruano* como a fragata *Santa Paula* levaram aparelhos do mesmo fabrico e até do mesmo lote que o *San Pedro* e é necessário saber se o mesmo foi feito nestes navios, para proceder contra o fabricante e contra aqueles que participaram no seu reconhecimento e admissão".

O chefe da esquadra fez ao vice-rei Croix um relato pormenorizado da situação dos navios sob o seu comando a partir das três e quinze da tarde de 14 de abril, quando deixaram El Callao.

O primeiro incidente notável ocorreu em 21 de abril, quando o mastro da vela superior, um cotovelo abaixo do capeamento, do navio *San Pedro de Alcântara*, comandado pelo brigadeiro Manuel Fernández de Bedoya, se soltou.

Para além desta perda, sofreu a perda da vela superior e do mastro do joanete, que apenas feriu dois marinheiros. O mastelero rendido era de pinho, do tipo cortado na cordilheira chilena.

No dia 1 de maio, Fernández Bedoya informa que o *San Pedro* tinha uma avaria no casco e recebe ajuda de *El Peruano*. É o capitão de fragata Antonio García Postigo que, vendo a causa da chamada, repara a avaria com carpinteiros e calafates, pois o chumbo do bombeiro de estibordo tinha-se partido em pedaços, pelo que retiraram a caixa de água e colocaram um bloco de madeira no seu lugar, com o seu prumo no exterior.

No dia 8 voltou a pedir ajuda, devido a problemas no mesmo local, mas no dia 12 o sinal de avaria foi produzido por uma longarina da vela superior partida, pelo que foi colocado à vela. Na manhã do dia seguinte, o casco apresentava sinais de incómodo irremediável e, em seguida, de estar a meter uma polegada de água por hora, pelo que o comandante do *Peruano* deu meia-volta para ficar na popa apenas com a vela superior e o contra flecha para que, praticando o mesmo na vela grande, pudesse trabalhar no local da avaria: "Nesse dia, considerando que tinha passado tempo suficiente para remediar a avaria e não sofrer mais atrasos na navegação, ordenei-lhe que chegasse em derrota".

O San Pedro de Alcântara, em mar agitado, não respondeu a três tiros de canhão, nem sequer viu que *El Peruano* tinha içado o galhardete se não tivesse visto, se houvesse, um sinal de resposta do primeiro.

O San Pedro respondeu mais tarde que tinha um curso de água, de quatro polegadas por hora, e que os danos eram irremediáveis e que era necessário chegar.

Numa reunião de emergência em *El Peruano*, o Conselho de capitães, tenentes e outros oficiais de guerra, juntamente com o contabilista, o Comandante Córdoba descreveu a situação que lhe foi comunicada do *San Pedro*, e que os juros ascendiam a mais de oito milhões de pesos.

Don José de Córdoba, depois de consultar os seus oficiais, decidiu que "se dissesse ao comandante do referido navio que tinha conhecimento da necessidade de chegar, que o fizesse e que, se reconhecesse a necessidade urgente de o acompanhar para libertar a vida dos indivíduos que se dirigiam para esse destino, bem como o tesouro, me informasse, porque, se fosse necessário, eu o acompanharia".

Modelo de um navio do século XVIII exposto no Museu Naval de San Fernando (Cádis). / Foto: FBA.

Lima
El Callao

Valparaiso   Río de Janeiro

Isla Quiriquina   Talcahuano/
                    Concepción
                    Río de la Plata

                    Malvinas

Cabo de Hornos

O PERUANO NAVEGA SOZINHO

O *San Pedro de Alcântara* zarpou, sem dar ouvidos aos últimos sinais enviados por *El Peruano*, mas este também experimentou, devido aos ventos fortes e ao mar agitado, "a perda dos jardins, das amuradas, dos batentes e dos turcos de bombordo e a perda do gambotão de popa e de dois mastros baixos, em consequência da força com que este navio trabalha com o mar na proa" com os seus rumos muito repetidos e violentos.

De 12 a 14 de maio, com ventos fortes e mar alto, repetiram-se os nevões, "que segundo o sentimento dos que têm feito esta navegação, nunca os experimentaram tão excessivos; de modo que foi necessário estar incessantemente a deitar neve ao mar por meio de uma porção de pás e sacudir o cordame com paus".

Uma vez passada a tempestade de neve, o lançamento continuou e, às sete e meia da noite de 17 de maio, "o leme foi disparado com extraordinária violência, derrubando os timoneiros e ferindo gravemente um deles".

De facto, o leme foi encontrado partido e foram colocadas guias nos anéis do leme, com o objetivo de o equipar com algumas hastes para lhe dar alguma folga, mas temia-se que, uma vez partido o leme, a parte do leme que não estava ligada à cana se soltasse. Nem o mergulhador nem vários marinheiros conseguiram colocar as guias.

Depois de numerosas manobras para manter o navio, com enorme risco para marinheiros e mergulhadores, passou uma mancha de sargaço nas proximidades do *El Peruano*, o que mostrou que não estava longe das Ilhas Malvinas, uma vez que a longitude em que se encontram no Plano da Academia de Pilotos da Ilha de Leão, estão mais a Leste do que a Carta Francesa. As quedas de neve continuaram, embora não em quantidade tão excessiva.

Apesar de o primeiro objetivo ser o Rio da Prata, o navio foi orientado para o Rio de Janeiro, para evitar que os ventos pampeanos que aí sopram "transformassem o navio numa boia do mar e aumentassem ainda mais a desgraça".

A situação dramática agravou-se com mais avarias, pormenorizadas pelo comandante José de Córdoba, mas "às onze e meia da manhã de 14 de julho, passou uma saetía catalã chamada *Ntra. Señora de la Purificación.*

O seu capitão, Buenaventura Mazoni, que, tendo passado a bordo, me informou que, a 14 de maio, tinha zarpado do porto de Málaga com uma carga de caldo para Montevideu e que não havia notícias do Europa em Espanha; por intermédio do referido capitão, enviei um relatório oficial da minha situação ao vice-rei de Buenos Aires e, sob a sua cobertura e com a sua recomendação particular, escrevi, informando Sua Majestade de tudo o que tinha acontecido e da situação em que me encontrava, aos Excelentíssimos Ministros da Marinha, ao Ministro das Índias e ao Capitão-Geral da Marinha".

Na madrugada de 28 de julho, o navio estava a dezoito léguas a oeste de Cabo Frio, ou seja, na foz do Rio de Janeiro, e na manhã do dia 3, o Pão de Açúcar foi marcado na entrada do Rio de Janeiro.

"Pouco antes de me encontrar nas proximidades do porto, e depois de descobrir o seu castelo, mandei arriar a bandeira e o galhardete, prendendo-o com um tiro de canhão; a isto se seguiram outros três, abrindo a boca do porto para mostrar a necessidade que eu tinha de não permanecer em força, e ao mesmo tempo pedindo-lhes pilotos: Ao passar pelo porto de Santa Cruz, ordenei ao governador que fosse informado por voz da necessidade que eu tinha de tomar o porto, para que não perdesse a minha entrada sem a correspondente autorização, e a resposta foi que fosse ao fundo. O lugar era estreito, entre o dito castelo de Santa Cruz e a Alaja, pelo que não foi executado, mas eu estava disposto a fazê-lo em lugar mais proporcionado e seguro. O castelo disparou o 1º e 2º tiros de canhão, naturalmente com o pretexto de não ter entendido o que se dizia ao Governador, julgando que este não tinha ouvido a notificação para dar o fundo. Pouco antes de a executar, chegou o capitão do porto, a quem não se opôs a que se continuasse até ao referido ponto, de onde a calma não permitia continuar a ir mais para o interior".

Na manhã do dia 5, o Intendente e Procurador da Audiência, Manuel Pinto de Acunha, juntamente com os mestres carpinteiros, calafates, pilotos e um médico, chegaram ao navio para examinar todo o motivo da chegada, na ordem da prática, de acordo com as indicações do Cavalheiro Vice-Rei do Soberano.

"Logo que me fiz ao mar e o capitão do porto partiu na sua embarcação, o oficial da fragata, D. António del Postigo, foi, por ordem minha, cumprir as ordens de Sua Excelência o Vice-Rei, levando a correspondente Carta Credencial, na qual expôs a Sua Excelência as razões que me obrigaram a dar fundo neste porto, manifestando-me as mais finas expressões de civismo que o Vice-Rei lhe tinha dado por mim, em que autorizava a boa correspondência entre Suas Majestades Católica e Fidelíssima, ao tempo da atenção e política do dito Vice-Rei.

Às cinco e quinze da tarde, a âncora de estibordo foi lançada em seis braças, com prancha dura preta, perto do Castelo das Cobras, onde o navio ainda está a trabalhar no seu equipamento".

"Que desde o dia da partida de Lima até ao dia em que este navio zarpou (10 de agosto de 1784), um piloto, cinco artilheiros de mar, um marinheiro, seis grumetes, oito índios prisioneiros por ordem do vice-rei do Peru, quatro mulheres, um filho e três filhas menores, dois passageiros e um dos seus criados morreram durante a viagem de doença natural. No total, 32.

MORTE DE MARIANO TÚPAC

O dia 16 de outubro de 1784, o Vice-Rei Teodoro de Croix escreveu sobre os tristes acontecimentos sobre o navio *San José El Peruano*, que tinha conseguido ultrapassar a perigosa travessia do Cabo Hornos, mas que se debatia com grandes danos e doenças que tinham custado vinte e três vidas, incluindo a do jovem Mariano Túpac Amaru, de acordo com o diário de bordo, escrito três meses antes pelo comandante Don José de Córdova, que tinha encontrado uma saetía catalã em alto mar a caminho de Montevideu. De lá, via Buenos Aires, um mensageiro levou a notícia a Lima.

"Desde que nos separámos até que nos colocámos norte-sul com a Ilha dos Estados, em 59° 9' de latitude, levámos 34 dias, tendo experimentado desde a altura de 52° de latitude e 29° de longitude muitos ventos do segundo quadrante com repetidos aguaceiros de neve e granizo e frio excessivo, Fomos obrigados a fazer muitas capas com mares muito fortes, de modo que no dia 11 de junho a 59° e 41' fomos levados por todas as obras mortas da proa, tais como o cordame, os mosquetes, os turcos do mastro de proa e os mastros, deixando-nos apenas o barragem, e o leão com muito movimento que, se não o tivéssemos amarrado, também teria sido levado.= No dia 16 do dito, a 58° 51' de latitude e 37° 52' de longitude, pelas 12 horas da noite, tendo notado uma estranha pancada no leme, que abalou todo o navio, fomos procurar Santa Bárbara no interior do navio e não tendo podido examiná-la, julgou-se que estava no exterior. Com este motivo nos pusemos ao cabo até ao dia seguinte, quando se abriu uma porta da câmara inferior e se reconheceu que a cabeça do leme estava partida de alto a baixo até à lâmina, o que nos pôs em grande cuidado e consternação, e começámos com um trabalho infinito a prendê-lo para que um golpe do mar não o levasse e nos causasse maior dano, passando-o com uma guindalera por cada anel da sua lâmina e ajudando-o com o cordame, passando as correntes pelo dito leme.

Depois de isto estar assegurado, fez-se um conselho de guerra em que se resolveu formar um leme de um cabo de 24 polegadas em duplo, estendendo-se de 36 a 40 polegadas de braços pela parte média da câmara inferior com os seus blocos a 20 braças, passando por eles dois amantes que, fora da popa do navio, cada um do seu lado, vinham dar os penoles. Tudo isto arranjado e verificado, foram tentar a direção, mas não surtiu efeito, sem dúvida porque o leme estava preso ao carreiro nestas tarefas. Passaram três dias e todos nós trabalhámos incessantemente de dia e de noite, bem como no cabo, com muito desânimo. Incontinenti, refletindo em outro meio, passámos a examinar a pá do leme, e tendo-a encontrado aparentemente sem qualquer dano, foi determinado de comum acordo tirar a cana e começar a governar com a dita pá por meio dos seus barões e capas, o que pusemos em prática, e vendo que o navio obedecia a alguma coisa, pusemos o mastro de proa das 10 às 12 e meia deste dia, que era já o 20 do dito junho. A este tempo voltámos ao cabo para dar umas boas amarrações na garganta do dito leme e prendê-lo da melhor maneira, de modo que as suas bandas muito abertas fossem comprimidas e com alguma satisfação nos colocassem num lugar mais benigno onde fosse mais bem reparado, amarrações que se obtiveram com indizível trabalho e foram sucessivamente melhoradas à medida que o tempo o permitia. = Assim continuámos a dirigir-nos para o nosso destino com pouca vela e muito trabalho, por meio dos ditos barões e por meio dos penachos da dita viga chegaram ao tombadilho e acharam que passavam a duas rodas, uma a que tinha antes e outra nova que se fez ao lado, pela qual se dirigia com pouca obediência ao mesmo na chegada. = No dia 21 de junho, na altura de 55° 9' de latitude Sul e 3° de longitude, os ventos de Sul e Sudoeste tinham-nos levado ao leme. Nestes dias à uma hora do dia notou-se que a curva bandeira alta de bombordo tinha cedido ao tronco, tendo batido oito parafusos de quatro polegadas de espessura (é uma das que foram postas novas no porto de Callao). Por este motivo, e estando a proa toda descompensada, as amuradas abertas e o navio a meter água nas cabeças, foi passada uma onda para as velas de topo, fixando-as o melhor possível. Notou-se também uma folga no bloco extremo da barragem onde o gurupés tem a primeira amarra, pelo que o gurupés foi fixado com uma amarra que o impediu de se mover. No meio destes trabalhos inexplicáveis tivemos a felicidade de Deus nos ter favorecido, pois notámos todas estas avarias e faltou-nos o leme com o tempo e os ventos mais favoráveis que podíamos desejar, pelo que damos muitas graças à sua misericórdia. =

No dia 30 de junho, tendo chegado à latitude de 42° 43', o nosso comandante-geral determinou a realização de uma reunião de oficiais de guerra, pilotos, carpinteiros e caldeireiros para que, tendo um verdadeiro conhecimento do estado do navio, se pudesse decidir o mais conveniente para a segurança dos bens, tendo os mestres dado as suas opiniões, todos eram de opinião que era indispensável chegar ao porto mais imediato e o mais adequado para a pronta reparação do referido navio e a segurança das mercadorias, e não obstante o de Montevideu, eram de opinião que não era de modo algum conveniente chegar a este porto, devido à sua má situação, entrada perigosa e furacões frequentes que sofre na presente época de inverno devido aos ventos muito fortes e outras razões convincentes, citando alguns infortúnios que ocorreram tanto na sua entrada como no seu ancoradouro. E em vista de tudo isto, foi resolvido pela direção (tendo em vista o mau estado do navio) aproximar-se da foz do rio da Prata, e se nessa altura conseguirmos ter ventos favoráveis, entrar no dito porto de Montevideu e no caso de se verificar o contrário seguir para o porto do Janeiro, por ser mais conveniente para a pronta conclusão das obras de que este navio necessita, bem como para a segurança dos ditos interesses. =

No dia 3 de julho atingimos a altura de 36° 32', altura em que prevaleceram os ventos do 3° quadrante, contrários a ir para o Rio da Prata, mas apesar disso, luffamos o mais possível, e tendo navegado alguns dias para terra, metemos a bombordo e fomos sondar, mas não se achou fundo com 120 braças que se lançaram os escândalos, Por isso, considerando que estávamos muito longe de terra, o nosso Geral convocou uma reunião de oficiais e pilotos, na qual foi resolvido por unanimidade seguir para o Rio de Janeiro, pois não estávamos em condições de competir com os ventos e mares de proa, tanto pela má situação da proa como pela dificuldade de governo que estávamos a ter com um leme quase desarmado. = A caminho do Rio janeiro, a 32°, fomos carregados por um pampero tão furioso que durou trinta horas, o qual levantou um mar tão grande como os que tínhamos experimentado no Cabo Hornos, do qual resultaram novos estragos, pois fez-nos partir três vezes as correntes com que guiávamos a pá do leme, ficando o leme enquanto se consertava, dando golpes incessantes que o fizeram cuspir todos os pregos que tinham sido substituídos nos núcleos, como se fossem alfinetes; Também nos causou danos consideráveis ao fazer ceder o gurupés por cima do capeamento da bolina, que teve de ser fixado com um pau. Da mesma forma, o mastro da vela superior cedeu-nos, abrindo uma fissura de alto a baixo, pelo que foi necessário retirá-lo e colocar o que tínhamos trazido, manobra que estávamos a fazer hoje, altura em que avistámos uma embarcação e, tendo lançado alguns canhões para que viessem ao som, falámos com ela e tendo sido informados de que se dirige para Montevideu, determinei enviar-vos este relatório do que aconteceu até à data a bordo do navio *El Peruano*, navegando a 267°. 15 de julho de 1784 = Até à data, lançámos à água 23 mortos e trouxemos cerca de 40 doentes. Morreu o filho de Túpac Amaru".

A diferença de comunicação entre o Comandante José de Córdoba e o Comandante Fernández de Bedoya é evidente. O primeiro afirmava claramente no seu diário de bordo:

"A partir de 5 de agosto, procedeu-se à atracação do navio no ancoradouro principal, baixou-se a âncora, lançou-se uma âncora com mais de um calabrote de N. para NE, para servir de grade, e descer os cabos e mastros; Passaram-se os cabos pelas portas do fundo, desembrulharam-se os cabos de trabalho, tirou-se o leme, baixou-se à terra, mudou-se das Lojas do Rei para a praia e para o sítio onde se ia construir o novo leme, onde estava o velho, encontrou-se a madeira para ele, desembarcaram-se na areia do Rei todas as velas, cordas, mastros, e todo o ofício de contramestre; Foi retirada toda a carga do contramestre, a quarta âncora, a longarina da vela superior, que servia para passar os homens do leme através dos seus pennoles; a longarina da vela de proa foi disposta em toda a sua forma para retirar o gurupés, que foi descarregado no mesmo sítio onde estava o leme.

Num armazém particular, foram colocados todos barris de reserva de água sete meses, deixando a bordo apenas o primeiro plano de barris, que foram escorados no lastro, do qual a água foi retirada por meio de bombas manuais e esvaziada pelas bombas do navio. No mesmo armazém foram colocados 6 canhões de calibre 12, 2 de 8 e outros quatro; uma porção de lenha, os galinheiros, os barris de contentores para os levantar de novo. Noutro armazém particular 438 caixas de cascas, 87 sacos de cacau, 20 caixas de idem e 73 caixas de produtos naturais para S.M. Cristianíssima.

Na Real Casa da Moeda, 1.862 gavetas de três mil pesos de prata cunhada cada uma; 36 gavetas de ouro; 46 gavetas de prata lavrada, e pedras minerais. No referido armazém 4 caixas de tollo, por conta da Real Fazenda. Foram transferidos para a dispensa mil quintais de cobre, toda a galeria e do mastro principal à popa, os canhões das duas baterias que estavam montadas do mastro principal à proa, e todo o peso que tinha sido colocado naquela parte.

À medida que a Maestranza avançava, tudo o que foi mencionado foi trazido de terra e colocado nos respetivos lugares; os canhões foram montados; foi feita a água para mais de cinco meses, que é a que tem lugar no porão; Colocou-se o leme, o mastro do gurupés e a sua retranca, deram-se as amarrações, armou-se todo o cordame, apertaram-se os estais e o cordame principal, isto por três vezes, guinchou-se o cordame, passaram-se os cabos de trabalho, baixaram-se as três embarcações mais pequenas para lhes dar fogo e sebo e reparar alguns estragos; parte do cordame foi aparado, os costados foram raspados e foi-lhes dada resina, o mesmo se fez aos mastros principais e aos mastros, que receberam sebo, e foi dado alcatrão às vergas e mísulas; Receberam-se quatro meses de provisões com as respetivas ajudas de custo, o gado para o consumo das duas mesas, a lenha correspondente aos vice-reis, a bagagem dos passageiros que também foi posta em terra, tendo o navio sido deixado no dia 21 de outubro com a vela adiada e pronto a zarpar logo que sentisse um vento favorável para o efeito, que tinha sido inteiramente contrário durante um mês.

Na manhã do dia 24, estando o navio a navegar com a âncora do E. e suspendendo a âncora do O, a lancha sofreu o considerável dano de se partir na popa, tendo-se partido a mesa, foi necessário retirar-se da obra, arriá-la e trabalhar dia e noite, embora fosse domingo, de modo a poder ser reposta em menos de 48 horas, como se fez, e o navio foi atracado de novo como dantes, o qual no dia 28 saiu do porto às oito e meia da manhã e foi o único dia que foi favorecido pelo vento para este fim".

No relatório, o Comandante José de Córdoba detalhava depois o trabalho efetuado pelos carpinteiros (com mil e sessenta e nove dias de trabalho) e com mil trezentos e quarenta e um dias de trabalho dos calafates.

Entrada do castelo de São Sebastião, em Cádis, para onde foram levados os prisioneiros incas desembarcados do *El Peruano*, entre os quais se encontrava Juan Bautista Túpac Amaru.

EL PERUANO, EM CÁDIS

Em 20 de fevereiro de 1785, o vigia de Torrealta, na Ilha de Leão, em São Fernando, enviou uma nota ao capitão-Geral da Armada e acreditou que o navio *El Peruano* era uma embarcação que tinha sido avistada a partir da vigia de Cádis:

Vossa Excelência: Senhor: Segundo o sinal que a atalaia de Cádis acaba de fazer ao pôr do sol, o *navio El Peruano* estava à vista do porto. Particípolo a V.E. para a notícia a S.M.= Luis de Córdova.

"O comandante do *Navio Peruano* dá conta da sua chegada do Janeiro, de onde partiu a 28 de outubro com a fragata *Santa Paula*, que a 4 de novembro foi separada por uma tempestade muito forte de N. e um furacão de SE. Envia um relato das mercadorias e frutas que transporta de Lima e também outro do trabalho de reparação efetuado no navio no Janeiro".

"Exmo. Senhor: Pela declaração que nesta data dirijo ao Capitão Geral da Armada, ficará V. Exa. instruído de que o navio *El Peruano* do meu destino e comando chegou ao porto de Cádis, sem que outro acontecimento me tenha ocorrido na navegação

desde a minha partida do Janeiro em 28 de outubro do ano passado senão a separação da fragata *Santa Paula*, que veio em minha remessa daquele porto, onde se juntou a mim, segundo o que tive a honra de instruir detalhadamente de lá, com notícia dos seus acontecimentos os que obrigaram o São Pedro a chegar, e os meus.

Mas na latitude S de 26° 7' e longitude SW de 37°, 47' a dita fragata se separou de mim no dia 4 de novembro do mesmo ano, tendo experimentado nessa noite um vento fortíssimo de N. com mar pesado e fecho de horizontes, e amanheceu do furacão SE, com o qual perdi as duas velas principais, e se separou, sem que por ora possa acrescentar mais nada. = O relatório anexo instruirá a V.E. os trabalhos de toda a espécie que ofereceu no dito porto do Janeiro, o aprestamento completo deste navio em consequência da sua chegada ali, porque embora o tenha feito por menos daquele lugar, achei muito oportuno passar esta notícia à V.E. Com o mesmo objeto, remeto a V. Ex.ª uma conta individualizada das riquezas e frutos que este navio traz do porto de Callao, cujo comandante-geral da Armada me deu a folha que tenho a honra de fazer chegar às mãos de V. Ex.ª ao mesmo tempo. = Reitero a V. Ex.ª a minha fiel atenção e rogo a Nosso Senhor que guarde V. Ex.ª por muitos anos. A bordo da nau *El Peruano* em demanda do ancoradouro de Cádis, 21 de fevereiro de 1785. José de Córdoba."

O comandante do navio preparou e entregou um relatório completo, com declarações muito detalhadas de todo o conteúdo e continente do navio, incluindo o estado-maior, oficiais, artilheiros, marinheiros e grumetes, num total de 358 lugares, mais dez pajens e vinte e dois criados. Além disso, trazia como transporte o tenente de Infantaria, Don José Reverter, encarregado do registo do navio, e Don Martín de Echenique. No certificado de registo, à disposição do vice-rei do Peru, onze prisioneiros índios, dois deles menores, e como passageiros, Doña Mariana Taboada, Doña Josefa, sua irmã e dois filhos menores, Doña María Waters, sua filha menor e uma criada, e

Doña María Teresa Cucharatna e uma criada menor. Na lista encontram-se Don José Dombey, botânico da S.M. Cristianíssima e também Don Manuel Lontaño, presbítero; Don Manuel de Lavalle; Don Lorenzo Gándara, Don Juan Pablo Munarriz; Don Juan Irigoyen, um jovem sobrinho; Don Juan de la Rosa e um jovem filho; Don Juan Goitia e Don Bruno Pereira.

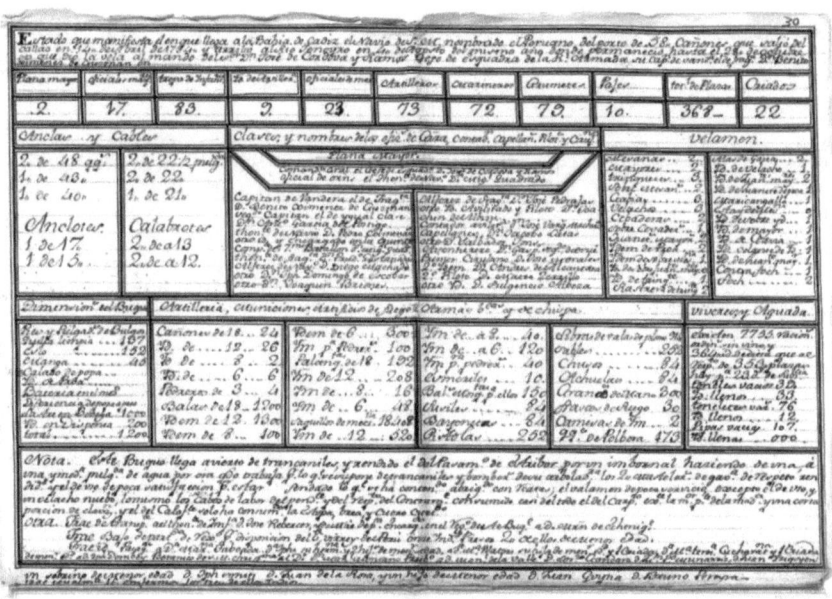

Os onze prisioneiros (nove adultos e duas crianças) que chegaram a Cádis no *El Peruano*, foram entregues por Diego Machado, oficial de quarto do navio, ao oficial de justiça da Real Audiencia de Contratação de Cádis, Cayetano Monleón, que por sua vez, com uma escolta de tropas, comandada pelo sargento-mor Francisco Codoni, atravessou a cidade, levando seis para o Castelo de Santa Catalina (Antonio Gramuset, Francisco Ramos, Blas Laso, Manuel Tito, Mariano Tito, Miguel Tito, este último com doze anos), e cinco para o Castelo de San Sebastián (Felipe González Timaycocaimi, Mariano Barrera, Pedro Nolasco Zimbrón, Nicolás Victorino e Juan Bautista Túpac Amaru).

O relato pormenorizado, uma vez incorporadas no processo as declarações assinadas por todos os oficiais do navio e verificando-se a concordância de todas as declarações prestadas pelo comandante do navio, Don José de Córdoba, concluiu que o *El Peruano* depositou em Cádis um total de 7.406.710 pesos fortes em ouro e prata, assim como quantidades consideráveis de frutas e metais, cascas, peje tollo, cacau e cobre, bem como *"73 caixas de produtos naturais do Peru e do Chile, por conta do Rei de França, recolhidas por Don Joseph Dombey, com a permissão de Sua Majestade"*.

El Peruano estava equipado com 24 canhões de 18 polegadas; 26 canhões de 12", 8 de 2", 6 de 6" e 4 de 3" nos seus 42,35 metros de comprimento e 12,54 metros de boca.

A EXPEDIÇÃO CIENTÍFICA

O dia 17 de outubro de 1777, os botânicos espanhóis Hipólito Ruiz e José Pavón[43], bem como o médico e botânico francês José Dombey[44 45] e os desenhadores José Brunete e Isidro Gálvez recebem autorização para embarcar em Cádis, também no navio *El Peruano*, na sua viagem de ida. A partida efetiva teve lugar no dia 4 de novembro, devido à tempestade que assolava o Golfo de Cádis. Hipólito Ruiz relata nas suas memórias esta ordem régia e as condições em que se realizou a viagem, e o vice-rei Manuel Guirior, em carta de 28 de fevereiro de 1778.

A 20 de setembro de 1780, enquanto os dois primeiros foram destacados para a Esquadra do Sul, no porto de Concepción, para vigiar as costas, e o Dr. Dombey, na província de Huanuco, no cumprimento da sua missão, foi-lhes ordenado que observassem as diferenças das marés altas e baixas durante as diferentes estações do ano no porto de El Callao.

"Passo às vossas mãos o incluso testemunho que o Sr. José Dombey, médico botânico de S. M. Cristianíssima, tem posto em meu com este destino, no qual se entende como vereis qualificado, o incessante trabalho que tem impedido no descobrimento e exame das produções naturais a que foi destinado pela sua Corte, correndo várias províncias deste Reino, nas quais também manifestou a sua caridade na assistência aos pobres enfermos, fornecendo-lhes generosamente remédios. O seu zelo e amor em obediência ao nosso Augusto Soberano manifestou-se claramente nas passadas moléstias do Reino, pois tendo-se providenciado para que se aquartelassem tropas nas províncias, o dito Sr. Dombey encontrava-se então em Huanuco e ofereceu a sua pessoa e a quantia de mil pesos em prata, com vinte cargas de cereais para as tropas, cuja oferta, embora não aceite, merece toda a atenção e apreço.

Não é menos digno da sua instrução, política e da conduta correta com que se tem portado, merecendo a aceitação e o agrado de toda a espécie de pessoas por onde quer que tenha viajado, e reduzindo-se o seu pedido ao que V.E. o julga digno, que informe a Corte de França do cuidado com que tem desempenhado a sua Comissão e do seu correto procedimento. Lima, 16 de dezembro de 1783.

Do vice-rei Don Agustín de Jáuregui para o secretário das Índias, Don José de Gálvez: Em anexo, um certificado do corregedor de Chancay, Manuel Ruiz del Burgo, em que Dombey se dedicava "com incessante trabalho à descoberta de ervas, sem ter deixado de trabalhar no seu ministério nos mais de dois meses que esteve nesta província". Também se anexa o relatório do anterior vice-rei, Don Manuel Guirior, que, aproveitando a estadia de Dombey em Chancay, lhe pediu para analisar as águas minerais dessa província e o governador de Tarma, elogiou a dedicação do médico francês, tanto nas suas pesquisas botânicas como na sua assistência desinteressada a numerosos doentes durante a epidemia de peste na vila de Pasco, na qual "mostrou perícia, caridade e talento médico, que ajudou muitos doentes".

José Dombey foi encarregue pelo Vice-Rei de medir a qualidade e a quantidade de salitre na costa, a fim de reduzir o custo cobrado pelos assentistas em Espanha e determinar se era rentável enviá-lo para as fábricas de pólvora, tarefa que levou a cabo. Além disso, prosseguiu a sua missão botânica: "Ao mesmo tempo, foi destinado a curar todos os pobres, administrando-lhes medicamentos e, aos mais, até a respetiva alimentação para as suas doenças, paga pelo próprio Dombey, tendo dado provas de grande caridade para com todos os pobres desta cidade". Também na cidade de Huanuco, Dombey deu uma esmola de três cargas de trigo, que foi recolhida pelo prior, Frei Rafael Oriel, *para que "se pudesse comprar pão para o sustento dos pobres doentes do Hospital da Misericórdia, Ordem de Nosso Pai São João de Deus".*

XVII

GUATTERIA

GARDOQUIA

DOMBEYA

MENDOZIA

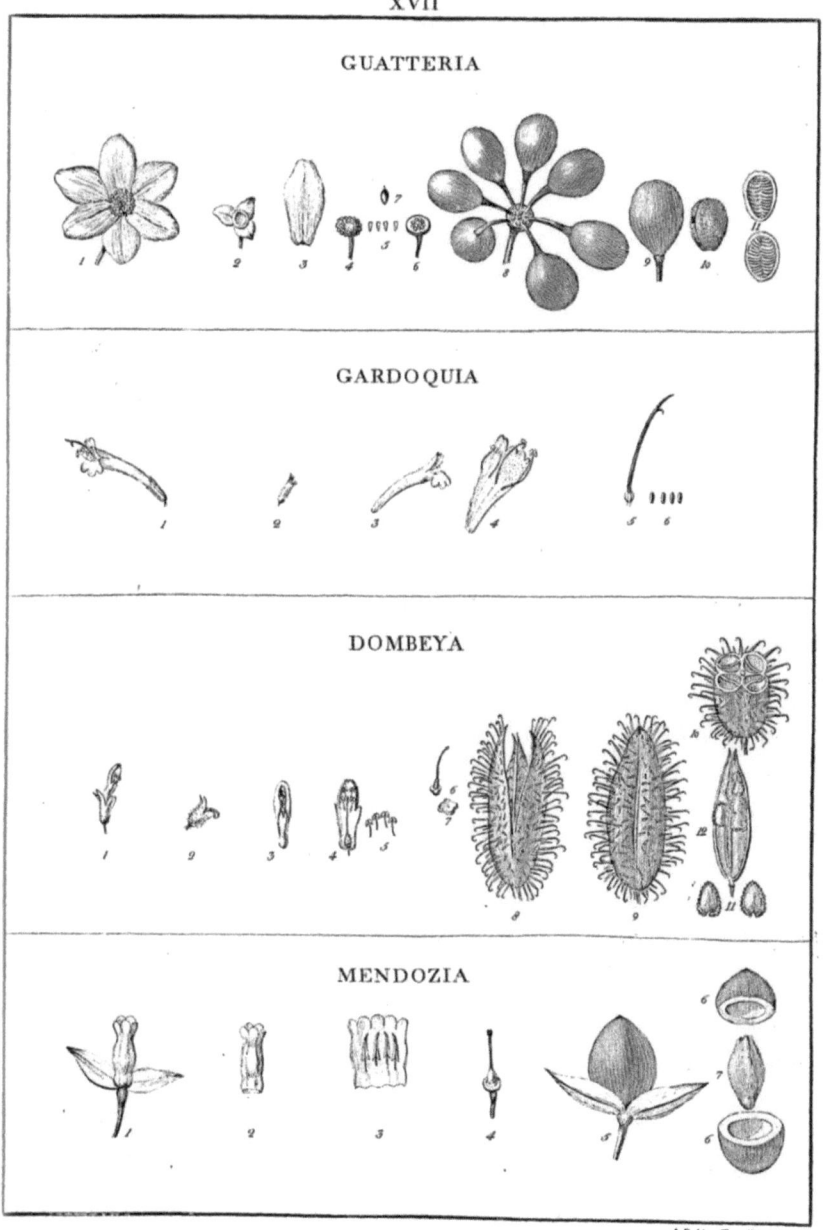

Embora o médico francês tenha oferecido mil pesos para alimentar as tropas aquarteladas em consequência do levantamento do rebelde Túpac Amaru, não foi aceite, mas fê-lo, distribuindo-os pelos pobres de São João de Deus, pelo hospício dos padres franciscanos, pelo Beaterío de Doncellas de la Inmaculada Concepción e por outros pobres vergonhosos. *"Sei"*, escreve o governador, *"que ele fez as suas descobertas até à última aldeia dos infiéis de San Antonio de Cocheros; nesta viagem demonstrou pelas aldeias por onde passou, o seu espírito de piedade e o bom tratamento que os seus habitantes experimentaram"*.

Na cidade de Huanuco, o seu Cabildo aceitou a oferta de ajuda de Dombey porque *"O fogo foi aceso pelas revoluções do tirano Túpac Amaru e porque se encontravam nesta cidade, onde a escassez de bens próprios ou de rendimentos não permitia."*

O donativo foi recusado, mas tendo reunido os principais senhores da província e os chefes militares, agradecendo-lhes o gesto, foi, no entanto, destinado a hospitais e conventos.

Este envolvimento do francês a favor de Espanha foi, segundo os seus próprios testemunhos, superior ao dos seus companheiros espanhóis que marcharam para o Chile[45].

Numerosas revistas literárias e científicas de toda a Europa relataram as atividades dos investigadores em solo peruano, conforme compilado numa revista dedicada aos *Literários e Curiosos de Espanha*, em 31 de agosto de 1789:

"Don Hipólito Ruiz, Don Josef Pavón e Don Isidoro Gálvez chegaram do Peru, onde passaram em 1777 com Mr. Dombey e trouxeram imensas coleções de todos os ramos da História Natural. No entanto, do muito que perderam no naufrágio *de San Pedro de Alcântara* e de outros caixotes que se perderam, têm um grande número de plantas e uma descrição de duas mil, a maior parte delas desconhecidas. Também fizeram um Jardim Botânico nas proximidades de Cádis, em El Puerto de Santa

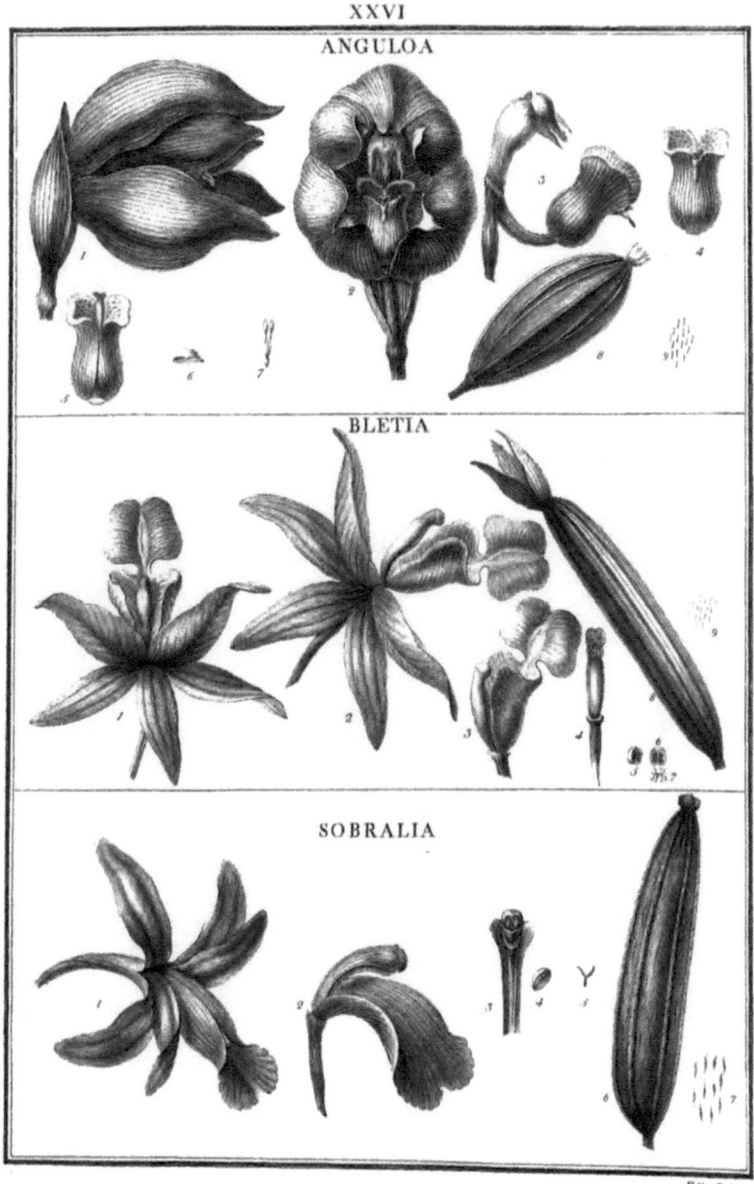

María, para plantas que requerem um clima quente e que não cresceriam em Madrid".

É certo que o Jardim Botânico jardim botânico em El Puerto de Santa María, na baía de Cádis, criado pelo professor farmacêutico Casimiro Gómez, começou por ser um jardim de aclimatação, para adaptar as plantas e sementes trazidas do Peru e do Chile, nos dois navios, à brusca mudança ambiental entre os Andes e Madrid. Atualmente, embora com poucas referências às suas origens, o Jardim Botânico de El Puerto de Santa Maria continua a ser conhecido como o Jardim Botânico de La Victoria, mais como um espaço romântico do século XIX, promovido pela aristocracia vinícola andaluza.

Jardim Botânico de la Victoria em El Puerto de Santa Maria, iniciado em 1785.

Esta informação, embora verdadeira, liga no tempo as viagens de regresso da expedição espanhola e a do médico francês, que decidiu regressar a Cádis mais cedo, com a sábia previsão de dividir a carga resultante das suas pesquisas em duas: uma, a maior[46], no navio *San Pedro de Alcântara*, que desapareceu no naufrágio do navio em Peniche, a 2 de fevereiro de 1786, e a outra, no navio *El Peruano*, que chegou intacto ao porto de Cádis um ano antes, em fevereiro de 1785.

No perdido nas águas de Peniche estava todo o trabalho de investigação dos cientistas espanhóis e parte do de Monsieur Dombey, trabalho esse que não foi tido em conta no salvamento do naufrágio, porque algumas das 53 caixas com "esqueletos de plantas, sementes, madeiras, minerais de ouro, prata, cobre e prata-quente, vários quadrúpedes, aves e peixes empalhados, uma infinidade de conchas, pedras e terra, vários instrumentos e trajes indígenas, oitocentos desenhos iluminados com as suas próprias cores, seis gavetas com trinta e três vasos de árvores preciosas do Peru e do Chile porque, uma vez abertos, no próprio fundo rochoso, foram considerados sem utilidade, deixando plantas, sementes e objetos espalhados nas águas da Papoa.

Os botânicos espanhóis regressaram para recolher de novo a informação, mas sofreram em Macora o incêndio do local onde se encontravam depositadas as suas plantas e investigações, em 1785, e a perda por doença e morte do desenhador José Brunete, em maio de 1787.

A partir de então, enviam mensalmente remessas de plantas frescas e sementes para os Jardins Botânico de Madrid[47] e El Puerto de Santa María, e dedicam todo o seu tempo a recompor esses estudos e as plantas que conseguem recuperar, chegando a Cádis em setembro de 1788.

No seu regresso, a compilação dos seus diários de viagem, a publicação do tratado sobre a flora peruana e chilena e outros estudos preencheram o trabalho dos dois cientistas, tarefa que foi ensombrada pelo desinteresse espanhol por este tema, pela sucessão da Monarquia e pela invasão napoleónica.

A FRAGATA SANTA PAULA, ATRASADA

A fragata *Santa Paula* completou a expedição, uma vez que os outros navios da frota do Sul tinham sido descartados devido ao seu mau estado, à falta de efetivos e à urgência da partida para Cádis. O navio tinha sido rebatizado após a sua captura pela esquadra de D. Luís de Córdova, quando foi registado com o nome de *Geoffrey*, do navio mercante *da Companhia* Britânica *das Índias Orientais*.

Sob o comando do capitão Benito de Lira, deixou o porto de El Callao em maio de 1784, um mês depois do *San Pedro de Alcântara* e *do El Peruano*, "levando os últimos restos de prata e os frutos do comércio".

A viagem também não foi tranquila, pois o navio passou por furacões, nevões formidáveis e mares revoltos sobre o Cabo Hornos, o que resultou na morte de sete homens ao largo das Ilhas Malvinas.

O comandante do *Santa Paula* decidiu não entrar no Rio da Prata por causa de uma avaria no leme e com muita gente doente, "levando uma tripulação doente e estragada pelos trabalhos e intempéries do Cabo e sem direção segura do navio", entrou no Rio de Janeiro, onde o navio El Peruano estava a ser reparado, o que lhe permitiu pedir, através do chefe da expedição e comandante deste navio, Joseph de Córdoba, a autorização do vice-rei para prosseguir, ao mesmo tempo que pedia para renovar a ração fresca da tripulação *"toda picada de escorbuto"* com 40 doentes e para verificar as provisões da tripulação, caso fosse necessário renová-las, pois os carneiros e as aves que o navio transportava eram lançados à água por estarem mortos ou infestados.

Benito de Lira aproveitou a ocasião para se queixar da violência com que os vice-reis do Peru o obrigaram a partir; *"porque a maior parte das pessoas que tinham sido postas no lugar pareciam mal condicionadas, e também as embarcações, não as deixando desatar a quilha, com fundados receios de que se danificassem e outros danos".*

A dureza das afirmações do comandante de Santa Paula seria justificada: *eu as derramo a V. Ex.ª, (usando do devido respeito) levado pela fidelidade da vassalagem, e como circunstâncias exculpativas para refutar qualquer impostura de omissão ou violência com que V. Ex.ª tenha procurado manchar o cunho da minha reputação, e por isso não me escuso de as esclarecer de modo conciso, para que orientado pelo seu alto e perspicaz espírito, me sirvam de escudo nos toques da censura dos meus rivais.*

Uma delas era o facto de a fragata ser tripulada por um número considerável de indivíduos tirados da plebe, plebeus, miseráveis e nada instruídos na manobra de navios, substituindo assim (por disposições daquele governo superior) os marinheiros que me transferiram para os navios San Josef El Peruano e San Pedro de Alcântara, depois de terem sido fornecidos com um cordame que não estava de todo equipado; As embarcações nos mesmos termos, excluídas dos referidos navios, a ponto de terem pensado em equipar-me com grandes vasos de barro, e ter-se-ia verificado que eu não poderia resistir-lhe, assim como me negaram a descoberta da quilha desta fragata, que eu pedi em justas presunções do seu dano e para a examinar como estrangeira e capturada aos ingleses, com o que teria merecido evitar, talvez, o dano que lhe causou o leme."

REGRESSO DE SÃO PEDRO A EL CALLAO

O comandante da Armada do Sul em El Callao, Antonio Vacaro, queixou-se a Don Antonio Valdés[48], Secretário de Estado e da Secretaria Universal da Marinha, de Fernández Bedoya:

"Este oficial, S.E., (perdoe-me por lhe falar de forma reservada), depois de ter procedido ao notório abandono (que é do conhecimento de toda esta cidade e da sua origem), durante o tempo em que o referido navio esteve equipado, tem andado a culpar todos aqueles que não devem ser culpados e até insinua que o seu Comandante Geral deveria ter estado no porão do navio a vigiar a estiva, e nas tábuas, sendo ele o Superintendente da Mestrança, enquanto isso andava na grande acumulação dos seus assuntos privados, factos que conspiram para o fazer ter pouco apreço pelos Generais, irrompendo ao mesmo tempo (como me foi assegurado) para ter dito "que tinha sido enganado na forma como o navio tinha saído"; que não podia (se é verdade) ter dito o contrário ou não o teria recebido à vela, pois comandou-o durante 8 ou 9 anos e que não há desculpa, pois mesmo que estivesse doente, tinha um segundo e subordinados que o vigiavam e lhe prestavam contas, como fizeram os comandantes do navio *El Peruano* e da fragata *Santa Paula* com a sua assistência, que até hoje não se sabe se sofreram por causa dos mantimentos que transportavam, como diz Bedoya."

Os defeitos que Fernández de Bedoya observou no navio que comandava eram tais, na sua opinião, que convocou uma reunião de oficiais e conseguiu, por unanimidade, que se resolvesse que o navio passasse para El Callao o mais depressa possível, *"como o seu principal trabalho era de calafates, mal se podiam encontrar oito. Nem alcatrão, nem ferro para a perneria, nem para substituir os oficiais encarregados, todos os mantimentos necessários para a longa viagem até Espanha; de modo que, se houvesse carpinteiros suficientes, se remediasse o mais possível a água da proa, e se fizessem as reparações mais rápidas e necessárias para ir a El Callao, levando a madeira necessária para o resto".*

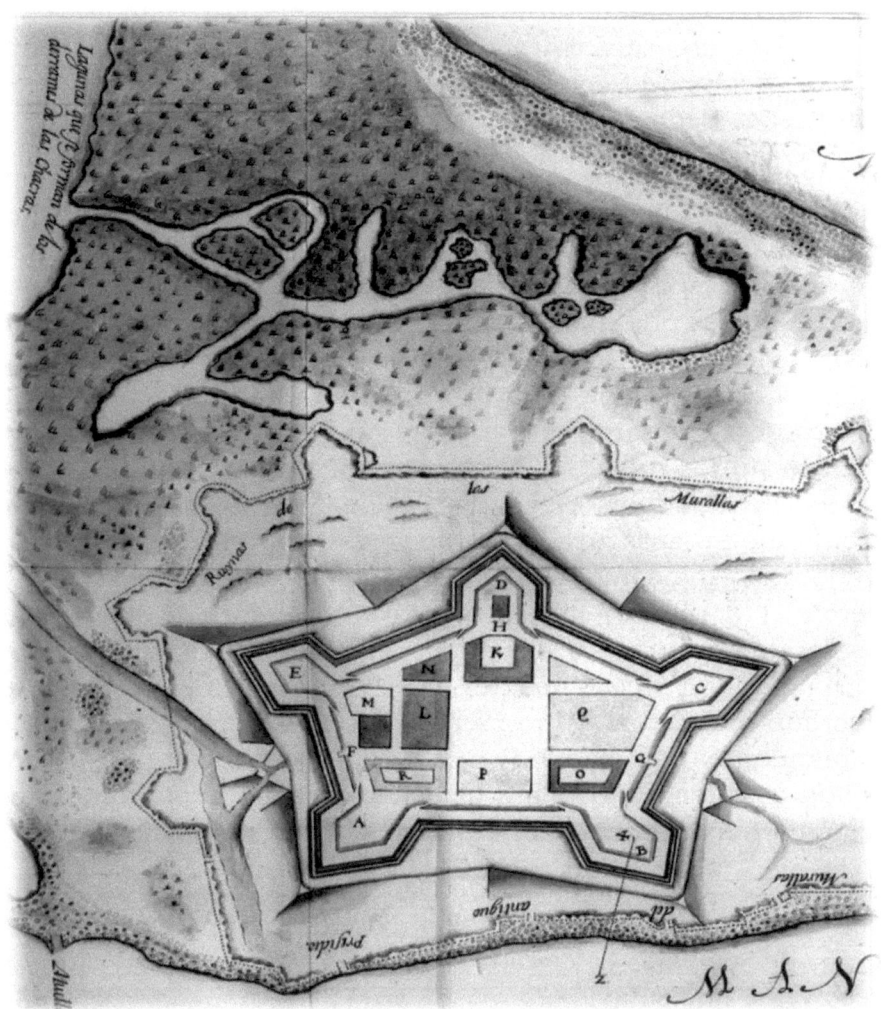

Planta do porto e do recinto amuralhado de El Callao, perto de Lima.

O relatório de Bedoya ao comandante Antonio Vacaro justifica as razões do seu regresso a El Callao em 15 de setembro de 1784:

"Pelo *Santa Bárbara*, comuniquei a V.S. que, não tendo feito qualquer progresso no Surgidero da Quirinquina, passei a Talcahuano para o desembarque da prata, cascas e pólvora. Por uma reunião que fiz, foi decidido passar os referidos objetos para terra, para um lugar de segurança do Mestre da Prata, colocando o dinheiro no Palácio do Mestre do Campo; as frutas para um armazém que um tal Pereira alugou, e a pólvora para o Castelo de Gálvez. Só na cascarilha tem havido algum dano causado pelos trancaniles do entreponte, e do porão, bem como por o Comércio os ter feito tão grandes, que foi necessário forçá-los a entrar, e sendo as tábuas tão finas, muitas delas se desfizeram, no que o Mestre de Plata, só com a sua eficiência, poderia ter feito diminuir a perda.

Depois de feita a dita descarga, formei com a ajuda dos mestres calafates uma tábua, (nº 2, que remeto a V.S., que expressa os trabalhos a efetuar no navio do meu comando: Junto também uma cópia certificada pelo contador deste navio, na qual consta a vistoria feita à proa pelo capitão de fragata Don Isidoro García del Postigo, e o remédio que se fez para uma pequena navegação; e devo dizer a V.S. que como as costuras se acharam enlameadas, o salvamento deste navio se deve unicamente à Misericórdia Divina, se, ao levar os bastideros, o mar tivesse seguido qualquer tábua de ambos lados da proa, ninguém o teria contado.

Comunico a V.S. como os nove mil cento e quarenta pesos destinados a pagar o vinho para a Guarnição e Tripulação deste navio foram retirados pelo Contador para fazer face às despesas da Mestrança que se estavam a fazer, tanto em ordenados como em mantimentos frescos para esta tripulação, por não haver dinheiro suficiente para as compensar, sendo mesmo necessário que além do meu, D. Isidoro Postigo, ficasse com tudo o que acima se disse para pagar os da urca *Monserrate* e mantimentos que se lhe fizeram.

A resposta de António Vacaro foi imediata e categórica:

"Pela carta de Vossa Senhoria que acabo de receber, acompanhada dos documentos nela citados, estou informado dos acontecimentos ocorridos a bordo do *San Pedro de Alcântara*, sob o seu comando, enquanto permaneceu em Talcahuano e durante a sua navegação até este porto, onde chegou ao fundo, e o pronto apetrechamento do referido navio, por motivos que V.S. conhece, é um assunto de tal gravidade; resolvi que nem V.S. nem os seus oficiais se deslocarão a terra, seja por que motivo for, sem a minha expressa autorização, e que o mesmo se entenderá com a Guarnição e a Tripulação, exceto os indivíduos que tenham de vir a terra para comprar os géneros necessários caso em que os navios mais pequenos serão escoltados com tropas para que os marinheiros não fujam, porque é do interesse do Rei que, sem perda de tempo, se reconheçam as obras de que este navio necessita e se executem à vista de V.S. e de todos os que têm destino, de modo que, quando estiverem concluídas a contento e providas do necessário, se ponha imediatamente a navegar para o porto de Talcahuano, para aí receber as pratas e frutas que deve transportar para Espanha.

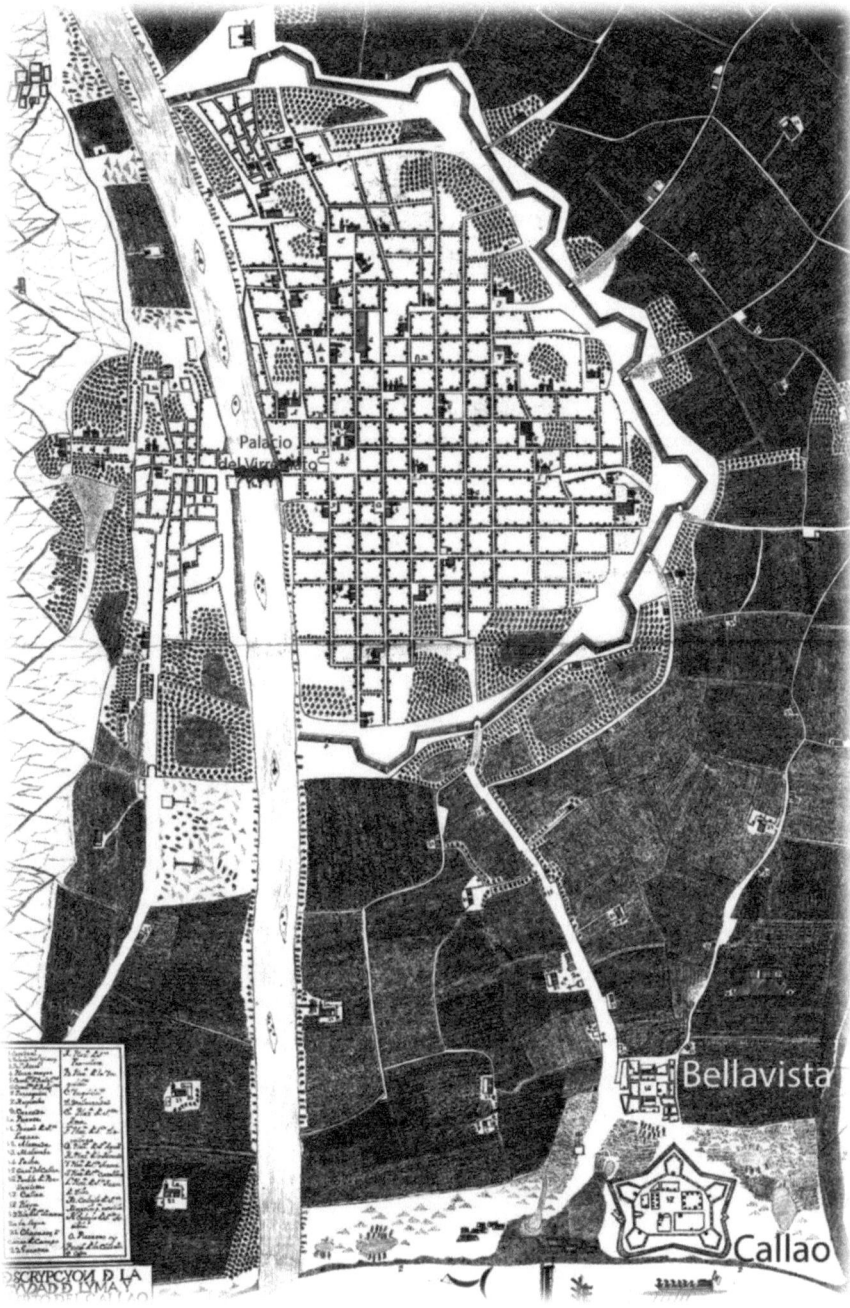

Antonio Cazulo, o ajudante de obras e oficial de Detall interino, irá a bordo acompanhado pelos peritos, para que, depois de verem os danos, possam começar a repará-los sem demora.

Ao meu Maior de Ordens, D. Nicolás de Villaba, queira V.S. ter a bondade de lhe dar o seu Diário e o de todos os oficiais superiores do navio que, por ordem, o devem conservar, para que ele possa obter deles as notícias que julgar necessárias".

A ordem de António Vacaro deparou-se com um grave inconveniente, que ele próprio relatou ao Secretário da Marinha:

"Meu senhor, tendo-me sido representado pelo brigadeiro da Armada e comandante do navio *San Pedro de Alcântara*, Don Manuel Fernández de Bedoya, que precisava de ir a terra para tomar medicamentos, pois estava gravemente doente, mandei-o examinar pelos cirurgiões destes navios, que certificaram que a sua doença era muito perigosa e necessariamente fatal.

A este respeito, determinei que entregasse imediatamente o comando do referido navio ao seu segundo comandante, o brigadeiro Manuel de Eguía, pois não era conveniente para o serviço de S.M., que uma expedição tão importante permanecesse por mais tempo a cargo de um oficial incapaz, devido à gravidade das suas enfermidades, de atender ao cumprimento dos seus deveres, e tendo em conta que as acusações contra ele estavam ainda pendentes, em consequência do acima exposto, ordenei-lhe que se dirigisse à localidade de Bellavista[49], perto da praia de Callao, onde deveria permanecer sob prisão, para entretanto justificar a sua conduta, cujas deliberações espero mereçam a aprovação de Sua Majestade, por meio de V.E.= Lima 5 de outubro de 1784. António Vacaro".

VOLTAR PARA TALCAHUANO

Depois de dois meses de aprestos, o *San Pedro de Alcântara*, agora sob o comando do brigadeiro Manuel de Eguía, devido ao agravamento da doença de Fernández Bedoya e à sua morte no hospital de Bellavista, deixou o porto de El Callao com destino a Talcahuano, e Antonio Vacaro escreveu ao vice-rei que o navio estava pronto para partir:

"O navio foi completamente revisto e reparado, com a prolixidade notória, e eu dei-lhe (como devia ter feito) toda a ajuda que lhe podia dar e que era necessária, à força de muito trabalho e à custa do Tesouro Real: A sua estiva foi feita publicamente com a intervenção do oficial que exerce as funções de engenheiro de detalhe, oficiais peritos de dentro e de fora do navio, e a fadiga incessante do seu primeiro contramestre que foi colocado aqui, aliviando o que tinha, para maior satisfação do seu comandante.

Tem-lhe sido dado os poucos marinheiros que restavam no navio *América*, e mais do que pôde recolher; um segundo piloto que faltava ao tempo da navegação, foi substituído por um bom piloto, por não lhe ter restado dessa classe mais do que aquele a quem é dado o lugar no referido *América*, como seu primeiro oficial; Um segundo contramestre que faltou na partida, não tinha absolutamente ninguém por quem o substituir, nem de quem o fazer, mas havia alguns oficiais de mar que aqui tinham ficado, e mesmo o primeiro contramestre que eu tinha, para que qualquer um pudesse suprir esta emergência; provisões a contento, e tantas quantas pedissem; oficiais de guerra, tantos quantos houvesse.

A viagem que fez foi (como tenho a honra de expressar a Vossa Excelência), mesmo a contento do público. Apesar de tudo o que foi feito, parece que o referido comandante não estava muito satisfeito, pois estava bastante fatigado, sobretudo no que respeita aos marinheiros = Lima e dezembro de 1784. António Vacaro.

Numa carta datada de 28 de dezembro, Antonio Vacaro certificou que o *San Pedro de Alcântara* partiu de Callao a 21 de dezembro, com algumas inundações nos seus porões:

"Embora se note nele que estava a fazer três polegadas de água em cada 24 horas, estou persuadido de que isso se deveu ao derrame da água que, até pouco antes da hora da partida, estava a embarcar.

O referido navio partiu nas perfeitas condições que se podem desejar, sem o mais remoto receio em contrário, e espero que tenha uma viagem feliz, porque, embora a chegada ao porto de Concepción possa causar algum atraso, os benefícios que resultam de fazer esta escala são incomparavelmente maiores, porque a tripulação é reforçada com os alimentos frescos que são fornecidos nesse local e a preservação da sua saúde, que é o ponto mais interessante, é grandemente reforçada".

Concluiu o seu trabalho, redigindo uma rigorosa Instrução ao Brigadeiro Eguía, que tinha sido segundo-comandante com Fernández Bedoya, para o governo do seu navio em quinze artigos, para a travessia e chegada primeiro a Talcahuano e depois a Cádis, mas não ia ser assim tão simples.

UM SURTO DE VARÍOLA A BORDO

O navio tinha saído de El Callao a 21 de dezembro, preparado com extraordinária diligência para aproveitar a estação oportuna na perigosa passagem pelo Cabo Hornos e, ao chegar a Talcahuano, tinha de recolher o tesouro e outras provisões deixadas na sua viagem anterior, mas, após sete dias no mar, começou a aparecer um surto de varíola e, em muito pouco tempo, havia setenta e seis doentes, dos quais vinte e sete tinham morrido a 1 de fevereiro, pelo que chegaram à baía entre Talcahuano e Concepción a 22 de janeiro, tendo a bordo uma enchente de 20 polegadas de água, sem saberem a sua origem, ancorando naquelas águas, de onde pediram ao Comandante-Chefe das Fronteiras, Ambrosio Higgins de Vallenar, todo o auxílio e, principalmente, o desembarque dos doentes, para não infestar o resto das pessoas a bordo, solicitando também a sua substituição, em parte, por europeus.

Embora Higgins, tratando do assunto com os chefes militares e políticos do Chile, depois de muita discussão, tenha determinado que o navio chegasse, não a Talcahuano ou a Concepción, mas à ilha Quiriquina, a umas seis milhas de distância, oferecendo aí toda a ajuda para evitar que o contágio se propagasse ao continente, ao que Eguía insistiu no seu primeiro pedido, indicou a necessidade de saber onde enterrar os mortos e que os doentes receberiam um fornecimento diário de carne de vaca e 370 rações de pão fresco, de que só dispunha até ao fim de janeiro.

Mas quando Higgins recebeu esta carta, e já estava preparado para prestar auxílio, recebeu outra do corregedor de La Concepción a alertar para a desolação geral daquele país, caso a epidemia se alastrasse, o que não se verificava ali há um século, acrescentando que ia realizar uma reunião do Cabildo,

Corpo Militar, Ministério e Comércio para considerar a combinação de auxílio e precaução.

As discussões entre as autoridades em terra no Chile e Manuel de Eguía aumentaram à medida que a varíola crescia no navio, com mais doentes e mais mortes, e o comandante estava decidido a ficar na baía, para que os doentes pudessem passar a quarentena na ilha de Quiriquina, com a ajuda de Concepción, para recarregar as mercadorias e tudo o que restava da viagem anterior, uma vez ultrapassada a crise.

A notícia do contágio não tardou a espalhar-se pelos portos vizinhos e o receio de que fosse cobrada uma taxa para substituir os marinheiros mortos no *San Pedro de Alcântara*, fez com que muitos homens fugissem das cidades ou se envolvessem em lutas sangrentas.

Selo de Correios emitido por Cuba, dedicado ao estaleiro de La Habana, onde foi construído o San Pedro de Alcântara en 1771. A sua primeira viagem foi para Cádis

As autoridades locais proibiram qualquer contacto de ajuda ou atividade comercial através de pequenas embarcações com o *San Pedro de Alcântara*, exceto as sanitárias por elas ordenadas e, em caso de incumprimento, a costa deveria ser vigiada por soldados e milicianos, incluindo a restrição de correspondência e provisões, com penas de flagelação e banimento temporário para aqueles que não cumprissem as ordens.

Uma vez que os médicos enviados ao navio por Higgins verificaram que o perigo de contágio tinha passado, o *San Pedro de Alcântara* pôde arrumar, partir a 30 de março de 1785 e retomar a sua rota para Cádis, com a passagem incerta do Cabo Hornos, que atravessou com bom tempo e sem incidentes notáveis, a caminho do Rio de Janeiro, baía onde chegou a 12 de junho.

No Atlântico, até ao porto brasileiro, os problemas de inundação exigiam a utilização constante de bombas de esgoto e o casco necessitava de reparação, pelo que a opção de chegar ao Rio se tornou essencial para continuar a rota para Espanha.

No decurso de uma escala de rotina no Brasil, descobriu-se que o *San Pedro de Alcântara* necessitava urgentemente de grandes reparações, incluindo a descoberta, de uma vez por todas, da origem das inundações no navio.

As autoridades do Vice-Reino do Brasil ajudaram em tudo o que o *San Pedro de Alcântara* necessitava, incluindo armazéns e alojamentos seguros, até que, a 4 de novembro, depois de ré embaladas as provisões e pagos os alugueres dos armazéns, o navio pôde zarpar para a Península Ibérica, após ter efetuado o reconhecimento da sua posição ao avistar a ilha da Ascensão no meio do Atlântico e, mais tarde, a ilha Terceira no arquipélago dos Açores.

UM NAVIO FANTASMA

Vista parcial da cidade de Cádis e da sua baía a partir do miradouro da Torre Tavira.

Á dez meses que o navio *El Peruano* tinha chegado ao porto de Cádis, mas não havia notícias do paradeiro do *San Pedro de Alcântara* até que, na manhã de 18 de novembro de 1785, foi enviado um aviso de Torrealta, em San Fernando, que dizia *"A Torre de Vigia de Cádis faz o sinal previsto para pôr com bola as duas barreiras que mantinha no exterior e a partir daí tem correspondido com a da inteligência; logo que esta seja seguida de outra, informarei em breve, bem como, o que descobrir desta torre para o mar. Polero."*

Por seu lado, a Torre de Vigia de Cádis emitiu outro comunicado:

"Às oito e quinze, em consequência de uma tempestade que vinha de SO. Estando nas imediações de Cádis, foi disparado um raio, que desarmou o meu mastro por duas hastes da lenha

e demais cordame, sem causar maior dano à torre, e passando-
o para a casa contígua, incendiou-a, numa das vigias do lado

A Torre Tavira, no ponto mais alto da cidade, é a principal torre de vigia
de Cádis desde o século XVIII.

norte, fui imediatamente para lá com a minha gente, e com a ajuda do capitão Fernando Ângulo e do tenente Francisco Sorondo, ajudante da Capitania do Porto, consegui apagá-lo com toda a diligência, de tudo o que dou conta a V.E. = Aurélio de Tavira".

Fachada principal do Palácio do Recaño onde se situa a Torre de Tavira.

Outra nota manuscrita indica o movimento de navios na baía: *"Desde a uma hora de ontem até à uma hora de hoje, entraram um navio inglês, uma polaca imperial, uma barcaça e seis navios com velas de tardoz, informando que estavam ancorados ao largo da costa = Um navio ragusco está a chegar de leste, e há apenas um brigue a oeste, muito a sotavento, mais um navio sueco.*

Armei provisoriamente uma bandola com um dos braços para que os sinais possam continuar, até que Vossa Excelência ordene que se providencie a reparação dos estragos causados pelo raio. = Aurélio de Tavira".

No dia seguinte, a 19 de novembro de 1785, o capitão-geral da Armada, dá uma extraordinária conta de que "A notícia da chegada do navio *San Pedro de Alcântara* foi equivocada, pois o que o vigia da Torrealta julgou serem sinais da Torre de Tavira, foram operações resultantes de um raio ter desfeito o mastro de sinalização e incendiado o miradouro ao norte da casa, que conseguiu apagar e, entretanto, foi providenciado outro mastro e toldo para o arvorar. Córdova acrescenta que esta notícia não pôde ser observada da Torrealta, devido ao fecho produzido pela turbonada".

"Exmo. Senhor: Como os relatórios de Torrealta que ontem enviei a V.Exa. não explicavam a distância e o rumo que o navio *San Pedro de Alcântara*, avistado e reconhecido com toda a certeza, segundo o que deles se pode deduzir, se demorava, pareceu-me necessário dar ao Vigia de Cádis, D. Aurélio Tavira, a ordem de que é a cópia anexa, para que enviasse imediatamente essa notícia com um cavalo; mas em resposta recebi a anexa em que por expresso menor, de quantos movimentos e evoluções se fizeram na tarde do mesmo dia, e que se enganaram sem dúvida nos sinais acordados para a Torre desta Vila, foram os efeitos do mastro desmantelado, não observados daqui devido ao encerramento da turbonada, segundo os relatórios referidos, aqui recebidos depois da partida do extraordinário.= Luis de Córdova".

A aparição *fantasmagórica* do navio *San Pedro de Alcântara*, que o vigia de San Fernando *tinha a certeza de* ter avistado, causou uma certa comoção em ambas as cidades e, embora o vigia de Cádis, Aurélio de Tavira, continuasse a explicar por escrito às autoridades da Marinha o que tinha acontecido, ninguém conseguia decifrar por que razão o vigia Luis de Córdova, informava com tanto pormenor e com tanta certeza que se tratava do *San Pedro de Alcântara,* do qual nunca se tinha ouvido falar, nem podia estar ali, (porque estava no oceano numa rota diferente), até ao trágico acontecimento de setenta e cinco dias depois.

Hoje, quase 240 anos depois do acontecimento, ainda não se sabe o que aconteceu à mudança de rumo do *San Pedro de Alcântara* entre os Açores, de onde deve ter rumado para o Golfo de Cádis, oitocentas milhas a leste, e o lugar longínquo onde desapareceu, trezentas milhas a norte: os rochedos do ilhéu d'A Papoa, na península de Peniche, perto de Lisboa.

O ilhéu de A Papoa, em Peniche, local exato do naufrágio do San Pedro de Alcântara / Foto: F.B.A.

OS DESTERRADOS

Embora o relato oficial minimize, ou mesmo oculte, o drama do exílio dos prisioneiros ligados à rebelião de Túpac Amaru, este trabalho não faria sentido se a relação nominal e as consequências após a travessia oceânica não fossem trazidas à tona.

Don Carmen Moncada, encarregado de supervisionar a navegação do *San Pedro de Alcântara* e a entrega em Cádis dos *condenados* ao desterro e à prisão nas prisões espanholas por terem alguma ligação com a família Túpac Amaru, elaborou a lista dos detidos. (*)

Homens	Mulheres
Fernando Túpac Amaru	Ascencia Fuentes C. +
Andrés Mendigure (+)	Francisca Fuentes C. (+)
Manuel Silvestre Rojas	Manuela Tito Condori++
Nicolás Almendras (+)	Santusa Castro +
Juan Tomás Palomino +	*Paula Castro*
Antonio A. Bergni (+)	Margarita Noguera +
Juan Barrientos +	*Maria Luque*
Ignacio Quispe +	Paula Noguera (+)
Pablo Quispe (+)	Felipa Mendigure (+)
Melchor Ramos +	Lorenza Mendigure +
Crispín Guamán +	Patricia Díaz (+)
António Camaque +	Bartola Escobedo +
Blas Guamán (+)	Nicolasa Aguirre +
Marcelo Luque +	Antonia Caya (+)
Silvestre Luque (+)	Santusa Canqui
Lorenzo Noguera (+)	Antónia Castro +
Ambrosio Mendigure (+)	
Mariano Mendigure	
Pedro Genero (+)	
Antolino Ortiz (+)	

Ambrosio Castro	
Francisco Castro (filho) +	
José Castro (filho)	

(*)Estudo do autor

Os marcados com **+** morreram na segunda viagem do porto de El Callao para o porto de Concepción, devido a um surto de varíola a bordo do *San Pedro de Alcântara*.

Falésias e rocha vulcânica de A Papoa, em Peniche / Foto: F.B.A.

Manuela Tito Condori, viúva do executado Diego Cristóbal Túpac Amaru, foi deixada em terra na segunda viagem devido a uma doença grave que a levou a falecer no hospital de Bellavista, perto de El Callao.

Os assinalados com **(+)** faleceram no naufrágio de 2 de fevereiro de 1786, em Peniche, e foram sepultados no local próximo de A Papoa.

Os chamados *despojos de guerra* humanos, que deviam ser apresentados em tribunal como triunfo contra a rebelião, foram reduzidos a apenas quatro homens e rapazes e três mulheres jovens. Nem uma palavra sobre o rasto destas últimas.

Nas arribas e praias da Areia Norte de Peniche estavam os corpos nus, enterrados em valas comuns e só identificáveis 210 anos depois, de forma genérica, (*'X24' foi um dos esqueletos encontrados ainda com uma manilha*), graças à dedicação de arqueólogos e cientistas liderados pelo casal Maria Luísa e Jean-Yves Blot, que num trabalho constante de pesquisa subaquática e catalogação de esqueletos, peças e objetos durante mais de vinte anos, com o apoio do Museu Nacional de Arqueologia de Portugal, da Câmara Municipal de Peniche, da Casa da Misericórdia de Peniche e de várias instituições científicas de França, Portugal e da Austrália, tornaram possível a sua permanência para a história da vila.

A LONGA NOITE DE 2 DE FEVEREIRO

O que aconteceu ao navio San Pedro de Alcântara? A mudança de rumo, o desgoverno do navio, as cartas náuticas erradas, sobrecarga, ambição, um assunto de Estado, uma combinação de circunstâncias, o infortúnio, o milagre: Duzentos e trinta e nove anos depois, todas as incógnitas permanecem.

A versão escrita do sucedido, segundo o Brigadeiro Manuel de Eguía comandante do *San Pedro de Alcântara*, foi a seguinte:

"No dia 4 de novembro último zarpei do porto do Janeiro para o porto do meu destino, e no dia 5 de dezembro reconheci a ilha de Ascensão sem qualquer erro considerável, e no dia 23 de janeiro a de Santa Maria (a mais oriental das Terceiras) com igual felicidade; Com este êxito continuei até ao dia 2 de fevereiro, quando às três horas da tarde fui informado do avistamento de terra, e embora segundo as minhas contas estivesse a setenta, setenta e cinco milhas dela, tomei os meios necessários para o seu reconhecimento, e tendo o piloto verificado que se tratava das Berlengas, chamei ao meu camarote os capitães de fragata D. Francisco Verdesoto (que descanse em paz), D. José de Rojas, e o piloto iniciado D. José de Mora, com quem, de comum acordo, determinei prolongar a costa só com o mastro de proa a S.SO. 5º O, e que às quatro horas da manhã se luffaria para a reconhecer.

Às dez e meia dessa noite, encontrei-me com o mesmo aviso de terra, com o imediatismo que a sua escuridão empresta, e embora tivesse feito tudo o que era possível, não pude evitar a justa dor de me encontrar encalhado (sobre rochas) na enseada de A Papoa, e ao fim de três quartos de hora sem outro parapeito que não fosse o do toldo, no qual guardávamos 310, que tiveram a sorte de gozar a inexplicável hospitalidade que o Cônsul e os habitantes do país nos dispensaram".

Em 5 de fevereiro de 1786, Manuel de Eguía enviou à Ilha de Leão, em Cádis, a primeira lista de mortos no naufrágio de Peniche:

"Junto envio a lista anexa dos oficiais falecidos, e terá a bondade de me desculpar a falta de saúde desta notícia tão sucinta até ao próximo correio, para que possa informá-lo do que se passou. Que Nosso Senhor vos guarde por muitos anos. Vila de Peniche, 5 de fevereiro de mil setecentos e oitenta e seis. = Manuel de Eguía = Sua Excelência Dom Luís de Córdova.

Lista dos membros do Estado-Maior e dos passageiros falecidos:

Oficiais do Corpo:

Comandante Francisco Verdesoto.

Tenente-Navio Conde de San Xavier.

Tenente-Navio D. Pedro Revueltas

Idem, Sr. Vicente Vargas.

Idem, Sr. António Ledesma.

Alferes de Marinha Francisco Ordóñez

Contabilista Sr. Pedro Sansestillano.

Responsáveis pelos transportes:

Capitão de Artilharia José Rius.

Tenente do Exército Atanasio Reyes.

Idem. Sr. Domingo Guerrero.

Idem. Sr. Hugo O'Falvey.

Passageiros:

O tenente-coronel Nicolás Magnara com cinco pessoas que trouxe consigo da sua família.

Um padre agostiniano (*sem dizer o nome*)

D. Ambrosio González.

Nota:

Da guarnição e da tripulação, terão perecido cerca de cento e quarenta pessoas.

Vila de Peniche e 5 de fevereiro de 1786. =D. Manuel Eguía".

No dia seguinte, o comandante do navio desaparecido *San Pedro de Alcântara* enviou uma segunda carta ao capitão-geral de Cádis, ocultando novamente a lista dos prisioneiros peruanos mortos:

"Envio a V. Exa. o estado do número de oficiais do Corpo, Transporte, Passageiros, Tripulação e Guarnição que morreram na noite de 2 e madrugada de 3 do corrente mês no encalhe que informei ter feito na enseada de A Papoa, causando a morte de muitos, pela precipitação com que se lançaram à água antes do tempo.

Nos dias que decorreram até esta data, foram efetuadas todas as diligências possíveis para reconhecer o lugar onde poderia estar o fundo do navio, a sua situação, braças de água e a descoberta da carga e do carregamento, mas o vento fresco do norte e a grande ressaca tornaram impossível, permanecendo, executando as mesmas sem perda de tempo, o que também foi assistido pelo Capitão D. Manuel Gayoso, Ajudante da Praça de Cádis que chegou no dia 5, enviado pelo Embaixador como primeiro socorro, de acordo com a sua inteligência, atividade e prática do país.

Pedi também a S. Ex.ª que me faculte os mergulhadores que puderem encontrar para o descobrir o mais depressa possível, e logo que o tempo o permita, visto que o mar apenas lançou ao mar vários cadáveres e parte da bagagem dos oficiais, marinheiros e algumas joias.

Para poder vestir a tripulação e a guarnição, solicitei ao Embaixador, por intermédio do referido Sr. Manuel, que forneça a cada um deles um casaco, um par de calças, uma camisa, um boné e um par de sapatos, cujo fornecimento estou persuadido virá de Lisboa, embora a resposta ainda não tenha chegado, porque não aceitei a oferta feita pelo Ministro da Fazenda Real deste país, em cumprimento da ordem que lhe foi comunicada pelo Intendente Geral, para que, com distinção de classes e sujeitos, se vestisse todo o necessário para estes indivíduos e oficiais, bem como a sua alimentação e cura, e só esta última me pareceu admissível com os que estão no Hospital, agradecendo-lhe a sua determinação:

S.E. o Embaixador tomou todas as providências imagináveis para o mais pronto auxílio e passou ordens a este Cônsul, solicitando-as para o Governador e Ministro da Fazenda Real, e aguardando notícias do que pudesse acontecer, a fim de responder a elas com a maior eficiência, como tão interessado no melhor serviço de S.M.

Casa de salvamento ou de guarda, solitária, na Areia Norte de Peniche, primeiro refúgio dos náufragos

Isto é tudo o que posso comunicar a Vossa Excelência, apesar da minha saúde debilitada. =Vila de Peniche e 7 de fevereiro de 1786 D. Manuel de Eguía: Sua Excelência Dom Luís de Córdova".

Os Penichenses, na sua maioria pescadores, que conhecem muito bem a força das ondas, cuja história é marcada pelo mar, acorreram com uma rapidez invulgar ao que se passava naquela noite trágica na sua face oculta, nas arribas agrestes da brecha vulcânica do ilhéu d'A Papoa, nas suas grutas, falésias e praias de Peniche de Cima, em socorro das vítimas, com os sobreviventes a chegarem, lamentavelmente, à casa solitária do Porto de Areia Norte, a "casa da guarda" ou "casa dos salva-vidas", que ainda hoje se mantém, e ao vizinho convento do *Bom Jesus*, dos Franciscanos Descalços, hoje extinto.

Armazém, vestígio do que foi outrora o Convento do Bom Jesus, em Peniche

O convento, apesar da sua importância histórica, uma vez que a sua fundação foi patrocinada por D. Luís de Ataíde, duas vezes vice-rei da Índia e benfeitor da vila, foi o local escolhido por ele para o seu enterro e o da sua mulher, cujos restos mortais foram trasladados para a igreja de Nossa Senhora de Ajuda, uma vez desconsagrada a clausura, atualmente, está desmantelado e é um armazém.

Bom Jesus tornou-se um abrigo improvisado nas primeiras horas dessa madrugada de 3 de fevereiro, até que foi toda a cidade que participou nos trabalhos de salvamento, de forma extraordinária, consciente do perigo do mar, sem prestar atenção ao enorme tesouro que transportava, apesar das extremas dificuldades económicas sofridas pela população devido à falta de pesca, refletidas nas atas da Câmara Municipal, que não perdeu o controlo da situação com o súbito aumento de uma população para alimentar, com mais de trezentos estrangeiros famintos e centenas de soldados portugueses na guarnição da Fortaleza.

Independentemente da nacionalidade, da carga afundada, da proveniência ou da língua falada, as suas próprias casas abriram-se às dezenas de vítimas da tragédia, prestando-lhes os primeiros cuidados, vestuário, alimentação e alojamento, mas o impacto do naufrágio abalou a ilha das Berlengas, que no verão se transformava numa península por um tômbolo de areia e que, no inverno, permitia que a água do mar corresse de norte para sul.

A Câmara, conforme consta na ata do Conselho, o tabelião municipal em 1786, Ângelo Joaquim Freire de Araújo, teve de enfrentar uma situação complicada, pois para além da catástrofe e do aumento considerável do número de moradores ocasionais, verificou-se uma subida repentina do preço dos produtos básicos, nomeadamente o sal de Setúbal, o vinho verde, a farinha, a cevada e o trigo.

Uma carta do Juiz de Fora, lida no Conselho, alertou a Câmara para a situação anómala e, após reuniões com os moleiros locais e distritais, foi proibida a venda a quem não tivesse licença e foram estabelecidos preços não abusivos para todos os tipos de cereais, com multas até dois mil-réis para os infratores. Apesar das dificuldades, os cuidados com os sobreviventes do naufrágio continuaram.

A situação de penúria era tal que a Câmara chegou ao ponto de apoiar a procissão da imagem de Nossa Senhora dos Remédios: *"Devido à excessiva falta de pesca que esta povoação*

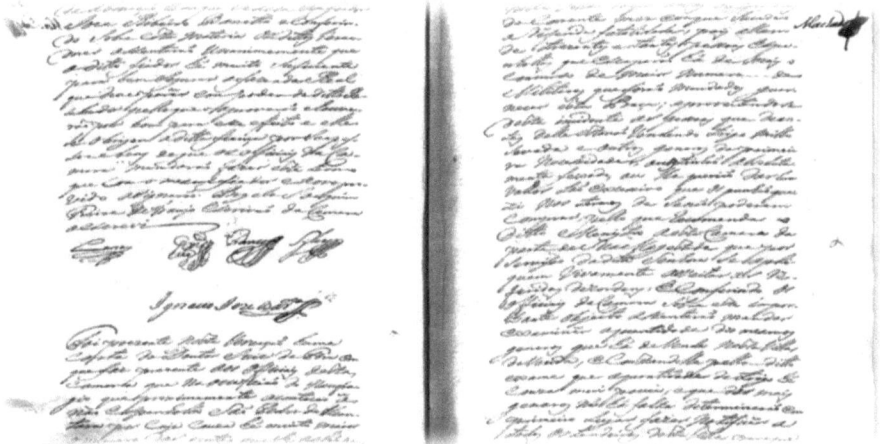

Ata da Câmara Municipal de Peniche, em 1786 / Foto cedida pelo Arquivo Museu M. de Peniche

atualmente atravessa, que a tem colocado no mais lastimoso estado de indigência, foi deliberado que esta Câmara, juntamente com a própria povoação, levasse a imagem de Nossa Senhora dos Remédios em procissão até à igreja de São Pedro, para fazer uma novena de orações públicas, pedindo a Nossa Senhora que interceda pelo remédio desta povoação".

Como se pode ler nas informações publicadas na Gazeta de Lisboa, na Gaceta de Madrid e em numerosos jornais da época de toda a Europa, do Rio da Prata, de Lima e do México, foi uma resposta mais do que exemplar de solidariedade de Portugal, da própria Rainha D. Maria I, dos seus secretários e os chefes militares e políticos de Lisboa e Peniche, uma vez que o que foi recuperado poderia ser legalmente sua propriedade, embora em nenhum momento o tenham reivindicado, concedendo licenças e salvo-condutos aos espanhóis para as suas deslocações, tanto na costa como em terra, como já ocorreram durante a estadia dos navios no vice-reinado português do Brasil.

O que se regista corresponde às quantidades declaradas como embarcadas na primeira partida, de onde se pode deduzir o que se salvou e o que se perdeu no desastre. O surpreendente excedente, recuperado após o naufrágio, é o resultado do que pode ter sido contrabandeado, quer em benefício do comandante e dos oficiais, quer devido ao que foi irregularmente retirado de El Callao pelos passageiros. Um deles, que sobreviveu com a mulher e a filha, o tenente de artilharia Acisclo Caballero, chegou a apresentar uma reclamação para recuperar os 3.700 pesos fortes perdidos que, para não os declarar, dividiu por vários oficiais a troco de um bónus, embora afirmasse que essa quantia tinha sido depositada por ordem do comandante Manuel de Eguía na caixa de soldados do navio, circunstância que não pôde provar, porque as testemunhas tinham morrido no naufrágio.

Recuperado del naufragio de Peniche

	Registrado	Salvado	Perdido	Sobrante
Oro acuñado en pesos y reales	1.706.106	1.751.930	0	45.823
Plata acuñada en pesos y reales	5.669.996	5.503.232	166.763	0
Oro labrado marcos y onzas	62, 1\2	0	62, 1\2	0
Oro en tejos	44	81	0	37
Oro en grano y onzas	0	17	0	17
Alhajas de oro	0	185	0	185
Plata labrada, marcos y onzas	9.813	6.029,50	3.783,30	0
Plata en pasta, marcos y onzas	6.777,10	7.081,10	0	304
Piedras minerales de PLATA	12	4	8	0
Pebeteros de plata	48	0	48	0
Muestras de monedas -cajones-	2	0	2	0
Escopetas con sus avíos	1	1	0	0
Pistolas guarnecidas de plata	2	0	2	0
Pares de hebillas de piedras	63	32	31	0
Anillos	24	4	20	0
Marcos de granos de nácar	14	0	14	0
Cobre en barras y tejos	6.930	6.769	161	0

Acisclo Caballero exige ainda que lhe seja concedida a patente de capitão e que lhe seja prestada alguma ajuda para poder sustentar a mulher e a filha, que o acompanharam na viagem e que se encontravam com ele em Cádis, referindo que a sua filha tinha sido internada no Hospital de Nuestra Señora del Carmen (Hospital das Mulheres), o que lhe causou muitas despesas, *"tendo em conta a sua pobreza e miséria, os seus 36 anos de serviço, a numerosa família que tem, e estando doente com os golpes recebidos do naufrágio, com uma virilha partida, em que também perdeu três botas, uma caixa de roupa e joias de ouro e prata, sem ter feito uso da mínima coisa."*

O presidente da Casa de Contratação de Cádis indicou que o referido tenente tinha recebido quatro mil reais, como todos os sobreviventes, por Ordem Régia de 4 de abril, e outros dois mil por ordens posteriores, com uma remissão de 900 reais que tinha sido dada à sua mulher. Além disso, a instituição forneceu um certificado que atestava que a estadia da sua filha no hospital não implicava a menor despesa, *"por ter sido curada por caridade no Hospital de Nuestra Señora del Carmen"*.

O tenente Caballero apresentou certificados de cirurgiões sobre a sua hérnia inguinal, *"que o impossibilitava de continuar ao serviço"*, solicitando a sua reforma na cidade de Córdova com o posto e salário de capitão *"para poder passar o pouco tempo que lhe resta de vida e sustentar a sua família"*.

Do livro deste oficial, diz o dossier, *"consta que tem 50 anos de idade, o seu país Andaluzia, a sua qualidade, soldado de fortuna, de valor conhecido, pouca aplicação, habilidade cavalheiresca, má conduta, estado de casado"*.

A denúncia de Acisclo Caballero revelou a realidade das suas alegações e o Gabinete de Contabilidade da Casa de Contratação elaborou um relatório completo:

"Muitos são os que têm feito a mesma alegação, apresentando documentos semelhantes, embora com uma diferença, quanto ao lugar da entrega (do dinheiro fora do registo), pois uns dizem que a executaram na câmara e outros no ponte, para que S.M. os absolvesse da pena de não a terem registado e que, por efeito

da sua Real Clemência, lhes declarasse a opção ao excedente, depois de completarem as classes do Registo a cargo do Mestre, em igualdade com as bagagens que só têm direito para esse caso.

Nada consta nesta Contadoria sobre os 72.000 pesos que este indivíduo diz ter encontrado na praia, na maré baixa, nos dias seguintes ao naufrágio, nem está provado que fizessem parte da riqueza entregue ao Contador e 2° Comandante no mar, pois, como diz na sua representação anexa, este navio tinha atravessado pelo lado onde estava, e o costado e convés se desfizeram em pedaços, esta quantia podia muito bem ter feito parte do tesouro registado que, com a violência da pancada e a ressaca do mar, ficou a granel naquele lugar e sobretudo, não tendo, como parece que não tinha, sinais que indicassem tratar-se de bagagens ou de qualquer outra espécie, foi por consequência junta à massa comum do Registo, como se fez.

Se este indivíduo e os outros que se apresentaram com os mesmos pedidos, tivessem tido alguma pretensão aos 72.000 pesos, era regular que, no mesmo ato de serem encontrados, tivessem pedido para se separarem do tesouro registado, o que não se sabe se fizeram, e mesmo que o tivessem executado, não teriam de modo algum direito a ele, uma vez que o que é salvo, para além do que está registado, deve ser declarado por confisco, como teria sido executado se este navio tivesse chegado salvo de acordo com as Ordens Reais emitidas nesta matéria, não obstante a ignorância das mesmas alegada por este indivíduo, pois isto é um mero pretexto para obscurecer o objeto da fraude que é claramente discernível na negociação viciosa de emprestar o dinheiro nas Índias, para ser recolhido no primeiro pagamento."

Como durante a tramitação deste expediente chegou a ordem de promoção a capitão, foi-lhe dada a resolução da sua incorporação imediata em Córdoba, ficando sem efeito as suas outras pretensões, ainda que, como devia 77 dias de estadia na estalagem madrilena onde a família se hospedava, cidade para a qual se deslocou de Cádis sem autorização, o proprietário desta impediu a sua saída, para o que solicitou cem pesos, ainda que a título de adiantamento, já que "*a sua mulher estava gravada*".

Um ano depois, a 7 de abril de 1787, o rei concedeu a Acisclo Ballesteros a reforma e a autorização para se estabelecer em Córdova, com a sua pensão de capitão, *"pelas perdas e prejuízos sofridos no San Pedro de Alcântara"*.

Estas práticas de corrupção eram habituais, uma vez que, nas investigações posteriores ao naufrágio, várias testemunhas (15 em Cádis e 6 em Lima) declararam que o anterior comandante do navio tinha *cobrado taxas* a todos os que queriam embarcar cobre e escamas, para o que passava recibos aos carregadores por cada quintal de cobre, utilizando o mesmo método de distribuição utilizado pelos corregedores em terra.

A impressionante Fortaleza de Peniche, iniciada no século XVI e concluída um século depois, é um dos mais importantes recintos costeiros amuralhados de Portugal e de toda a Península Ibérica.

O PÁROCO DE NOSSA SENHORA DE AJUDA

Teodoro Pereira de Azevedo, pároco da igreja de Nossa Senhora de Ajuda, presidiu às cerimónias fúnebres dos corpos que foram aparecendo, uns anónimos, sem ninguém que os identificasse, irreconhecíveis com o passar dos dias, e outros com nomes e apelidos, patentes e estado civil, tudo anotado no registo paroquial, com a sua própria letra.

Esta valiosa documentação digitalizada encontra-se atualmente no Arquivo do Distrito de Leiria, acessível ao público, que a recebeu das várias paróquias, de acordo com o regulamento de 1911 sobre a separação da Igreja e do Estado, e que foi cedida para este trabalho pelo Museu Municipal de Peniche.

O museu partilhou as listas dos mortos na tragédia, que são mais pormenorizadas do que as enviadas pelo próprio comandante Manuel de Eguía:

PLANA MAIOR	
Capitão de Fragata	D. Francisco Verdesoto
Tenente de Navio	Conde de San Javier
Tenente Fragata	D. Pedro Revueltas
Outro	D. Vicente Vargas
Outro	D. António Ledesma
Alferes	D. Francisco Ordóñez
Balcão	D. Pedro Santestillano
Segundo cirurgião	Josef Formón
Segundo piloto	Josef Mercader
Piloto	Sr. Juan Cubero
TRANSPORTES	
Capitão de Artilharia	Sr. José Rius
Ajte. Mor Infantaria	D. Hugo O'Falvey

Tenente	D. Domingo Guerrero
Outro	D. Atanasio de los Reyes
OFFIC. OFFIC.	
2º contramestre	Remigio Lorenzo
Primeiro Guardião	Juan de Rivas
Capitão do barco	Juan Mazón
Mergulhador	Rafael Galeano
ARTILHEIROS DE MAR	
	Manuel Lozano
	Tomás López
	Josef Maldonado
	Manuel Martínez
	Josef de Borjas
	Juan António Vicente
	Adrián Arango
ARTILHEIROS DE MAR	
	Mateo Varela
	António Guerrero
	Miguel Real
	Josef Real
	Laureano Tomás García
	Josef Velarde
	Miguel Vázquez
	Simón Vidal
	Miguel Pérez
	Pedro Renduelas
	Miguel de Lena
MARINHEIROS	
	Josef Angulo
	Vicente Josef de Sosa
	Andrés Gamboa
	Mariano Barrosa
	Pedro Tijeros

	Pedro Velázquez
	Clemente Arbisa
	Manuel García
	Francisco Fierro
	Juan García
	Bernardo Tollao
	Felipe Gómez
	Juan Josef Beltrán
	Diego Josef Palomo
	Josef Olivera
	Isidro Gómez
	António Molina
	Juan Antonio Sonoguanena
GRUMETES	
	Santiago Cerda
	Francisco de Oyo
	Diego Gerónimo de Vega
	Josef Paredes
	Juan Díaz
	Pascual Pacheco
	Benito Cabrera
	Gabriel San Martín
	Isidro Sáenz
	Francisco Oviedo
TROPA	
Sargento	Vicente Fernández
Cabo	Miguel Fernández
Tambor	Juan de Dios Martínez
Soldados	Manuel Ródenas
	Lorenzo Rodríguez
	Eugenio Manibesa
	Felipe Sequeiro

	Francisco Lapuente
	Isidro Villagrán
	Carlos Nores
	Tiburcio Miranda
	Juan Julián Romero
	Rafael José González
	Pascual Brangache
	Manuel Coronado
	Francisco Fuello
	Pedro Herrera
	Gregorio Morales
	José Ferreyra
	Fernando Ximénez
SOLDADOS	
	José António Rodríguez
1º	António Sánchez
1º	Francisco García
	Francisco Bustamante
	Josef de los Ríos Garro
BRIGADA	
Policial	Felipe Bonifán
INVALIDOS	
Sargento Btll. Callao	Matías Braonk
PAJES	
	Faustino Atocha y Tejada
	Manuel del Espíritu Santo
	Joaquín Santa Ana
	Francisco Acosta
	Josef Arrebol
OUTROS	Reclusos registados
Sacerdote da O.S.A.	Frei Juan de Alcedo
	Ambrosio González
Oficial justiça da água	Martin Palacios

PASSAGEIROS	
Tenente-coronel Inf.	Dom Nicolás de Maznara
A sua família	Sr. Francisco Pullat
A sua mulher	Josefa Pullat
O teu filho	Sr. Nicolas Pullat
A sua filha	Josefa Pullat
Um homem negro	Simão
Alfz. Dragões Chile	Don Luis Benavente
ÍNDIOS PRESOS	Mencionado noutra lista.

O primeiro registo que aparece nestes livros paroquiais de Nossa Senhora da Ajuda, relacionado com o naufrágio do *San Pedro de Alcântara*, é datado de 4 de fevereiro de 1786, um dia depois da tragédia:

"Entre os corpos que foram sepultados estavam os de pessoas da mais alta qualidade e nobreza que se encontravam a bordo do referido navio, os oficiais do exército e da marinha e pessoas da mais alta distinção que morreram no referido naufrágio foram os seguintes:

Capitão de fragata Don Francisco Verdesoto, solteiro. O tenente de marinha Don José Ventura Lanero, conde de San Xavier, casou-se na cidade de *Lima*. Tenente de fragata Don Pedro Revuelta, casado em *Cartagena de Levante*. Tenente Comandante, Don Vicente Vargas, solteiro. Tenente de fragata Don Antonio Ledesma, viúvo. Alferes de Marinha Don Francisco Ordóñez, casado em *Isla de León*. Contador naval, Don Pedro Santillano, casado em *Isla de León*. Capitão de Artilharia Don José Rico, casado em *Cádis*. Major Ajudante Don Hugo O'Falvey, casado em *Cádis*. Tenente de Infantaria Don Domingo Guerrero, solteiro. Tenente de Infantaria Don Atanasio de los Ríos, casado em *Lima*. Alferes de Dragões Don Luis Benavente, solteiro.

———————— 1786 ————————

do dia dous d'este dito presente mez, e anno, entre os-
tes corpos, que se sepultarão
forão os das pessoas da mayor
qualidade, e nobreza, que
vinhão na dita Náo. Os offici-
aes do Exercito, e da Marinha, e as pessoas de mais distinção, que morrerão no dito naufrágio forão as seguintes.
O Capitão de Fragata D. Francisco Cordeloto Solteiro.
O Tenente de Navio D. Ixe
Centuras Laciro Conde de São
Xavier, casado na cidade de
Lima.
O Tenente de Fragata Dom
Pedro Revoltas, casado em Cartagena de Levante.
O Tenente de Fragata D. Cicen-
te Bargas Solteiro.
O Tenente de Fragata D. Antonio de Ledisma Veuvo.
O Alferes de Navio D. Francis-
co Cordones casado na Ilha de
Leão.
O Contador do Navio D. Pe-
dro Santiplano casado na I-
lha de Leão.
O Capitão d'Artelharia D. Joze

1786

Rios casado em Cadiz.
O Ayudante Mayor D. Ugo o
Palbei, casado em Cadiz.
O Tenente d'Infantaria D.
Domingos Guerreiro Solteiro
O Tenente d'Infantaria D.
Atanafio dos Reis, casado em
Lima.
O Alferes d'Aragão D. Luis
Benavente Solteiro.
O Segundo Cirurgião D. Joze
Firmon, Solteiro.
O Segundo Piloto D. Joze Mer-
cador, casado em Lima.
O Pilotim D. João Cuveiro,
casado em Lima.
O Tenente Coronel D. Nico-
lao Marnarra, Solteiro.
D. Manoel Gallegos de Cos-
tilhos de nove annos de idade
D. Francisco Payahi, e sua
mulher D. Jozefa Cadehames.
Nicolao Payahi, e D. Jo-
zefa Payahi, seus filhos.
D. Ambrozio Gonsalvez, ca-
sado em Cadiz.
O Reverendo Padre Frei

249

—————— 1786 ——————

Rius casado em Cadiz.
O Ayudante Mayor D. Ugo o
Palbir, casado em Cadiz.
O Tenente d'Infantaria D.
Domingos Guerreiro Solteiro
O Tenente d'Infantaria D.
Atanasio dos Reis, casado em
Lima.
O Alferes d'Aragoa D. Luis
Benavente Solteiro.
O Segundo Cirurgião D. Joze
Pumon, Solteiro.
O Segundo Piloto D. Joze Mer-
cador, casado em Lima.
O Pilotim D. João Cerveiro,
casado em Lima.
O Tenente Coronel D. Nico-
lao Marnarras Solteiro.
D. Manoel Gallegos de Cas-
tilhos de nove annos de idade
D. Francisco Payali, e sua
mulher D. Jozefa Cade Ma-
nes.
Nicolao Payali, e D. Jo-
zefa Payali, seus filhos.
D. Ambrozio Gonsalvez, ca-
sado em Cadiz.
O Reverendo Padre Preto

250

Um desenho do século XIX da Paróquia de Nossa Senhora da Ajuda.

Segundo Cirurgião Don José Fermín, solteiro. Segundo piloto Don José Mercader, casado em *Lima*. Piloto Don Juan Cubero, casado em *Lima*. Tenente-coronel Don Nicolás Marnarras, solteiro. Don Manuel Gallego del Castillo, nove anos. Don Francisco Payals e a sua mulher, Doña Josefa Cadillanes. Nicolás Payals e Dona Josefa Payals, seus filhos. Don Ambrosio Gonzálvez, casado em Cádis. Reverendo Padre Don Juan Alcedo, da Ordem de Santo Agostinho.

No mesmo dia, 4 de fevereiro, foi sepultado o corpo do ajudante-mor Hugo de O'Falvey, casado em Cádis, *"um homem bem nutrido, de cabelo grande e extraordinariamente mutilado"* foi sepultado na sepultura número 50 da igreja paroquial de Nossa Senhora de Ajuda; na sepultura número 53, foi sepultada a Sra. Josefa Cadillanes, casada com o Sr. Francisco Payals.

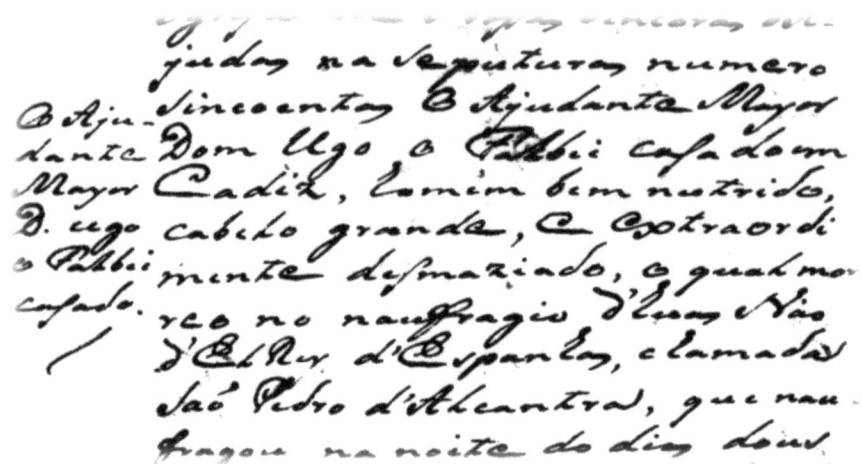

Nota de enterro de Hugo O'Falvey em Nossa Senhora da Ajuda

No dia 5 de fevereiro, o Padre Teodoro Pereira de Azevedo certificou a inumação de oito corpos não identificados no cemitério improvisado de Porto de Areia, muito perto do local do naufrágio. No dia seguinte, foram sepultados mais onze corpos e, a 7 de fevereiro, mais dezasseis, enquanto no dia 8 foram sepultados seis corpos recuperados do mar.

A 9 de fevereiro, foram sepultados nove cadáveres no campo do Porto Areia, entre os quais o corpo de D. Vicente Vargas, tenente de fragata, onde foi colocado um poste alto, mais tarde substituído por uma cruz de pedra, cuja inscrição se conserva no Museu Municipal de Peniche. No mesmo local foram sepultados D. Nicolás Payals e sua irmã Dona Josefa Payals.

No dia 10, os corpos continuavam a aparecer na praia e nas falésias. Foram enterrados oito corpos nesse dia e mais seis no dia seguinte. No dia 20 de fevereiro, os corpos continuavam a dar à costa e foram enterrados um corpo na mesma praia e outros quatro no cemitério do Porto de Areia Norte.

O ritmo da comunicação oficial era mais lento e seletivo. O que aconteceu ao navio *San Pedro de Alcântara* e, sobretudo, aos seus bens, era de grande interesse.

A paróquia de Nossa Senhora da Ajuda de Peniche na atualidade

"Caro Senhor:

Com a primeira notícia recebida pelo Conde de O'Reilly do nosso Embaixador em Portugal, Conde de Fernán Núñez, da perda nos rochedos ao largo de Peniche, da nau do Rei *San Pedro de Alcântara*, na noite de 2 do corrente mês, O Consulado de Cádis reuniu a Junta Geral de Comércio no dia 8 do mesmo, e nomeou pelos seus Deputados para entender as disposições para o salvamento das substanciais riquezas e efeitos que transportava, D. António de Zulayca e D. Cristóbal Xavier de Izturiz, indivíduos daquela Comunidade.

Apresentaram-se-me então no mesmo dia, depois de concluída a reunião, com os respetivos avisos do Prior e do Cônsul do mesmo Comércio, pedindo cartas de assistência, que lhes dei imediatamente, para o comandante do mesmo navio, para o Ministro da Marinha de Cádis, e para o capitão daquele porto, D. Francisco Xavier Muñoz, com o fim de que, como pretendiam os comissários, lhes enviassem todos os mergulhadores que o tempo lhes permitisse recolher; Aconselhando-os também a facilitar com igual eficácia, agora e no futuro, todas as medidas que estiverem ao seu alcance, e que forem solicitadas, conducentes a tão recomendável e interessante objeto.

Ofereci-me para fazer o mesmo da minha parte, e farei tudo o que considerar útil e conveniente para o efeito. Isla de León, 10 de fevereiro de 1786".

O Consulado do Comércio de Cádis manifestou a sua satisfação ao Capitão-Geral pela rapidez da resposta, na esperança de recuperar a preciosa carga do navio do fundo da enseada: "Vossa Excelência: No dia 11 do corrente mês, Vossa Excelência tem o prazer de informar este Consulado, em resultado da Ordem Régia de que estão na posse, datada de 8 do mesmo

mês, dirigida a envidar todos os esforços possíveis para extrair o tesouro e a carga que transportava o navio de S. M. *San Pedro Alcântara*, naufragado na enseada de Peniche, na costa de Portugal, e que as fragatas da Marinha Real, *Assunção e Colón*, tinham recebido ordens para zarpar, confiando o desempenho de tão interessante objeto ao cuidado, zelo, eficiência e inteligência acreditada do capitão deste porto, Sr. Francisco Xavier Muñoz.

Este Tribunal está cheio de satisfação pelas sábias medidas que Vossa Excelência informa ter tomado, a fim de satisfazer o desejo de Sua Majestade com todo o auxílio que possa contribuir para o bem comum de todos os interessados, e, ao mesmo tempo que agradece a Vossa Excelência as ofertas que merece, está cheio de confiança de que, não menos pelo efeito da sua genial propensão do que pelo particular cuidado comum que protege o nosso comércio, estará sempre pronto a facilitar imediatamente todos os novos auxílios que possam ser considerados úteis.

Deus Guarde a V.E. muitos anos, Cádis 13 de fevereiro de 1786. Isidoro de la Torre = López Márquez de la Plata.

Exmo. Senhor Don Luís de Córdova".

No dia seguinte, o Consulado do Comércio de Cádis insistiu, nos seus agradecimentos à capitão Geral, que os tartans *Espíritu Santo* e *San Diego* tinham sido enviados sob o comando do tenente e primeiro ajudante da Capitania do Porto de Cádis, Don Gabriel Sorondo, com os primeiros mergulhadores, equipados com provisões e mantimentos para Peniche, incluindo um cabo e blocos de 60 braças.

Além disso, havia três capitães práticos da marinha mercante na costa de Portugal, dois pilotos do porto de Cádis, dois da costa de Ayamonte, dois contramestres e dois pilotos.

As consequências do desastre não se fizeram esperar e, do Palácio de El Pardo, o Rei, por ordem de 21 de fevereiro de 1786, escreveu ao Capitão-Geral da Marinha, Luís de Córdova:

"Foi ordenado que os oficiais e as bagagens do navio *San Pedro de Alcântara*, naufragado na costa de Portugal, sejam devolvidos à capital do Departamento. Advirto-o, para que providencie oportunamente para que o comandante deste navio, Sr. Manuel de Eguía, seja preso num castelo e o piloto, Sr. José de Mora, noutro lugar, e não permita que nenhum dos outros saia da capital ou do seu Arsenal".

Francisco Xavier Muñoz Goosens assumiu de imediato o comando das operações em Peniche e, a 16 de fevereiro, comunicou os primeiros resultados do seu trabalho ao capitão-geral da Marinha em Cádis, que, por sua vez, os comunicou ao ministro da Marinha em Madrid com "a certeza positiva que tinha do local onde se encontravam o tesouro e a carga do navio *San Pedro de Alcântara*; e ainda que por notícias posteriores do dia 17 seguinte, que o Conde de O'Reilly me comunicou,

Entrada da Fortaleza de Peniche, hoje monumental Museu Nacional da
Liberdade e Resistência.

recebidas por um despacho extraordinário do Conde de Fernán
Núñez, nosso embaixador em Lisboa, se assegura que foi efetivamente encontrado e que até catorze caixas de prata foram
retiradas no mesmo dia, com a mesma marca que as do seu
Registo."

Na mesma carta, Muñoz Goosens solicitava que "para suspender as âncoras, os canhões de calibre 18, os cabos e os
conveses do navio já reconhecido", considerava que eram necessárias quatro grandes lanchas, com um esquife duplo, boas
velas de proa e mochos, necessários para a tentativa.

O pedido do capitão Muñoz foi rapidamente atendido no Arsenal de La Carraca, e foram preparadas duas lanchas dos navios
de três mastros e outras duas dos navios de setenta peças, bem
como oito dias de provisões para a tripulação de ambos os

navios, fazendo a sua viagem perto da costa, e também foi embarcado um contador do navio para os abastecer com o equivalente das rações em dinheiro.

O intendente Joaquín Gutiérrez Rubalcava sucede ao intendente de abastecimentos Pedro Santestillano, falecido no naufrágio, enquanto o comando do *Santa Ana* é assumido pelo tenente da marinha D. Pascual Ruiz Huidobro; o da *San José*, o alferes de fragata D. Francisco Sánchez Gamboa; o da *San Cristóbal*, o alferes D. Sancho de Junco e o da *España*, o piloto graduado, o alferes D. Juan Salomón. Todos partiriam com um homem por remo, um piloto, um contramestre e dois rancheiros.

PREVENÇÃO DE DETENÇÕES

Em carta reservada, o Capitão-Geral do Departamento de Cádis indicou ao Ministro da Marinha que:

"Logo que cheguem a este porto os oficiais e bagagens do navio *San Pedro de Alcântara*, ordenarei que o comandante, D. Manuel de Eguía, permaneça preso e sem comunicação no castelo de *El Puntal* e o primeiro piloto, D. José de Mora, em *Matagorda*, em virtude das ordens que solicitei e que me foram dirigidas confidencialmente pelo conde O'Reilly para a sua admissão, e não consentirei que nenhum dos outros indivíduos seja separado do Real Arsenal de La Carraca, para que todos estejam mais bem reunidos e prontos para qualquer diligência que convenha fazer ou provisão que S.M. se digne expedir na matéria.= Ilha de Leão, 28 de fevereiro de 1786".

A partir de El Pardo, o Rei aprova todas estas medidas e indica, através do ministro, que o embarque deve ser efetuado "o mais depressa possível para a capital do Departamento de Cádis, como foi ordenado, nas fragatas, e que o crédito e a disciplina da nação não devem ser postos em perigo pela sua permanência em Peniche".

A ordem régia para abreviar os procedimentos do Sumário feito em Peniche foi transmitida, por via reservada, ao ministro togado que tinha a Comissão, reduzindo as declarações a três ou quatro indivíduos das classes inferiores, orçamentando as das pessoas principais.

"O facto de se poder transportar para Cádis todas as pessoas cuja estadia já não é necessária em Peniche, escreva a D. Francisco Muñoz para enviar uma parte a bordo dos tartans que regressam a Cádis e outra nas duas fragatas em proporção, para as enviar com a primeira remessa de fundos".

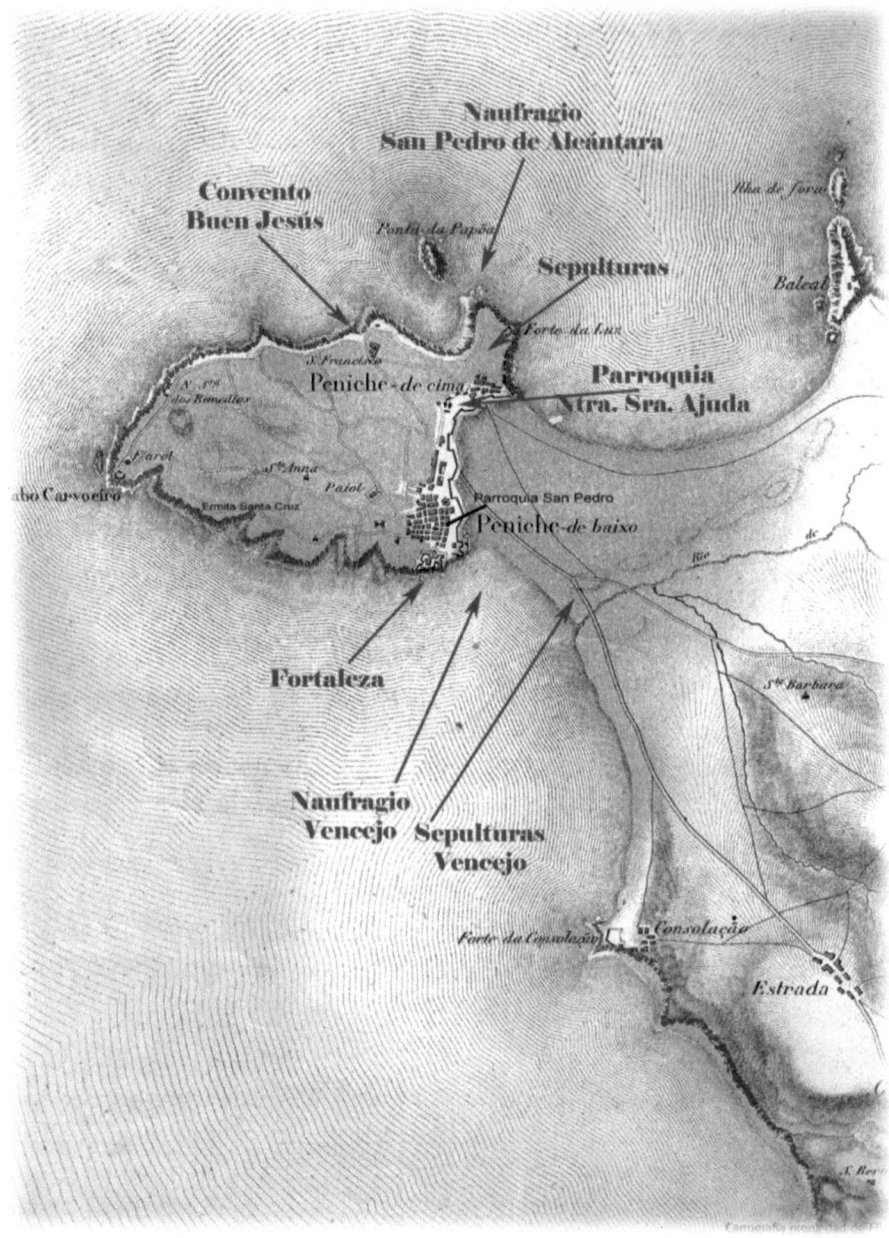

O historiador Francisco de las Barras, nas suas notas dactilografadas já mencionadas, registou os documentos do processo e da sentença pela perda do navio *San Pedro de Alcântara*, que estudou.

De acordo com estas notas extraídas do ficheiro *"Indiferente 2762"* do Arquivo Geral de Índias:

"O ministro da Real Audiência de Contratação das Índias, Juan Álvarez Valcárcel, foi nomeado para que, tendo obtido a autorização de S.M. a Rainha Fidelíssima, se deslocasse a Peniche e formasse o correspondente processo sumário Piñárez, ministro do Conselho das Índias, para que, na companhia do notário da Câmara do Conselho das Índias, se deslocasse a Cádis para o continuar e apresentar as suas conclusões ao plenário para que se pudesse proferir uma sentença.

Após uma meticulosa investigação de dois anos, com interrogatórios aos oficiais sobreviventes e testemunhos de Cádis, Peniche e Peru, o capitão de fragata José de Roxas e o tenente Francisco Quesada foram absolvidos, e o brigadeiro Manuel de Eguía foi condenado a privação perpétua do seu emprego e ao pagamento das despesas de todo o processo, embora se tenha decidido não o tornar público devido aos danos que a divulgação da sentença poderia causar à imagem da Real Armada e da nação.

As conclusões não tiveram em conta apenas o facto trágico do naufrágio, mas também os acontecimentos ocorridos no *San Pedro de Alcântara* desde o início dos preparativos para a viagem, em 1783, quando Manuel Fernández de Bedoya ainda era comandante do navio e Manuel de Eguía era o segundo comandante, devido às suspeitas fundadas de encargos adicionais para aqueles que enviavam mercadorias para Espanha, com favores relativamente à estiva e localização dos caixotes no navio e ao aumento da sua quantidade como contrabando.

Francisco de las Barras escreve: *"Do relatório do Relator se depreende que, tendo recebido declarações de várias pessoas que vieram na dita embarcação, afirmaram que era verdadeira a cobrança feita pelo comandante Bedoya a várias pessoas que queriam embarcar cobre e casca, e o seu despenseiro afirma que o seu amo lhe deu várias folhas para cobrar aos carregadores, mas não sabe quanto exigiu por cada quintal de cobre, porque não esteve presente nos ajustes que fez como pôde e a ocasião se apresentou"*.

Estas acusações foram corroboradas tanto em Lima como em Cádis: *"Foram entrevistadas quinze pessoas que vieram no referido navio, e a maioria delas concordou que tinha ouvido dizer publicamente em Lima que a referida exação foi feita através da distribuição do navio pelo seu comandante e oficiais"*.

Logo que as primeiras notícias do naufrágio chegaram a Lisboa, o embaixador de Espanha na corte da rainha D. Maria I ordenou ao brigadeiro Joseph Caamaño, Encarregado de Negócios da Embaixada, que se deslocasse urgentemente a Peniche, com as necessárias licenças das autoridades portuguesas, para intervir no socorro aos sobreviventes e no resgate dos bens e mercadorias, até à chegada a Peniche, vindo de Cádis, de D. Francisco Xavier Muñoz Goosens, que ficaria responsável por todas as operações, depois de receber a ordem do Rei: *"Satisfeito com o zelo, inteligência e atividade de V.S., Sua Majestade teve o prazer de confiar aos vossos cuidados a missão mais importante e delicada que se pode oferecer, que é salvar o tesouro e a carga do navio San Pedro de Alcântara, naufragado ao largo da costa de Portugal"*.

A generosidade e as atenções com que a delegação espanhola foi recebida naqueles terríveis momentos foram repetidamente agradecidas pelo vice-cônsul espanhol, António Martínez Dinis, pelo juiz de Peniche, José Monteiro Rosende, pelo governador da praça e guarnição, tenente-coronel Francisco Brunete, e pelo corregedor de Leíria, Luís Xavier Valente.

Para além do hospital improvisado montado nas imediações de A Papoa, dos atendidos na Casa del Guarda ou "Salva-vidas", em Porto de Areia Norte; no convento franciscano de Bom Jesús e no Hospital da Misericórdia, foi decidido que os bens seriam depositados no Posto de Despacho da Alfandega, em Peniche, até que, uma vez chegada de Cádis a comissão encarregada pelo Consulado de Comércio, se decidisse o local para todas as formalidades relacionadas com o naufrágio.

Estado atual do portão da antiga alfândega de Peniche em 1786

Antiga Alfândega de Peniche, local onde foram depositados os tesouros de São Pedro de Alcântara.

AS ACÇÕES DE FERNÁN NÚÑEZ

O embaixador de Espanha em Lisboa, conde de Fernán Núñez, escreve ao ministro da Marinha para lhe comunicar que, no dia 18 de março, despachou de Sevilha para Peniche os oito mergulhadores que tinham chegado a Lisboa, dando-lhes o necessário para a viagem e as despesas a pagar aos tropeiros que os levaram à capital portuguesa.

Após a chegada dos tartans a Peniche, acompanhados por duas embarcações portugue-

sas, estas últimas, no seu regresso a Lisboa, transportaram os primeiros 62 sobreviventes da tripulação do *San Pedro de Alcântara*, que foram distribuídos proporcionalmente pelas duas fragatas ancoradas no porto de Lisboa, juntamente com o primeiro carregamento de mercadorias com destino a Cádis.

O embaixador, ao comunicar esta notícia, informou que 47 homens também partiriam de Peniche num outro barco para regressar a Cádis e que *"seis mergulhadores de Cartagena, dois deles mouros"*, já se encontravam na cidade portuguesa.

Fernán Núñez não cessou os seus esforços um único dia, exceto a 3 de abril de 1786, quando os seu filho Francisco de Paula, Antonio de Paula, Benito de Palermo, Juan Bautista, Diego e Joaquín, nascido no mesmo dia, fora batizado na sua residência oficial, de boa saúde, tal como a sua mãe, sua esposa, Dona María de la Esclavitud Sarmiento Sotomayor.

O padrinho foi o brigadeiro Juan Pignatelli, e a cerimónia foi oficiada por Antonio de Figueredo y La Cerda, pároco de Nossa Senhora da Lapa, por autorização expressa do Cardeal Fernando de Sousa, Patriarca de Lisboa. Mas na cidade de Peniche, a situação complicar-se-ia ainda mai.

María Luisa Blot: Aguarela sobre os trabalhos de salvamento das peças de artilharia do São Pedro de Alcântara

A CATÁSTROFE DO SAVEIRO VENCEJO

O saveiro *El Vencejo*, comandado pelo capitão de fragata Lorenzo Mendoza, partiu de Ferrol em resposta ao pedido de ajuda, levando alguns mergulhadores e mantimentos solicitados pelo capitão Francisco Xavier Muñoz Goosens, comandante das operações. Depois de uma escala em Vigo, chega a Peniche na manhã de 12 de abril de 1786.

Os mergulhadores e os mantimentos foram desembarcados no local, e a estadia foi utilizada para embarcar os 47 sobreviventes convocados pelo embaixador, com destino às fragatas *Assunção* e *Colón* no porto de Lisboa.

Em 1949, o historiador Francisco de las Barras deixou no Arquivo Geral das Índias de Sevilha algumas folhas dactilografadas com a transcrição dos antecedentes do incidente, que, devido ao prestígio do investigador e à fiabilidade da fonte, são aqui reproduzidas.

O mandato de Francisco Xavier Muñoz era que, cumprida esta missão, regressasse a Peniche para escoltar duas lanchas e levar para Cádis alguns objetos resgatados do naufrágio do *San Pedro*. Estava tão seguro da idoneidade do *Vencejo* que respondeu a um pedido de informação do embaixador sobre o assunto: "Parece-me que o saveiro *Vencejo* pode ser utilizado com vantagem no serviço de transporte para Cádis de alguns objetos como canhões, âncoras, velhas armações e até o cobre em barras que se tem retirado".

O navio regressou a Peniche a 24 de abril e no dia seguinte iniciaram-se os trabalhos de carregamento de dois canhões de ferro e 250 barras de cobre. No dia 26, prosseguiu o carregamento de oitenta braças de cabo de 2,6 polegadas.

O capitão do navio recusou-se a continuar a carregá-lo, "embora ao levantar âncora, com vento de feição, para SO, tenha

perdido cerca de uma milha em dois cabeços, ancorando imediatamente ao largo da praia[50] e em mau sítio". Daqui Muñoz
deduziu que o navio estava mal dirigido, ou não estava na sua
estiva. No entanto, o seu comandante não deu sinais de

Tentativas de salvamento nas águas ao largo de Peniche. Gravura da época
inserida no Sermão de Cádis de 1787. Biblioteca Temas Gaditanos, Cádis.

melhorar o local. A 27 de abril, Francisco Xavier Muñoz informava que faltavam duas amarras, cortadas pelas rochas, o que dava muito trabalho para o ajudar, embora ao pôr do sol o tempo tivesse amainado e o mar tivesse baixado.

No dia 28, Muñoz enviou um navio do país com uma nova âncora e duas novas guindaletas, começando a estar "em condições de fazer vela, a não ser que um vento forte e turbulento do SE o impeça".

Às quatro horas da manhã, enviou "outro barco dos que tinham chegado da Galiza, com outra âncora e um calabrote novo de 1,2 polegadas, rebocado por um navio do país".

Quando o barco estava ancorado ao lado, a turbulência aumentou de tal forma que o navio e o barco recuaram a todo o risco, e quando este último chegou a terra, o mar atirou-o para cima de umas rochas, partiu-se e todos os seus tripulantes escaparam com as suas camisas, não tendo perecido ninguém, nem o barco português que, naturalmente, pediu para se abrigar melhor".

A transcrição de Francisco de las Barras continua: "Às nove horas da noite, o tempo estava mais agradável no Sudoeste. A embarcação em dois ancoradouros e outros dois a bordo com um piloto de país inteligente e ativo. Don Francisco Muñoz tinha logo dois outros ancoradouros e duas grossas guindaletas para enviar ao primeiro encalhe.

Na manhã do dia 29, informa finalmente que, às 23 horas da noite do dia 28, tendo sido quebradas todas as amarras, o saveiro tinha batido na praia, com a infelicidade de não lhe poder prestar mais ajuda porque era precisamente o ponto de maré baixa e maré alta. Às duas horas da manhã, quando escreveu a sua carta, só tinha conhecimento de oito pessoas que se tinham salvado, incluindo o piloto do país.

Muñoz atribui este infortúnio ao facto de o comandante do navio não ter posto em prática as ordens que lhe tinha dado para se fazer ao mar sem esperar por outro aviso, assim que visse o vento do segundo e terceiro quadrantes e mesmo do quarto, passando para NO.

Acrescenta que "às nove horas da manhã, podia ter feito o controlo, mas não percebi porque não o fez, uma vez que já tinha tirado as velas".

Por carta posterior do mesmo dia 29, às 8 horas e 20 minutos da manhã, sabemos também as seguintes particularidades:

"Que, ao ouvir o tiro de canhão às 11 horas da noite e ao ver que a embarcação se dirigia para o sul, todos os marinheiros espanhóis, tropas da guarnição, habitantes da cidade, o governador, os oficiais, o juiz de Fora e o corregedor se dirigiram para ela, sentindo que a viam virar, sem lhe poderem prestar mais ajuda; os mergulhadores tentaram dar-lhe linha, mas voltaram para trás sem conseguirem quebrar as ondas. Pelas 8 horas, onze pessoas tinham sido salvas e, pelas pessoas que chegavam, estimava-se que 60 estavam perdidas, incluindo o comandante, dois oficiais subalternos, o capelão e o contabilista. O casco estava dividido em dois pedaços encalhados na areia, e tudo estava seco na maré baixa.

A desgraça teria sido maior se, no dia 27, Don Francisco Muñoz não tivesse ordenado o desembarque de 49 tripulantes do navio *San Pedro*, que devia levar para Cádis".

No balanço final do acidente, o número de mortos foi de noventa e duas pessoas, como indicam as certidões de óbito da paróquia de Nossa Senhora de Ajuda, em Peniche, e a pouca carga que transportava foi considerada perdida.

Comandante: Capitão de fragata Lorenzo de Mendoza

Alferes de Navio	Joaquín Carreño.
Alferes de fragata	D. Manuel Ojeda.
Contabilista	D. Domingo Valledor.

Capelão	D. Manuel Vázquez.
Segundo piloto	D. Francisco Roldan.
Médico	D. Faustino Ortiz.
Pilotín	Sr. Guillermo Sobriedo.
Idem	D. Mallas Menaya.
Idem,	D. José Albanel.
Idem	D. Gregorio Lanzatrelles.
Oficiais do Mar e mestres:	7
Artilheiros:	10
Marinheiros:	64
Total:	**92**

O padre Teodoro Pereira de Azevedo, pároco de Nossa Senhora da Ajuda, também teve de oficiar em dias sucessivos, a partir de 29 de abril, os enterros dos falecidos, que foram resgatados do mar e enterrados no lugar de As Junqueiras.

Na página dupla reproduzida do arquivo do Distrito de Leiria, encontra-se o relato do enterro das primeiras setenta e duas vítimas do acontecimento ocorrido "na *noite de 28 de abril junto às abertas da Lagôa de Medão Grande, em que morreram noventa e duas pessoas.*"

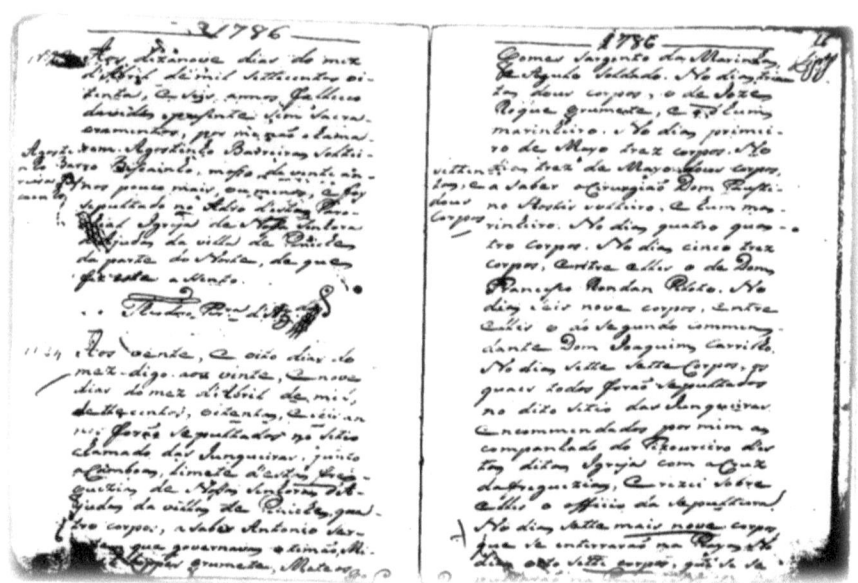

A maior parte deles foi enterrada no sítio de *As Junqueiras*, junto à Gamboa, nos limites da paróquia de Nossa Senhora de Ajuda, começando pelos corpos de Antonio Cerrate, que dirigia o leme; Miguel López, grumete; Mateo Gómez, sargento de armas; e Angulo, soldado.

No dia 30, foram enterrados José Roque, grumete, e outro marinheiro. No dia 1 de maio, três corpos; no dia 3, dois corpos, o do cirurgião Don Paulino Hostiz, solteiro, e o de um marinheiro. No dia 4, quatro corpos, e no dia 5, outros três corpos, incluindo o de Don Francisco Rondán, piloto.

No dia 6, nove corpos, incluindo o do segundo-comandante Don Joaquín Garrido.

No dia 7, sete corpos, todos enterrados no sítio de *As Junqueiras* "confiados por mim", escreveu o pároco, "acompanhado pelo tesoureiro da dita igreja com a cruz paroquial".

Gravura da costa de Peniche com vendaval, 1787. /Foto: FBA.

No dia 7, foram enterrados mais nove corpos na praia, e outros treze no dia 9, incluindo o do capitão José Rejón, casado em Vigo, o capitão Manuel Vázquez Piñeiro e um oficial de guerra chamado Don Manuel Ojeda.

No dia 10, foram enterrados cinco corpos, incluindo o do primeiro comandante Don Lorenzo de Mendoza, e no dia 11, três na mesma praia e um no Camino Alto da Vila.

Apesar de tantos contratempos, Francisco Xavier Muñoz Goosens escreveu ao ministro Antonio Valdés, em 26 de maio de 1786, satisfeito com o ritmo da recuperação dos fundos:

"Tentei manter a conta e a razão tão claras quanto possível, embora possa ter errado no meu método, pois na verdade toda a minha atenção estava e está concentrada na extração do tesouro: creio que as despesas do Tesouro Real nesta comissão são tão insignificantes e a ajuda que trouxe é tão limitada, que me parece impossível errar em algo essencial.

Quanto ao dinheiro levado pelo Comércio, todas as noites é feita uma conta da distribuição do dia, que se reduz à razão do dinheiro dos marinheiros, às pequenas despesas hospitalares, ao pagamento dos armazéns onde são guardadas as provisões e onde os marinheiros são alojados e a algumas despesas de transporte.

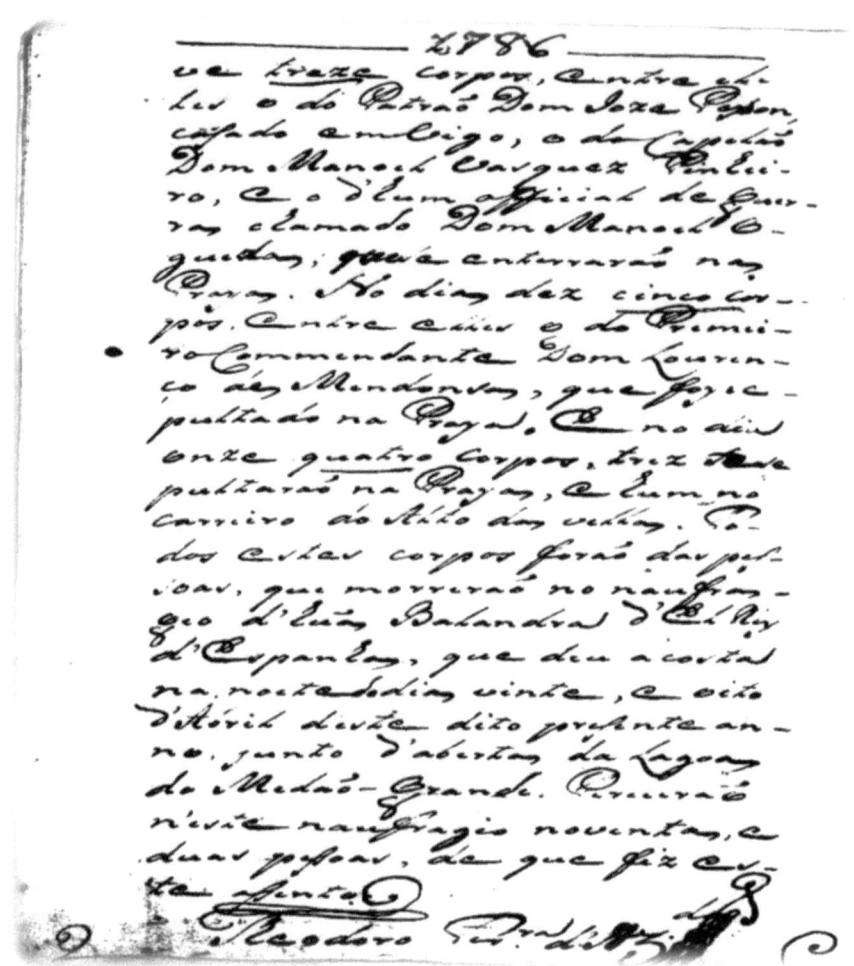

As pessoas que mandei regressar a Ferrol é porque são inúteis, não porque já não sejam necessários mais quarenta homens, que eu pedirei quando chegar a altura.

Os relatórios diários mostram que se aproveitam os momentos favoráveis e que os maquinistas ingleses não são necessários para terminar o trabalho.

Sempre foi meu objetivo extrair o tesouro de preferência ao cobre e este aos fornecimentos, mas os que foram extraídos destes últimos, foi porque foram encontrados na água, ou porque ocuparam os barcos, cujos marinheiros extraíram tudo na água, sem a ajuda de mergulhadores".

Quando o correio com esta carta tinha acabado de sair da cidade de Peniche, Muñoz Goosens escreveu outra:

"Aproveito a ocasião oferecida pelo expresso que vai chegar ao correio de ontem, para lhe dizer, em resposta à sua estimada carta de dia 16, que não pretendo de modo algum suspender os fundos do navio e por isso sempre disse que os tartans que servem para o efeito chegariam a tempo e até se serviriam deles para transportar as provisões (e até o cobre, se achassem conveniente) para Cádis; antes de tentar esta manobra é necessário extrair todo o tesouro e cobre que tem no navio, e não creio que se possa fazer em todo o mês de julho, embora os tempos ajudem.

Quanto ao perigo do trabalho, agora não há nenhum, pois reduz-se à simples tarefa de enganchar sete calabrotes para outros tantos barcos, os dois tartans nas cabeças e no decorrer do dia é varrido ou retirado do local em que, e debaixo das clareiras há prata solta e até caixotes, segundo o relato dos mergulhadores e de facto retiraram alguns deles.

Já que aproveito esta ocasião, gostaria para lhe enviar uma nota sobre o trabalho de hoje e, se o tempo estiver tão bom como parece estar até ao dia 30, quando poderemos aproveitar as boas marés, faremos bons progressos em direção ao sexto milhão.

A terra está avançada desde o dia 22, pelo que, segundo parece, o sexto milhão estará em breve pronto e também a carga de cobre para os tartans, com a qual tenciono transportá-la para Cádis, se não tiver contraordem, sendo o caminho mais seguro, mais curto e menos dispendioso.

Os mergulhadores malteses são regulares; trabalham nas mesmas condições que os outros: dois (também malteses) chegaram-nos de Lisboa, enviados pelo Capitão Geral da Marinha. São maquinistas, ou pretendem usar máquinas para extrair os canhões e as âncoras, mas chegam tarde demais para isso, pelo que me disseram que vão trabalhar no cobre. Veremos o que fazem amanhã. Receio que, ao verem os nossos marinheiros à procura dele, desistam da sua empresa, pois há alguns que chegam a tirar vinte placas."

A 23 de junho, em cartas confidenciais, Francisco Xavier Muñoz quer fazer ver ao capitão-geral do Departamento a sua extrema satisfação pelo encalhe dos fundos do navio tão perto da costa, quando ele foi tão cuidadoso devido à difícil combinação de mares calmos, tempo calmo, águas-vivas, as tartãs e a difícil preservação dos barcos naquele local.

"Do que foi retirado, verifica-se que os baluartes e as vergas do navio foram quebrados pela cruz, da popa à proa, com o peso do tesouro e do cobre, ficando apenas o que ocupavam, e o resto foi levado pelo mar, partindo-se o navio nos mastros de mezena e de proa.

Com esta variação plausível dos planos, tomará medidas para evitar despesas, como enviar os mantimentos e o cobre para Lisboa, pois sabe que lá se encontram as fragatas ou a urca recém-destinada, e também os tartans para Cádis.

Em meados de julho, o sétimo milhão de pesos poderá estar concluído, embora seja necessário muito tempo para completar todo o registo, embora nesse mês esteja livre de provisões e de cobre, se tiver os navios para embarque a tempo".

De acordo com uma comunicação de D. Pedro de Urraco, en-comendada pelo Consulado do Comércio de Cádis, os trabalhos de mergulho foram realizados em três campanhas, de 26 de março a 8 de novembro de 1786, de 5 de março a 1 de agosto de 1787 e de 10 de abril a 7 de novembro de 1788. Urraco, que se manteve no cargo graças ao forte apoio de ou-tros membros do Consulado, foi objeto de muitas críticas à sua gestão, a ponto de poder ter sido substituído na terceira cam-panha. Da mesma forma, Francisco Xavier Muñoz Goosens tinha tido alguns atritos com o comissário, uma vez que este último pôr de lado os serviços do contabilista Ramón Echevar-ría, que tinha desempenhado as suas funções durante 55 dias "com grande cuidado e honestidade", segundo Muñoz Goosens, "para colocar um sobrinho seu que, para essa tarefa, foi inútil".

Por outro lado, D. Francisco Xavier Muñoz Goosens propôs aos seus superiores, tendo em conta a necessidade e as vantagens da sua existência, a criação urgente de escolas de formação de mergulhadores em Cádis e no Arsenal de La Carraca e, uma vez conseguida, a extensão destes cursos de formação aos departamentos de Cartagena e Ferrol.

Moeda de ouro de Carlos III, de 1783

Moeda de ouro de Carlos III, proveniente do naufrágio do San Pedro de Alcântara, adquirida pela Câmara Municipal de Peniche e exposta no Centro Intergeracional (Centro Cultural e Biblioteca) de Peniche.

MEMÓRIAS E CELEBRAÇÕES

Entre as comemorações do naufrágio e da recuperação dos bens naufragados, as autoridades espanholas ofereceram uma missa solene com uma oração fúnebre na tarde de 23 de março e, a 27 de março, outra com um *Te Deum*, ambas na igreja central de San Pedro, em Peniche, uma para as vítimas e outra para os sobreviventes.

O governador da fortaleza enviou uma companhia de infantaria que, na esplanada em frente à igreja, disparou três tiros de espingarda e prestou homenagem ao comandante da expedição espanhola, D. Francisco Xavier Muñoz Goosens, enquanto os trabalhos de extração prosseguiam a um ritmo lento de duas horas por dia, pois o mau tempo impedia os mergulhadores de trabalhar.

Na igreja paroquial de São Pedro, foi celebrada uma missa e sermão *"com que a Nação Espanhola deu graças a Deus Nosso Senhor na vila de Peniche, pelo benefício de ter libertado grande parte das pessoas e riquezas do galeão São Pedro de Alcântara, perdido na costa da dita vila"*, sermão proferido pelo cónego Luís da Senhora do Carmo, a 12 de novembro de 1786:

"Ninguém melhor do que vós, vizinhos desta cidade, depois de se ter perdido nas costas dos vossos mares o galeão espanhol *San Pedro de Alcântara*, cujo resgate milagroso é objeto desta solenidade, consagrada pela nação mais católica ao Omnipresente; quem de vós, depois de terdes visto e sentido, maravilhados os contínuos prodígios, com que o braço invisível do Senhor quis salvar os que naufragavam para triunfo da sua Omnipotência? Ministros, tropas, pessoas, remédios, e quem quer que os prescreva e aplique a vós; provisões, invenções para o transporte, e até mimos e presentes com tudo o que é

SERMÃO
DA
FESTIVIDADE,
COM QUE
A
NAÇÃO HESPANHOLA
DEO GRAÇAS
A
DEOS NOSSO SENHOR
NA VILLA DE PENICHE

Pelo beneficio de ter livrado muita parte da gente,
e do cabedal do Galeão S. Pedro de Alcantara, perdido na Cofta da dita Villa:

RECITOU-O

DOM LUIZ DA SENHORA DO CARMO,

Conego Regular,

Aos 12 de Novembro de 1786.

LISBOA
NA REGIA OFFICINA TYPOGRAFICA,

ANNO M. DCC. LXXXVII.

Com licença da Real Meza Cenforia

necessário, foram vistos a renascer entre vós, a brotar do vosso próprio solo, os frutos laboriosos que ele gera; mal o galeão se extraviou, levantou o braço e o clamor terrível de tantas centenas de infelizes, que vos chamavam pelos vossos próprios nomes, como amigos e parentes já conhecidos, para os socorrer e salvar!

Com vista para o mar, um singelo cruzeiro junto à ermida com o mesmo nome da Cruz, comemora os marinheiros mortos e as vítimas de epidemias em Peniche.

Igreja Paroquial de São Pedro, Peniche. Retábulo-mor /Foto: FBA.

Fachada principal com átrio e escadaria da Igreja Paroquial de São Pedro, no centro da cidade de Peniche. / Foto: FBA.

Quem vos teria visto então, e poderia ter a glória de vos substituir, quando, precisando do necessário repouso, só o quisestes ter, cansando-vos cada vez mais em acariciar estes desgraçados! Ah, que conceito vos é devido, nobre povo desta Vila!

Nunca, porém, deixarei de me imaginar como tu eras: Uma noite mais escura, em que mais horrorizados do que as sombras, os gritos e as perturbações dos atingidos: batendo o mar furiosamente nas vossas costas.

Apesar dos maiores perigos que vos assaltaram, fossem os rochedos, as águas, o frio, os barcos, ou os próprios infelizes, que vos feriam sem querer, pela ânsia com que se agarravam a vós para fugirem, mostrastes-vos solícitos, piedosos e diligentíssimos, praticando tão raras ações e exercendo tantas virtudes, sem outro interesse que não fosse o de serdes humanos para com os vossos semelhantes. Isto nunca poderei esquecer para vos respeitar, e por muito menos que possa dizer-vos o que fostes para tantos miseráveis.

Sou feliz, feliz é esta vila! felizes os Portugueses todos, gloriosíssima Nação Espanhola, quando ouvindo hoje especialmente (depois das múltiplas, honrosas, públicas e particulares confissões, que tendes feito do abrigo e acolhimento que vos demos), quando, digo, ouvindo hoje levantar a vossa voz neste templo, no meio dos vossos próprios benfeitores, para agradecer a Deus o benefício que fez para salvar tanta gente e tanta riqueza do vosso galeão afundado, salientais ao mesmo tempo, quanto viveis gratos a esta cidade e a toda a Lusitânia. O próprio dia de hoje, doze de novembro, que escolhestes para a mais solene publicação da vossa honrosa e cristã gratidão, glorificando o céu e recordando juntos o que deveis a esta cidade, aumenta e eleva ainda mais o preço do vosso presente. Precisamente hoje, aniversário do vosso príncipe herdeiro, que a augusta casa dos nossos monarcas também celebra convosco, tanto pelas antigas alianças destes dois impérios, como pela mais recente feliz notícia da Sereníssima Infanta Dona Carlota, filha mais velha do mesmo príncipe, com o Sereníssimo Infante Dom Juan, segundo filho dos nossos Soberanos. //

Vistes como esta cidade, pequena no seu distrito como é, longe de se furtar ao incómodo de vos socorrer, vos tomou sobre os ombros, curou as vossas feridas, enterrou os vossos mortos, abriu as suas casas, e vos tratou, em suma, como vós éreis igualmente generosos e reconhecidos. // O Céu não quis que naufragásseis numa praia deserta, onde ninguém vos pudesse socorrer, nem noutras inundadas de bárbaros, que só se preocupavam num ambicioso roubo de tanto dinheiro, vidas e bens, sem defesa dos náufragos// Vistes, enfim, com o maior prazer, e a nossa glória, que nossa Soberana, tocada de

Capela dos Dores, de São Pedro, pago por Espanha, em honra de São Pedro de Alcântara

compaixão, que é natural para ele, e que de outra forma esteja atenta ao seu sangue real e augusta, advertindo muitas vezes os seus ministros, a quem tinha recomendado que vos ajudassem, com o zelo e a atividade com que vos deram".

O pragmatismo dos membros do Consulado do Comércio de Cádis obrigou a uma maior prudência nas manifestações de pesar pelos defuntos, encobertas pela alegria contida da recuperação das suas riquezas. Nos registos municipais da capital de Cádis não encontrei a mínima referência ao acontecimento nos anos de 1786 e 1787, nem mesmo a aceitação do mais que provável convite para os serviços religiosos realizados no convento de São Domingos, santuário da padroeira da cidade, Nossa Senhora do Rosário.

Só na Biblioteca de Temas Gaditanos *'Juvencio Maeztu'*, existe um exemplar, doado pela biblioteca privada do bibliófilo erudito Augusto Conte, com o sermão patrocinado pelo Real Tribunal del Consulado, celebrado a 14 de maio de 1787, pelas almas dos que pereceram no naufrágio da nau do Rei, *San Pedro de Alcântara*, e da nau *Vencejo*, ao largo de Peniche, no Reino de Portugal, proferido pelo padre Fray Juan López de Herrera, com a presença de Don Juan Felipe Oyarzabal como prior e dos cônsules Don Francisco del Valle e Don Juan Francisco Vea-Murguía.

O leitor sagrado, depois de várias explicações sobre as razões da Divina Providência para permitir os dois naufrágios, perguntou a si mesmo: "Posso pensar no susto, no tumulto, no clamor quando as ondas poderosas do mar destroem o navio? Mas não individualizemos objetos tão desagradáveis para a nossa imaginação.

Basta dizer que ouvimos com horror falar de pessoas de honra e distinção, que tiveram a sorte particular de ver suas vidas poupadas em meio aos maiores perigos, que apenas um milagre manifesto da Onipotência as preservou na triste gama de lágrimas, lamentos, gemidos e anseios dos infelizes que pereceram.

Também não me devo alongar sobre o segundo infortúnio do veleiro Vencejo, também da Real Armada. Vocês devem compensar com as vossas reflexões o que eu não tenho coragem de ponderar. Digo apenas que esta foi mais sentida e lamentada devido à circunstância fatal de ter salvo apenas quatro pessoas das cento e oito que constituíam toda a sua bagagem.

Mas se há alguma consolação a ser encontrada em tal infortúnio; se os irremediáveis infortúnios podem de algum modo ser

SERMON

QUE EN LAS SOLEMNES HONRAS,

QUE HIZO

EL REAL TRIBUNAL DEL CONSULADO

EL DIA 14 DE MAYO DE ESTE AñO DE 1787 EN el Convento del Santisimo Rosário y Santo Domingo de esta Ciudad de Cadiz por las almas de los que perecieron en el naufragio

DEL NAVIO DEL REY

SAN PEDRO DE ALCANTARA,

Y DE LA BALANDRA BENCEJO

EN LAS COSTAS DE PENICHE

DEL REYNO DE PORTUGAL,

DIXO

EL M. R. P. Fr. *JUAN LOPEZ DE HERRERA*, *Lector actual de Sagrada Teologia en dicho Convento, y Calificador del Consejo de la Suprema y General Inquisicion.*

SIENDO PRIOR EL SEñOR DON JUAN FELIPE de Oyarsaval y Olascoaga, Regidor perpetuo de la Ciudad y gran Puerto de Santa Maria, y Alguacil Mayor del Santo Tribunal de la Inquisicion ; y Consules los Sres. Don Francisco de Valle, y Don Juan Francisco de Veamurguia.

IMPRIMESE DE ORDEN DEL DICHO REAL Tribunal del Consulado.

***

CON LICENCIA :

EN CADIZ, POR *D. JUAN XIMENEZ CARREñO,* Calle de San Miguél.

moderados nos seus lamentáveis resultados, então creio que os mais favoráveis socorros e providências imediatamente prestados pela nobre nação portuguesa mereceram justamente os mais distintos louvores e um lugar na nossa memória, redobradas com as mais estreitas ordens da Sereníssima Senhora Dona Maria Francisca Isabel, Fidelíssima Rainha de Portugal e dos Algarves, e assim com real generosidade mandou esgotar todos os recursos do seu Reino em favor dos nossos infelizes náufragos. Sim, meus senhores. A memória destes benefícios viverá sempre em Espanha; e a posteridade recordará com esplendor os cuidados, atenções, caridade e outras brilhantes e benéficas ações dos nobres portugueses em favor dos espanhóis."

Vista de Peniche em 1786, segundo uma gravura feita para o sermão de maio de 1787, em Cádis.

VÍTIMA E CARCEREIRO, PRISIONEIROS

Embora despojado de todas as suas honras militares, Manuel de Eguía começou a fazer parte da população carcerária do Castillo de Santa Catalina, com algumas diferenças de tratamento por parte do governador e dos subalternos da prisão, em relação aos outros habitantes forçados do recinto, devido ao risco para a tranquilidade da prisão que representava colocar no mesmo espaço os peruanos que se tinham salvado do naufrágio e o que tinha de servir de carcereiro durante a dura travessia interoceânica do *San Pedro de Alcântara*.

Vista da ponte e da entrada do Castelo de Santa Catalina em Cádis.

Aí permanecerá durante um ano e meio, até setembro de 1787, com a ajuda do antigo padeiro do *San Pedro de Alcântara*, Juan de Grondona, genovês, que continuou ao seu serviço no Castelo de Santa Catalina.

Durante todo este tempo esperou uma resposta ao seu pedido de relaxamento da sua situação prisional, solicitando que, devido ao seu estado de saúde, o perímetro da sua prisão fosse alargado dos reduzidos limites do castelo a toda a cidade de Cádis, até ao cumprimento da sua pena, para o que apresentou numerosos atestados médicos. Nesse mês, D. Ramón Ribera, governador do Castelo de Santa Catalina, recebeu a ordem de libertação, uma vez ouvido o parecer do Conselho das Índias e a decisão do rei, pela qual, tal como tinha solicitado, a prisão foi alargada até aos limites do centro da cidade de Cádis, sob a palavra de honra de Eguía e com a obrigação de se apresentar diariamente ao chefe militar da Praça.

Pormenor da maqueta de Cádis. Capela de Santa Catalina, sem teto

A maqueta gigante de Cadis, no Museo Histórico Municipal de 1812

O mesmo tribunal que o condenou recomendou a revisão da sentença e, em maio de 1792, pediu clemência ao Conselho das Índias, que, por sua vez, solicitou ao rei que absolvesse o comandante Manuel de Eguía de todas as acusações que lhe eram feitas, *"restituindo-lhe o soldo e declarando-o digno da compaixão real pelo que sofreu no seu crédito, naufrágio e resultados, pela sua indemnização".*

Por obra do destino, o brigadeiro Manuel de Eguía partilhou as sólidas muralhas de Santa Catalina, de março de 1786 a outubro de 1787, com o jovem Fernando Túpac Amaru, que manteve prisioneiro no *San Pedro de Alcântara* desde abril de 1784 até à noite do naufrágio, vinte e dois meses depois, nas águas de Peniche.

Fernando Túpac Amaru não consta da lista dos 310 sobreviventes que se encontravam no convés do *San Pedro de Alcântara*, de quem falou o comandante Manuel de Eguía, na mais completo desconhecimento do que se passava à sua volta, numa vergonhosa estratégia de procurar culpados, chegando mesmo a atribuir o elevado número de mortos e desaparecidos, não à sua alegada irresponsabilidade, mas *à pressa das vítimas em nadar para a costa ou para os rochedos*. Outros não tiveram essa possibilidade, porque estavam algemados nos porões.

Apesar da sua tenra idade, o filho mais novo de José Gabriel Túpac Amaru era o objeto mais cobiçado pelas autoridades vice-reais, e deve ter sido ele que, no momento do naufrágio, sem as correntes que prendiam os restantes prisioneiros peruanos sob as águas, conseguiu sair da pequena enseada nessa madrugada, sem que ninguém lhe prestasse atenção ou se importasse com a sua identidade.

Pela primeira vez, encontra-se em liberdade absoluta, sem guarda, em terra firme após dois anos, mas num local desconhecido. Aí permanece até 6 de fevereiro, altura em que decide dirigir-se a um dos quatro postos de socorro estabelecidos: a casa do guarda ou "salva-vidas", perto ao Forte da Luz, e ao ilhéu da Papoa; o Hospital da Misericórdia; o Convento do Bom Jesus; ou a Fortaleza, o quartel da guarnição de Peniche. O jovem acreditava que em nenhum outro lugar poderia estar melhor do que entre os espanhóis, apesar de as gentes de Peniche terem aberto de par em par as portas das suas casas aos sobreviventes, fornecendo-lhes roupa, comida e alojamento.

Com o seu aparecimento naqueles momentos de tribulação, Fernando Túpac Amaru voltou a ser um obstáculo para os comandantes espanhóis, todos eles sob suspeita de responsabilidade no naufrágio. Detido na guarnição da fortaleza de Peniche, foi enviado para Cádis na primeira remessa de

sobreviventes na fragata *Colón*, que incluía o comandante e os oficiais do *San Pedro de Alcântara* como detidos, estes últimos com destino provisório ao forte de Puntal, na baía de Cádis, convertido em prisão para a ocasião, embora mais tarde tenham sido transferidos para o Castelo de Santa Catalina, recinto fortificado que remonta ao século XVI, convertido em prisão para altas patentes militares e pessoas importantes a partir de 1769, como aconteceu nos anos posteriores à proclamação da Constituição de 1812 e às revoltas entre liberais e absolutistas, que formara a enseada da praia da Caleta com o castelo de San Sebastián, prisão militar onde, desde fevereiro de 1785, se encontrava preso o pacífico Juan Bautista Túpac Amaru, meio-irmão do líder rebelde inca, entre outros prisioneiros peruanos.

Juan Bautista permaneceu no castelo de San Sebastián durante três anos, até ser enviado para a prisão de Ceuta, onde permaneceu até ao Triénio Liberal de 1821, cumprindo uma pena efetiva de trinta e seis anos de prisão, sem que nenhum crime a justificasse, a não ser o contínuo desgoverno de Espanha, a Guerra da Independência, o isolamento de Cádis, capital do reino entre 1810 e 1813, o absolutismo do nefasto rei Fernando VII e as convulsões políticas que favoreceram a sua libertação.

O conde de O'Reilly, governador da praça de Cádis, viu-se confrontado com a opção de depositar o jovem Fernando Túpac no castelo de Santa Catalina ou de o levar para o Hospício de Santa Elena ou Casa de Misericórdia, que acabava de ser tomado pela Coroa das mãos da Irmandade da Santa Caridade, a qual foi expulsa do centro e proibida de pedir esmolas para o Hospício, além de ser obrigada a suspender as recolhas que mantinham a sua economia, Foi impedida de realizar velórios públicos na Plaza de São João de Deus, no exterior da igreja, num barracão de madeira junto às casas do Cabildo, a única coisa que a Câmara Municipal e a Ordem Hospitaleira de São Joao de Deus, proprietária do edifício, lhe permitiram fazer para a inumação dos necessitados, dos condenados à morte ou dos cadáveres encontrados nas praias, como era habitual desde finais do século XVII.

Fachada do Hospício e Casa de Misericórdia de Santa Elena, um dos principais edifícios de Cádis.

Com estas limitações, a Irmandade da Santa Caridade, já sem a antiga sede oficial do Hospício, nem missão a cumprir, caiu no ostracismo, situação em que permaneceria durante os setenta anos seguintes, quando, com manobras que merecerão um estudo aprofundado, tentou construir *uma história imemorial* - que ainda proclama - ao sabor dos interesses do seu novo irmão mor em 1854, o advogado Lucas Tadeo Delgado, que habilmente reclamou como seus o Hospital e a igreja de San João de Deus de Cádis no Tribunal, bens apreendidos durante a exclaustração de conventos da Ordem Hospitaleira que tinha chegado a Cádis em 1586, quando não existia a *Muito Humilde Irmandade da Santa Caridade* e a única coisa a que podia aspirar num suposto direito, era o culto numa *só* das capelas do templo, a de San Miguel, por concessão da própria Ordem de San João de Deus em 1622, a Fernando Valladares, irmão mor da então recém fundada *Irmandade de San Miguel.*

O templo, o hospital e a Casa de Comedias de Cádis foram propriedade absoluta da Ordem de San João de Deus até à desamortização de Mendizábal em 1835.

A Casa de Misericórdia de Santa Elena, agora denominada *El Hospicio* ou *Valcárcel,* recebe um novo impulso da Junta Provincial de Beneficência, presidida pelo próprio conde de O'Reilly, que elabora um novo regulamento para a instituição, uma vez libertada do domínio da Santa Caridade.

No entanto, nessa altura, o Conde enviou ao Rei uma carta de demissão de todos os seus cargos, devido às enfermidades da sua idade, notícia que chocou a cidade de Cádis, por ser inesperada.

Quando a corporação municipal se reuniu, registou na ata da Câmara Municipal o seu pesar por esta demissão e a gratidão da cidade, com um relatório pormenorizado em que se reconheciam as dificuldades vencidas e a eficiência da gestão do Conde: "Com a sua presença, circunstâncias tão extraordinárias e críticas, que exigiram todo o seu vigor e dedicação para manter como constantemente o fez, a abundância de víveres nunca antes experimentada, a boa ordem e tranquilidade, o decoro nacional e a completa satisfação de locais e forasteiros, formam o testemunho mais desinteressado do seu desempenho.

Que da mesma forma se lhe dá conhecimento do agrado deste Cabildo pelas repetidas sessões realizadas neste mesmo lugar, sob a direção de S.E., para obter os mantimentos públicos com a abundância e comodidade de preços que as circunstâncias permitiram, não só durante a guerra e a extraordinária concorrência de pessoas que ela atraiu, mas em todos os momentos do seu governo, em que sempre se distinguiu o seu zelo pelo bem público, a constante aplicação que fez durante o seu governo pelo decoro e esplendor desta cidade: Um passeio público fora das suas muralhas, que lhe deu uma entrada decente e à vizinhança um alívio decente e justo dos apertos em que vive, um novo teatro nacional, construído ao esforço da sua atividade com o decoro e a extensão que é notória e que alia o conforto do público à decência, à segurança e ao bom gosto; o desejo constante da extensão desta cidade e do melhoramento da sua arquitetura civil, que deve ao seu cuidado e diligência notáveis progressos, e o zelo com que tem continuado o importante projeto da pavimentação das ruas, extraordinariamente avançadas, com novas e agradáveis execuções e a sua contínua e pessoal assistência às obras."

O Conselho Municipal reconheceu igualmente o papel social desempenhado por O'Reilly no comando da polícia, "para o alívio dos verdadeiros necessitados, a sujeição ou o destino dos viciosos, a aplicação aos preguiçosos, o trabalho aos que não o têm e procurá-lo aos jovens de ambos os sexos que dele necessitam".

A Corporação Municipal não esquece que no mandato do Conde de O'Reilly se procedeu à descoberta e reconhecimento do famoso aqueduto dos romanos, conservado em muitas partes na longa distância de catorze léguas das montanhas de Tempul, e a conhecida positividade da sua renovação, (que diminuiu notavelmente a dependência da cidade de Cádis da água potável que de outros lugares chegava a alto preço ao seu porto), e que a memória de S. E. será imortal nesta cidade, pelo sólido estabelecimento do Hospício e Casa da Misericórdia, obra da mais pura religião e polícia levada pelo esclarecimento deste Chefe a tal grau de perfeição, que causa admiração o sólido estabelecimento do Hospício e Casa da Misericórdia, obra da mais pura religião e polícia levada pela iluminação deste Chefe a tal grau de perfeição, que causa a mais agradável admiração desta vizinhança e de todos os forasteiros instruídos que frequentemente vêm a esta cidade".

Quando anunciou as suas intenções, recebeu imediatamente pedidos de outras autoridades para internar menores delinquentes e mulheres no Hospício de Santa Elena, aos quais se opôs, porque a presença destes indivíduos na instituição desvirtuaria o sentido de acolhimento e formação que pretendia dar-lhe, criando, além disso, uma situação difícil de convivência entre os residentes honestos e outras pessoas desenraizadas. Perante esta situação, decidiu que Fernando Túpac Amaru não podia ser uma exceção e devia ser admitido no Castelo de Santa Catalina.

Vista da cidade de Cádis a partir do castelo de San Sebastián, finais do século XIX. Em primeiro plano, o hospício; ao fundo, a torre de vigia de Tavira e a Catedral. Praia de La Caleta à esquerda, Oceano Atlântico à direita.

Conde de O'Reilly, governador e benfeitor de Cádis, no Museu das Cortes 1812

A parte mais dolorosa da história do conde de O'Reilly é, sem dúvida, a tentativa falhada de tomar Argel, em termos militares, e o infeliz acontecimento da queda da ponte que levava o nome de Ponte de San Alejandro, em Puerto de Santa María, no dia da sua inauguração, com numerosas vítimas entre o público que assistiu ao acontecimento. No entanto, como se pode ler nas atas de Cádis, a obra do governador foi imortalizada com a inscrição do seu nome numa rua e a sua marca foi deixada em numerosas obras públicas, entre as quais o abastecimento de água e a reconstrução do Teatro Principal de Cádis, um dos melhores da Europa, propriedade desde 1623 da comunidade da Ordem de São João de Deus e do seu hospital de Cádis.

O'Reilly deixou o cargo e foi logo sucedido por Don Antonio Oliver, que cumpriu apenas seis meses como Governador, quando morreu subitamente na sua casa em Cádis, em dezembro de 1786, seguindo-se um período de interinidade, com alguns meses sem qualquer autoridade que pudesse modificar a situação do jovem, que teve de permanecer no castelo de Santa Catalina durante um total de vinte e dois meses.

C.S.R.M.

1787. IX. 7

Señor.

Fernando Tupac Amaro, natural del Pueblo
de Pampamarca Provincia de Tinta en los
Raynos del Perú Preso en el Castillo de S.ta
Catalina, puestos a los R.s pies de V.M. con
su mayor rendimiento dize: que por Sentencia
de la R.l Sala del crimen de la Ciudad de
Lima ha sido remitido el Suplicante con los
demas Presos à este Puerto de Cadiz à dispo-
cicion de V.M. sin otro delito, ni mas causa,
que el de haver sido uno de los Hijos menores
de Josef Gabriel Tupac Amaro; pues en el proce-
so que sele ha formado no se encuentra absoluta—
mente ni aun siquiera apariencia de delito, sino
solo el ser Hijo de tal Padre: por que su inocen
cia ha estado siempre encerrada en el clau-tro
sagrado de su puericia, sin otro conocimiento de
lo que pasa y succede en el Mundo, que el de co
rrer tras las Mariposas, embevido en estos
y otros entretenimientos de la Infancia.

Siendo esta la unica causa de la prision
del Suplicante, ya se deja considerar la pena y
dolor q.e siente al considerar, que al abrir el
boton de la flor de su edad en lo mas risueño

300

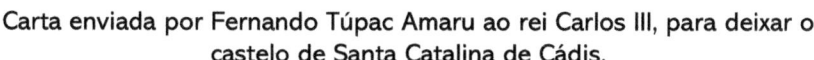

Carta enviada por Fernando Túpac Amaru ao rei Carlos III, para deixar o castelo de Santa Catalina de Cádis.

Com a ajuda e o conselho do capelão militar da prisão de Cádis, o jovem Fernando Túpac Amaru decidiu escrever uma carta autógrafa de súplica ao velho rei Carlos III, no último ano do seu reinado, que se conserva no Arquivo Geral das Índias:

"Senhor:

Fernando Túpac Amaru, natural da vila de Pampamarca, província de Tinta nos Reinos do Peru, prisioneiro no Castelo de Santa Catalina, colocado aos Reais Pés de Vossa Majestade com o seu melhor desempenho, diz:

Que por sentença da Real Câmara do Crime da Cidade de Lima o suplicante foi enviado com os outros prisioneiros para este porto de Cádis à disposição de Vossa Majestade, sem qualquer outro crime ou causa que não seja o de ser um dos filhos menores de Josef Gabriel Túpac Amaru, já que no processo que se formou contra ele não há absolutamente nem sequer a aparência de um crime, mas só o de ser filho de tal pai; porque a sua inocência esteve sempre encerrada no claustro sagrado da sua infância, sem outro conhecimento do que acontece e sucede no Mundo, que o de correr atrás das borboletas, imerso neste e noutros divertimentos da infância.

Sendo esta a única causa da prisão do suplicante, já é possível considerar a tristeza e a dor que ele sente ao considerar que, ao abrir da flor da sua idade na parte mais alegre da prisão, um vigoroso inverno vem sobre ele (por uma desordem da Natureza) no qual ele geme, regando continuamente com a torrente fluente de suas lágrimas o fruto amargo de seus grilos e correntes, que ele encontrou na terra de sua natureza não por sua própria obra, mas por ser apenas descendente de uma linhagem como a raça humana é do primeiro pai Adão.

No discurso de quatro anos e meio que esteve preso sob rigorosa captura, são indizíveis os sofrimentos do peticionário em terra e no mar, que lhe causaram algumas doenças habituais, sem poder recuperar a saúde de modo algum, e muito mais com a estreiteza do confinamento contínuo que sofre numa masmorra muito húmida no dito Castelo de Santa Catalina durante um ano e meio, sem outra esperança senão a de entregar a sua vida à violência da sentença, consumido pela miséria como tem acontecido aos outros presos, especialmente aos quatro que morreram neste castelo. Por todas estas razões e outras que omite:

Pede e suplica humildemente a Vossa Majestade que, tendo em conta os motivos e causas deduzidos, se digne mostrar misericórdia e compaixão para com um vassalo rendido e submisso, que implora a vossa real clemência com os mais vivos sentimentos de dor, certo de que a vossa soberana bondade deve ser movida à compaixão, ao ver um homem inocente sofrer um martírio tão prolongado por nenhum outro crime senão o de ter nascido. Mas, para a sua indemnização, nada mais deseja o suplicante do que render-se à sua real determinação com profunda obediência, pois só ela lhe prendeu os pés e as mãos mais do que as prisões, por não ter usado a sua liberdade, que lhe foi concedida no Reino de Portugal por ocasião do naufrágio da nau *San Pedro de Alcântara*, pois não houve quem pedisse pelo suplicante nos três dias em que esteve livre, até que ele se fez presente, na plena confiança da sua inocência e na piedosa bondade de Vossa Majestade, e jura por Deus Nosso Senhor e em sinal da Cruz, ser verdade tudo o que foi referido. Castelo de Santa Catalina e 7 de setembro de 1787.

Fernando Túpac Amaru".

O Castelo de Santa Catalina em Cádis era apenas uma prisão para militares de alta patente e personagens ilustres. Foi o caso nos tempos turbulentos do absolutismo (1814-1823), na ditadura de Franco (1940-1975) e no golpe de Estado frustrado de 1981.

FERNANDO, NAS ESCOLAS PIAS

A carta do jovem Fernando Túpac Amaru enviada a Sua Majestade não teve resposta direta, mas houve uma resposta geral sob a forma de Ordem Régia, que o governador de Cádis tornou pública com os nomes dos presos nos castelos de Santa Catalina e de São Sebastião, na cidade, que deviam ser libertados ou transferidos para outra prisão, as quantias que lhes eram atribuídas para a alimentação e os locais onde deveriam residir, com exceção de Fernando Túpac Amaru, a quem foram atribuídos, sem o tornar público, 9 reais por dia, a pensão individual mais elevada, sendo enviado para o Colégio Piedoso (Padres Escolapios) de Getafe, em Madrid, e das duas raparigas Paula de Castro e María Luque, ambas enviadas para o chamado Colégio de Monterrey, (*Colégio Real de Ntra. Sra. del Patrocinio y Amparo*, para meninas órfãs), também em Madrid. Este nome foi dado ao colégio quando este se mudou em 1719, do local da sua fundação, para as casas pertencentes ao Condado de Monterrey, título ligado aos Duques de Alba.

Os restantes foram distribuídos por várias regiões de Espanha: Sebastián López Armijo, com 8 reais por dia, para Valladolid; Miguel Bastidas, a mulher e o filho, para Saragoça, com 16 reais por dia; Pedro Nolasco Zimbrón, com seis reais, para Burgos; Nicolás Victorino, para Daroca, com seis reais; Juan Bautista Túpac Amaru, para a prisão de Ceuta, com seis reais; Francisco Ruano, com outros seis reais, para Ciudad Rodrigo; Francisco de Castro para Zamora com a mesma quantia e José de Castro, para Lérida, com seis reais.

Vista geral do edifício das Escolas Pias de Getafe, propriedade dos Escolapios.

Em cumprimento da ordem real, Fernando ingressa no colégio escolápio de Getafe a 7 de maio de 1788, facto que se encontra registado no Livro de Despesas dos Escolares[51]:

"Don Fernando Túpac Amaru, natural de Pampamarca nos Reinos do Peru, filho de Dn. Jph. Túpac Amaru e Dna. Micaela Bastidas, falecidos, entrou na colegiada a 7 de maio de 1788, por ordem do Rei, que lhe paga a alimentação à razão de 9 reais por dia e irá para o Señor Dn. Antonio Porlier, Ministro da Graça e Justiça das Índias. Pagou a primeira terça parte de algumas despesas: 1.097 reais".

Ao contrário dos 'historiadores', e daqueles que interessadamente os copiam ou seguem, que se queixam com evidente má-fé do suposto mau tratamento dado a Fernando Túpac nas Escolas Pias de Getafe, é obrigatório publicar os pormenores das despesas que o jovem fez nos quatro anos da sua permanência na referida escola, onde teve cobertos, para além da alimentação e vestuário essenciais e dos agasalhos, numerosos caprichos pessoais, viagens e luxos, como atestam as cópias dos manuscritos do livro de despesas:

Primeira página do livro de despesas das Escolas Pias de Getafe, dedicado a Fernando Túpac Amaru, do Arquivo da Província Betânia dos Escolapios de Madrid.

Fernando Túpac Amaru não se privou de pequenos caprichos durante a sua estadia em Getafe, Madrid.

As duas semanas de férias de agosto foram utilizadas para reembolsar os dias de alimentacão cobrados. Livro de contabilidade das Escolas Pias de Getafe.

Prova da saída de Fernando Túpac Amaru das Escuelas Pías de Getafe em 17 de junho de 1792, com boas notas e sem dívidas.

De 9 de setembro de 1788 a 1 de janeiro de 1789, gastou 1.080 reais em alimentação; e comprou também uma bota, um lenço preto, um canivete, uma tesoura, uma fita para o cabelo, uma cama pintada de verde (a mesma cor da cama da sua casa em Tungasuca), uma manta de Palência; sete varas e meia de camelote para o vestido e 9 varas e meia de sarja; forros para as calças e entretelas para o vestido. Nos mesmos meses, adquiriu sarja de seda e botões, forros para vestidos, um jogo de fivelas, 17 varas de principela para capa, e forros; lã para dois colchões e coberturas; terliz e forros; 17 varas de sarja para dois vestidos, forros para as chupas, forros para os calções e dois coletes, dois pares de dragonas, botões, seda e cordel para os vestidos diários, obra para os dois vestidos, três pares de sapatos, alguns cartapácios, um livro de *Arte Poética,* um *Catecismo,* um *Calepino,* um *Thesaurus,*

ARTE POETICA
ESPAÑOLA,
CON VNA FERTILISSIMA SYL-
ua de Confonantes Comunes, Proprios, Efdruxu-
los, y Reflexos, y vn diuino Eftimulo
del Amor de Dios.

POR IVAN DIAZ RENGIFO,
natural de Auila.

DEDICADA A DON GASPAR DE
Zuñiga y Azeuedo, Conde de Monterey, y feñor de
la cafa de Viezma y Vlloa, &c.

CON LICENCIA.
En Madrid, por Iuan de la Cuefta.

AÑO M.DCVI.
A cofta de Blas Gonçalez Pantoja, mercader de libros.

Primeiro e Segundo volumes da *Coleção,* dois bulas, uma viagem a Aranjuez, importando tudo até janeiro de 1789, a quantia de 2.906 reais.

Desde essa data até maio do mesmo ano, as despesas foram: três varas de bayeton para uma chupa, botões, seda e cordel, costura, uma rede para o cabelo, lenço e meias, um par de meias, um par de sapatos e conserto de outros, um catecismo, alimentação até 7 de maio de 1789, e vinte reais para emergências, num total de 1.341 reais.

No trimestre seguinte, as despesas aumentaram, tendo-se verificado gastos com franquias postais e outros significativos, tais como três varas de pano para traje militar, quatro varas e

meia de sarja para forros, lona para forro de calções, seda de
torzal e obra, seis varas de pano para capa, veludo para casaca,
pano para chupa e calção, forros para chupa e calção, obra
para os ditos e capa de seda de torzal, um lenço, uma corunha
para remendar, dois touros, pano para capa e calções diários,
forros para capa e calções, obra dos ditos capotes e capa de
seda torzal, um lenço, uma corunha para remendar, dois bulas, chocolate e refrescos quando esteve doente, remendo de
uns sapatos e comida até ao dia 7 de setembro de 1789, 1.825
reais, tudo pago pontualmente até essa data. Três dias depois,
envia uma carta ao Ministro da Graça e Justiça, António Porlier:

"Senhor:

A bondade inata de V.E. Animo-me a incomodar a atenção de
V. Ex.ª, suplicando-lhe humilde e encarecidamente que se
digne conceder-me a ida ao Colégio Lavapiés desta Corte, na
companhia do meu pai Mestre, nos quatro dias da função em
que se celebra a coroação dos meus mui católicos Monarcas,
que Deus me guarde, o que me servirá de grande alívio e novo
estímulo para empreender o curso de Filosofia, que se iniciará
no próximo mês, tendo em vista que tenho a aprovação do meu
Mestre, de que estou suficientemente instruído nos respetivos
ramos da Gramática, Retórica e Poética.= Uma singular mercê
que espero das mãos liberalíssimas de V. Ex.cia, cuja vida peço
incessantemente ao Senhor a conserve no seu maior auge de
grandeza por muito longos anos. = Getafe Escuelas Pías, 10 de
setembro de 1789. B.L.P. de V.E. seu muito humilde e dedicado servidor. Fernando Túpac Amaru.

O pedido foi aceite, mas Fernando fingiu ter sido recebido pelo
ministro:

"Senhor:

Não obstante ter-me apresentado em casa de V. Ex.cia, como
era de direito, logo que cheguei à Corte, acompanhado do meu

Padre Mestre, não tendo podido, por causa das muitas ocupa-
ções de V. Ex.cia, agradecer pessoalmente a concessão dos
quatro dias, agora, com o devido respeito e gratidão, dou os
mais sinceros e eternos agradecimentos por tão singular
mercê, em cuja retribuição prometo insinuar-me cada dia mais
no paternal afeto de V. Ex.cia com as notícias da minha boa
conduta. Entretanto, peço a Deus Nosso Senhor que conserve
a vossa vida por muitos anos. Getafe e Colégio da Pia Escola,
28 de setembro de 1789. B.L.P. de Vossa Excelência, seu muito
humilde e atento servidor = Fernando Túpac Amaru."

A lista de despesas continua destacando-se o encargo com as
despesas nas funções reais em Madrid, em que investiu 125
reais; três pares de meias, três mudas de corunha; corunha
para remendar, algumas dragonas, um lenço, três pares de sapatos, uma libra de chocolate e dois volumes de *Coleção* e
Retórica. No total, 1.564 reais.

No período até maio de 1790, as despesas são com fivelas, um
gorro e um canivete, linho para soletas para o ano, três pares
de sapatos, *Curso de Filosofía*, *Sinónimos*, *Arte Poética*, de *Rengifo* e alimentação até essa data, no valor de 1.316 reais.

Desse mês até setembro de 1790, as despesas foram com quatro faixas de cotonetes, três pares de meias, três pares de
peúgas, dois pares de calças, uma gravata de seda, fivelas e
dois pares de dragonas, quatro pares de sapatos e compostura,
dois bulas e comida, no valor de 1.515 reais.

A conta das despesas, até 7 de janeiro de 1791, era a habitual
de 1.080 reais para alimentação e, além disso, dois pares de
sapatos e remendos, sete varas e meia de principelle fino para
um vestido, seis varas e meia para forrar o vestido, cinco varas
de linho para forrar as calças e entretelas; os recados e alfaia-
taria, dois lenços, dois pares de meias, um jogo de fivelas, uma
camisa, uma borla para o gorro, uma corunha para remendar,
despesas extraordinárias no dia do seu santo (56 reais),

despesas com uma charrete para ir a Madrid e aos banhos durante doze dias e um chapéu, no total 2.131 reais.

Calções de pano de Segóvia, um par de meias, dois pares de sapatos, dois bulas, despesas de quando esteve doente, correio, *Costumbres de los romanos*, colchões e víveres até setembro de 1790, totalizando 8.054 reais, aos quais se juntam dois pares de sapatos e compostura, correio, corunha e uma dúzia de botões, e 17 dias de comida desde o dia 13 de agosto, quando partiu, até ao fim do mesmo, que tinha pagado, subtraindo 44 reais, que o Padre Mestre lhe perdoou, são deduzidos a seu favor.

No livro de despesas da Escola, a familiaridade chega ao ponto de não ser mencionado pelo nome, mas como *Tupacamaro Chico*, e as despesas dividem-se em duas varas e meia de bayeton, quatro varas de sarja para forros, três varas para forros e entretelas, recados para o vestido, fita para o gorro e algumas ligas, um par de meias e algumas fivelas; três mudas de linho, três pares de meias, duas varas e meia de terna fina para calções, duas veras e meia de corunha para forros, fita para o gorro e algumas ligas; um par de meias e fivelas; três mudas de linho, três pares de meias, recados, trabalhos manuais e corunha para os remendos; em recados para tudo e seu fabrico; sete pares de sapatos e comida de maio a setembro de 1791, no valor total de 3.572 reais.

A 15 de julho, uma carta do Reitor das Escolas Pias de Getafe, indica que, a 2 de junho, informava que *"Fernando Túpac Amaru, natural do Reino do Peru, depositado por ordem de Vossa Majestade naquela Casa, estava bem instruído em ler, contar e latim, únicas faculdades que ali se ensinavam, para que Vossa Majestade pudesse decidir sobre o destino deste jovem como bem entendesse"*.

Nos dias seguintes, e em várias consultas, perguntaram a Fernando se tinha alguma inclinação para o estado eclesiástico, indicando que *"Deus não o chamou para isso"*.

O ministro, seguindo as instruções do monarca, pediu ao reitor que voltasse a explorar o jovem, sobre a sua escolha de uma carreira secular para a qual pudesse ser mais adequado, respondendo que o jovem não tinha outra vontade senão a do rei, com uma inclinação para continuar em qualquer cargo, sujeito ao que ele quisesse dispor dele.

A partir de janeiro de 1792, as despesas do semestre incluem um gorro com borla e fita, três pares de sapatos e a bula; linho, botões e corunha para remendar; ligas, três pares de fivelas e dois lenços; três pares de meias e dois lenços da China; dois pares de meias finas; uma vara de pano cor de vinho para calções; três varas de linho para o forro dos calções; recados e obras para os ditos calções; corunha para três camisas e três calções; seis varas de pano azul para capa; veludo carmesim para casaco; dois pares de dragonas de aço; em extraordinário; num par de meias, quatro varas e meia de sarja de Guadalajara para a casaca e calções; duas varas de sarja inglesa para o forro; três varas de corunha para o forro dos calções e entretelas da casaca e obra; recados e corunha para remendar; quatro pares de sapatos.

Em 17 de junho de 1792, Fernando Túpac Amaru deixou a escola de Getafe para ingressar na escola de Lavapiés, também pertencente às Escolas Pias, no centro de Madrid, e mais tarde completou os seus estudos na escola de San Isidro el Real.

Aos vinte e três anos, Fernando continua a negar a possibilidade de uma vocação eclesiástica e insiste em ocupar um lugar no Ministério da Graça e da Justiça, mas um relatório interno desse ministério afirma: "A sua cabeça é um pouco exaltada. A sua capacidade e juízo não excedem a medida comum dos peruleros: muita vivacidade, pouca reflexão e menos energia de carácter". E assinala-se que o destino ideal poderia ser um emprego no Tesouro Real, fora de Madrid, *para amortizar o fogo fátuo da sua imaginação*, indicando o mesmo relatório que, no Ministério da Graça e da Justiça, *não há destino adequado em*

Espanha para o seu caso e circunstâncias, contemplando como solução proporcionar-lhe uma pensão de sete mil reais por ano, aproximadamente metade do custo de continuar os seus estudos no Colégio.

Em fevereiro de 1793, o rei concedeu a Fernando Túpac Amaru mais dois mil reais, ou seja, uma pensão de nove mil reais, enquanto se procurava um destino adequado para ele.

Aquando do pagamento, o Tesouro reteve 50% do imposto de meia anuidade, uma retenção que até o Ministério da Graça e da Justiça considerou inadequada, uma vez que se tratava de uma pensão temporária. A retenção foi suspensa e o montante total foi pago.

Começaram a surgir credores que confiavam na solvência de Fernando e na segurança da sua pensão, que não o era, porque, embora o montante fosse superior ao que os funcionários públicos recebiam, o dinheiro não era controlado.

Fora das Escolas Pias de Lavapiés, não conseguiu o emprego que desejava.

A própria Secretaria de Estado da Graça e da Justiça indica num relatório que *"vagueia à sua vontade por Madrid e não há registo de apreensão da sua pensão"*.

Fernando Túpac Amaru insiste numa outra carta em que alerta para a sua precária situação económica, para o cerco dos credores, (chegando alguns a reclamar essas dívidas através dos tribunais e do próprio Ministério), e para a necessidade de tomar os banhos de Sacedón[52], na província de Guadalajara, um pedido obsessivo, pelos seus benefícios e pela possível relação com os doentes ilustres que o frequentavam, mas estes pedidos, repetidos até junho de 1798, alertando inclusivamente para o facto de o seu estado de saúde o ter levado a mandar administrar-lhe os Santos Sacramentos não foram tidos em conta pelo Ministério, que lhe recomendou *que fosse aos banhos de Sacedón se lhe apetecesse, mas pagando as despesas com a sua pensão.*

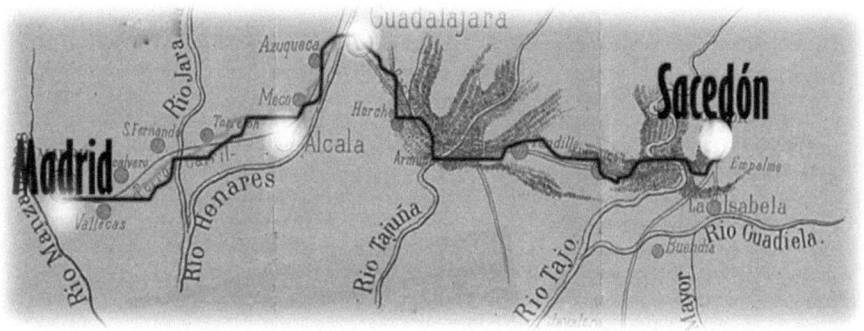

Itinerário entre Madrid e Sacedón para o qual Fernando Túpac Amaru alugou um carrinho. Um filho do rei Carlos III tomou banho no mesmo balneário.

A 15 de julho, enviou o seu último pedido e, trinta e quatro dias depois, foi confirmado o seu falecimento e o Ministério arquivou o processo.

Existe um registo de óbito e sepultura na paróquia de San Sebastián[53] em Madrid, elaborado *ad hoc* em data recente (30 de julho de 2020), certificado com os selos da referida paróquia, do Arcebispado de Madrid e do Consulado Geral do Peru, onde se estabelece que Fernando Túpac Amaru residia na rua Minístrales (*sic*) Ministriles[54], e faleceu a 30 de julho de 1798, recebendo sepultura e enterro por esmola. O príncipe inca tinha morrido.

O NAUFRÁGIO NA GAZETA DE LISBOA

A Gazeta de Lisboa, órgão oficial do governo português, publicou a primeira notícia do naufrágio na sua edição de 7 de fevereiro:

"De Peniche chegou a notícia de que um navio espanhol, vindo de Lima, naufragou naquela costa, na noite de 2 para 3 do corrente mês. Apesar dos rápidos socorros que foram prestados pelas providências do Juiz de Fora daquela vila, já pereceram 180 pessoas, entre as quais se salvou um fidalgo espanhol com seu filho, e ainda se considera possível recuperar o navio. Aguardam-se notícias mais pormenorizadas sobre este triste acontecimento".

La Gazeta publica um pequeno artigo a 10 de fevereiro:

"Sabe-se agora com mais certeza, e com menos sentimento, que não foram mais de 160 as pessoas que pereceram no naufrágio da embarcação espanhola, ocorrido ao largo de Peniche. Uma descrição exata da tripulação, carga e outras circunstâncias do referido navio será dada no segundo Suplemento".

De facto, na sua edição de 11 de fevereiro, a Gazeta publicou:

"Relação das pessoas que se salvaram do naufrágio do navio de guerra espanhol *San Pedro de Alcântara*, ocorrido na noite de 2 do corrente, e das que pereceram no mesmo, com outras circunstâncias:

Salvo: Oficiais de Guerra.

Comandante, Brigadeiro Manuel de Eguía. Capitão de fragata, José de Roxas, tenente de marinha, Miguel Emparan, tenente de fragata, Francisco Quesada; alferes de marinha, José de los Ríos; 2 capelães, 1 piloto, 1 piloto, 1 médico, 1 cirurgião. O Mestre de Prata, Gaspar Amenábar.

Responsáveis pelos transportes:

Ajudante-mor, Antonio Bello; tenentes, Manuel Planellas, Manuel Herrera, Azido Clavero, Luis Manterola; alferes, Eusebio Urrutia. 16 oficiais da marinha, 277 passageiros e guarnição.

MORTO

Comandante, Francisco Verdesoto; Tenente Comandante, Conde de San Xavier; Tenente Comandante, Pedro Revuelta, Vicente de Vargas; António Ledesma. Alferes, Francisco Ordóñez. Contabilista, Pedro Santestillano.

Oficiais de transporte: Capitão de Artilharia, Sr. José Rus. Tenentes, Sr. Atanasio Reyes, Sr. Domingo Guerrero, Sr. Hugo O'Falvey; Alferes, Sr. Luis Benavente.

Passageiros: Tenente-coronel Nicolás Marnara, com mais cinco membros da sua família. Um padre agostiniano; D. Ambrosio González, e 140 homens entre bagagem e guarnição".

O relatório desse dia termina com um resumo numérico das pessoas salvas e mortas, indicando que o navio transportava um total de 470 pessoas.

"Acredita-se que esta lista era exata quando foi enviada de lá, mas sabe-se agora com prazer que o número dos que pereceram está a diminuir todos os dias, porque algumas pessoas que se pensava estarem mortas estão a aparecer vivas.

O navio vinha em mar aberto e, portanto, procurava terra, mas diz-se que o piloto, apesar de algumas pessoas julgarem que a costa devia estar próxima, pensava que estava muito longe dela, até que o navio bateu no fundo.

A esperança de o recuperar está agora perdida, mas os efeitos que transportava estão a ser salvos e grande parte do dinheiro está a ser poupado. Há quem diga que, na maré baixa, é possível ver as caixas no fundo.

Os que escaparam ao naufrágio reconhecem a humanidade com que os habitantes de Peniche vieram em seu auxílio, liderados pelo Juiz de Fora daquela Vila, tendo concorrido para o efeito com as ordens da Corte.

Sua Excelência o Embaixador de Espanha tomou com solícita prontidão as medidas exigidas pelo caso, mandando fornecer aos que escaparam roupas e outras coisas necessárias".

Na edição de 17 de fevereiro, a Gazeta inseriu uma nota que dizia: *"Continuam os trabalhos para retirar do fundo do mar a carga do navio espanhol que se afundou em Peniche; esperam agora no local duas fragatas da mesma nação, que de Cádis virão em socorro dos infelizes"*.

A 21 de fevereiro, o mesmo jornal oficial noticiava a chegada das fragatas: *"Entraram neste porto de Lisboa, no dia 17 deste mês, as duas fragatas espanholas, a Assunção e a Colón, que vieram de Cádis em socorro dos tripulantes da mesma nação que naufragaram na costa de Peniche"*.

Em 3 de março, a Gazeta de Lisboa inseriu uma notícia de 17 de fevereiro em Madrid:

"O Conde de Fernán Núñez, embaixador do Rei na Corte de Lisboa, comunicou a S. M. a desagradável notícia de que, na noite de 2 de fevereiro do corrente ano, o navio de guerra do

Rei, denominado *San Pedro de Alcântara*, comandado pelo Brigadeiro Manuel Eguía, se perdeu perto da cidade de Peniche, na costa de Portugal, e que o Vice-Cônsul da Nação, o Governador e o Juiz de Fora da referida cidade assistiram ao desastre com grande fervor. O referido Embaixador, depois de elogiar os dois Secretários de Estado, da Marinha e da Guerra e o Intendente Geral da Polícia, que até se anteciparam às ordens com que S.M. Fidelíssima mandou tomar as mais prontas providências, que o caso exigia.

O Geral Duque de Alafões, que além de prestar com a maior prontidão tudo o que dependia do seu comando, chegou a oferecer a sua própria casa ao comandante e oficiais, e os habitantes de Peniche, que se distinguiram na assistência e socorro, com a mais ativa caridade, aos infelizes náufragos, conclui dizendo que, no meio do sentimento que um acontecimento trágico inspira, os traços de humanidade, que dão honra à virtude, são de grande consolação. A memória da benéfica hospitalidade dos portugueses será sempre muito agradável aos espanhóis".

No dia 4 de abril, o diário lisboeta afirmava:

"Escrevem de Peniche que os espanhóis que ali se encontram, por ocasião do naufrágio ocorrido recentemente, celebraram solenes exéquias no dia 23 do mês passado, com missa e oração fúnebre pelos seus companheiros que pereceram no dito naufrágio. No dia 27, deram graças ao Todo-Poderoso pelos que se salvaram daquela desgraça, com uma missa solene, *Te Deum* e panegírico sobre o assunto.

O Governador daquela praça, querendo contribuir para a solenidade do acontecimento, mandou comparecer uma Companhia de Infantaria, dando três descargas e honrando o capitão de mar D. Francisco Muñoz, comandante dos ditos espanhóis.

A extração do tesouro continua com toda a atividade e bons resultados, apesar do mau tempo, que interrompe o trabalho dos mergulhadores, que em vários dias não puderam realizar o seu trabalho e noutros mal o fizeram durante duas horas. No entanto, até ao dia 31, foram salvos 7.302.766 cruzados".

LISBOA 4 de Abril.

Escrevem de *Peniche*, que os *Hespanhoes* que alli se achão, por occasião do naufragio ha pouco succedido, fizerão celebrar no dia 23 do mez passado exequias solemnes, com Missa e Oração funebre pelos seus companheiros, que perecêrão no dito naufragio. A 27 rendêrão graças ao Omnipotente pelos que se salvárão daquella desgraça, com huma Missa solemne, Te Deum, e Panegyrico relativo ao assumpto.

O Governador daquella Praça, desejando contribuir para a solemnidade daquelle acto, mandou huma Companhia d'Infanteria para assistir a elle, dando tres descargas, e fazendo as honras Militares ao Capitão de Mar D. *Francisco Muñoz*, Commandante dos ditos *Hespanhoes*.

A extracção do thesouro se continúa com toda a actividade e bom successo, a pezar do máo tempo, que interrompe o trabalho dos buzios : os quaes em varios dias não tem podido executar a sua: operação, e em outros apenas praticalla por duas horas. Não obstante até o dia 3 se tem salvado 7:302☉766 cruzados.

.. O cambio he hoje na nossa Praça. Para Amsterdam 49. Genova 680. Londres 66 ¾. París 438.

Na edição de 7 de abril, a notícia de Espanha é bem diferente: "A Condessa de Fernán Núñez, embaixadora de Espanha, deu à luz, feliz, um menino na manhã de 3 de abril".

402   MERCÚRIO HISTÓRICO

sabe que se van verificando las fundadas esperanzas de salvar todo el tesoro del navío naufragado en Peniche, aun antes de lo que podia creerse. El infatigable zelo é inteligencia del Capitan de Navío D. Francisco Muñoz y Goossens, á quien S. M. fió enteramente el desempeño de este importante encargo, trabaja en él sin cesar; y aprovechando, á pesar del mal tiempo, quantos momentos son posibles, llevaba ya extrahidos dos millones, novecientos y quatro mil setecientos y tres pesos fuertes desde el dia 17 del pasado hasta el 15 de éste, en 48 horas de trabajo interrumpido que han podido aprovecharse. Los Ministros de la Contratacion y Diputados del Comercio de Cádiz, que han pasado de orden de S. M. y por disposicion de dicho Comercio á Peniche á recaudar los caudales que se salven, los irán remitiendo á Cádiz con toda brevedad á proporcion que se extraygan, á fin de que quanto antes disfruten los interesados de sus caudales, y padezca menos el Comercio, dando desde luego la posible circulacion à una suma tan crecida, que hace tanto tiempo esperaba.

Deseando la piedad del Rey el destino mas ventajoso y útil de los caudales de la Real Compañia de fábricas y comercio de San Fernando de Sevilla en beneficio de

Uma página do Mercúrio Histórico de Madrid/ Hemeroteca Digital BNE.

No dia 25 de abril, a Gazeta de Lisboa informava que *"Nos dias 16 e 20 deste mês chegaram a esta cidade dois carregamentos do dinheiro que se salvou em Peniche da nau espanhola que naufragou na sua costa, e no dia 21 partiram para Cádis as duas fragatas de S. M. Católica denominadas Assunção e Colón, com um milhão de pesos cada uma. A perda com que a dita localidade se viu ameaçada por aquele naufrágio foi consideravelmente diminuída pelo paternal cuidado de S. M. Católica, pelas sábias disposições dos seus ministros e pelo incansável zelo das pessoas que se ocuparam em salvar e transportar aquele tesouro. O total extraído até ao dia 19 do corrente ascende a 4.066.585 pesos"*.

O diário oficial indica 2 de maio:

"O tempo voltou a ficar muito tempestuoso nos últimos dias, com repetidos aguaceiros. De Peniche recebemos a triste notícia de que um saveiro espanhol de 18 peças, que ali se encontrava pronto para zarpar para Cádis, com vários objetos dos que tinham sido retirados do outro navio, que naufragou no mesmo local, teve as suas amarras quebradas pela força da tempestade, às onze horas da noite do dia 28 do mês passado apesar de toda a ajuda que tentaram prestar.

A guarnição da Praça com o seu Governador, Juiz de Fora e Alfândega, todos os marinheiros espanhóis e muitos vizinhos acorreram apressadamente à praia, mas foi apenas para terem a angústia de verem perecer o navio e a tripulação, sem poderem socorrer-se, pois a maré baixa tornava impraticável qualquer auxílio. Morreram afogadas nesta desgraça 92 pessoas, entre as quais o comandante e dois oficiais subalternos, e apenas 12 escaparam, sendo um deles o piloto que embarcou depois de quebradas as amarras, na tentativa de salvar a embarcação".

A 11 de maio, é anunciado no mesmo jornal que a fragata espanhola *Colon* chegou ao porto de Lisboa, vinda de Cádis, após 15 dias de viagem.

A Gazeta de Lisboa insere uma notícia publicada em Madrid a 9 de maio, anunciando a demissão do Conde de O'Reilly de todos os seus cargos:

"Tendo o Conde de O'Reilly suplicado ao Rei que o dispensasse dos cargos de Capitão-Geral da Andaluzia, Governador da Praça de Cádis e Inspetor-Geral de Artilharia, porque a sua saúde não lhe permitia continuar a exercê-los com a atividade que até agora tem demonstrado, S. M. teve o prazer de atender a estes pedidos, e como prova de que os serviços do Conde lhe têm sido agradáveis, dignou-se conservar-lhe, com o posto de Tenente-Geral, o soldo de Capitão-Geral que tinha.

Tendo em conta os diversos méritos e circunstâncias de D. Domingo de Salcedo, Tenente-Geral dos seus Exércitos, S.M. foi servido nomeá-lo Capitão-Geral do Exército da Andaluzia e suas costas. S.M. recompensou também os serviços do Tenente-Geral António Oliver, Governador de Alicante, como Governador Militar e Político da Praça de Cádis".

Num suplemento do mesmo dia, foi fornecida uma lista de toda a carga, bem como dos bens pertencentes ao *San Pedro de Alcântara*, que foram retirados do fundo do mar até 14 de maio, inclusive 21 castiçais de ferro das redes de guerra e outros objetos pequenos".

No dia 2 de junho, a Gazeta anunciava que, no dia 24 de maio, "a fragata da H.M. Católica, *Asunción*, entrou no porto de Lisboa e regressou a Cádis na manhã do dia 27, transportando um milhão de pesos das riquezas salvas do *San Pedro de Alcântara*. O *Santa Bárbara* e o *Raquel* chegaram ao mesmo porto, vindos de Cádis.

Numa breve notícia de 6 de junho, a Gazeta informava que "Até ao dia 3 do corrente mês, foram extraídos do navio naufragado em Peniche 6.122.562 pesos fortes de ouro e prata cunhados e em pasta, 1.878 barras de cobre, 50 canhões, 5 âncoras grandes e pequenas, 1.143 braças de amarras".

Uma das consequências do naufrágio do *San Pedro de Alcântara* chega à Gazeta de Lisboa, numa notícia de Paris de 23 de maio, publicada a 16 de junho: *"O naufrágio do navio San Pedro de Alcântara, ocorrido ao largo de Portugal, fez perder o crédito a várias casas comerciais de Cádis, Sevilha, Madrid, Barcelona, Bilbau e do porto da Corunha. Cartas recentemente recebidas de Espanha referem que, pela mesma causa, haverá provavelmente outros bancos com perdas igualmente consideráveis".*

A Gazeta de 24 de junho relatou a situação em Peniche:

"Relatório das últimas operações efetuadas em Peniche e outras particularidades que aí tiveram lugar.

No dia 17 deste mês, o casco do navio espanhol *San Pedro de Alcântara*, tendo sido aliviado da grande quantidade de cobre e prata que estava a ser extraída, fez algum movimento para subir.

O capitão D. Francisco Xavier Muñoz receava, com razão, que o navio fosse completamente levantado antes de suspender, como se propunha e tinha planeado. Para evitar danos, ordenou que seis canhões fossem carregados pela popa, determinando que a extração do cobre cessasse.

No dia seguinte, tendo refletido sobre como proceder à operação, pois as circunstâncias assim o permitiam, os mergulhadores voltaram ao trabalho e, tendo conseguido reconhecer a situação do casco, pois o tempo estava favorável, o comandante mandou retirar 300 barras que estavam na proa e suspender os seis canhões com que o tinha carregado no dia anterior.

Logo que o terceiro foi retirado, a quilha e o resto do navio estavam na água. Quando o quarto foi retirado, uma grande quantidade de balas e cerca de 300 barras de cobre, todas elas tinham sido levadas a nado. O comandante mandou então rebocar o navio com onze barcos na maré alta, às 9 horas da noite, e atracou-o como quis, a uma distância de seis toesas da falésia.

Continuando a busca no navio, foram recuperados 80.000 pesos, o que, juntamente com o montante extraído pelos mergulhadores nesse dia e nos anteriores, perfaz 121.157; foram também recuperadas 300 barras de cobre, 173 peças de prata esculpida e duas pequenas peças de ouro.

Esta última operação, que facilita e encurta muito as subsequentes no local onde os mergulhadores trabalham, foi muito elogiada e dá grande crédito ao zelo, inteligência e atividade do referido comandante.

Poucos dias antes deste acontecimento, os mercadores de Cádis, sabendo que William Braithwait e os seus dois filhos, de nacionalidade inglesa, tinham trabalhado com êxito na extração de artilharia submersa em Gibraltar através de uma máquina da sua invenção, pediram-lhe que utilizasse esta máquina para a extração do tesouro do navio San Pedro de Alcântara.

Nessa altura, encontravam-se em Salé, no Reino de Marrocos, e devido às condições meteorológicas e a outros incidentes, não puderam chegar a esta cidade com o seu barco antes de 1 de maio.

No dia 5, o Sr. Braithwait partiu para Peniche com os seus dois filhos, levando a carta de recomendação do Conde de Fernán Núñez, embaixador de Espanha, para o Capitão D. Francisco Muñoz y Goosens, que os recebeu com a maior atenção, informando-os do local e das suas circunstâncias; levou-os ao local onde os mergulhadores estavam a trabalhar e mostrou-lhes os meios pelos quais esta operação estava a ser praticada.

Os ingleses observaram, por si próprios, a dificuldade do local, pois havia ali muito mar, o que dificultava as operações na maior parte do tempo e até as impedia totalmente, mas consideraram que, apesar de tal obstáculo, podiam operar com a sua máquina, embora duvidassem que o seu navio pudesse ser utilizado para suspender.

O capitão Muñoz ofereceu-se para ultrapassar estas dificuldades, fornecendo os grandes barcos de que dispunha e que eram muito adequados para conter qualquer máquina. Passando depois a discutir o ajuste com os representantes dos comerciantes que estão em Peniche, os maquinistas pediram 10% da moeda solta que extraíssem de prata ou ouro; 5% da que estivesse em caixas, e um terço do cobre.

A extraordinária diferença de prémio, com que se ajustavam os mergulhadores, que não chegava a meio por cento, os rápidos progressos feitos até então, a simplicidade da manobra e as fundadas esperanças de realizar tudo sem qualquer outra ajuda, fizeram com que a Diputación lhes oferecesse o mesmo que dava aos mergulhadores. Assim, se os maquinistas pudessem, como lhes garantiam, retirar mais mercadorias do que os mergulhadores, receberiam sempre mais lucro do que estes últimos, pelo mesmo preço.

Como esta oferta não satisfazia os desejos dos condutores ingleses, regressaram a Lisboa, com destino a Cádis, onde os mercadores pagariam as despesas de viagem de acordo com o estipulado.

Agora que o público foi informado da verdade dos factos, será seguro acreditar que a máquina é digna, e é de notar que os seus autores não a mostraram em Peniche. O que é admirável é a destreza e resistência dos mergulhadores, que, sem outro auxílio que o dos braços, extraíram as somas e efeitos, de que já demos notícia".

A 29 de junho a fragata *Assunção* sai de Lisboa com um milhão de pesos para Cádis, o sexto que transportava. No dia 30, a fragata de guerra *Loreto* e o brigue *Vive* navegam para Ferrol e a *Santa Bárbara* entra de Cádis, saindo esta última da capital portuguesa com 702.000 pesos fortes, 7.981 marcos de prata trabalhada e barras de prata e 6.307 barras de cobre.

As autoridades portuguesas começaram a reconhecer as pessoas que se destacaram no socorro e assim a Gazeta de 22 de julho de 1786, publicou que *"S.M. em resposta ao que lhe foi apresentado pelo Visconde de Aseca, alferes do Regimento de Infantaria da Praça de Peniche, e por outros motivos dignos da sua Real consideração, achou por bem, por Decreto de 4 do corrente mês, e por Graça especial, que não servirá de exemplo, conceder-lhe o posto de Tenente, que ficou vago no Regimento de Cavalaria de Castelo-Branco, pela reforma que foi concedida a Xavier Francisco de Sousa Colmeiro".*

La Gazeta noticiou que *"No dia 20 de agosto, partiu deste porto para Cádis uma charrúa espanhola, transportando 1.556 barras de cobre e 46 peças do mesmo metal, 62 peças de artilharia, com vários salvados em Peniche do navio San Pedro de Alcântara".*

A 17 de novembro, a Gazeta de Lisboa refere que:

"De Peniche enviaram-nos um relato das manifestações de alegria e gratidão que ali se realizaram por ordem do Corpo de Comércio de Cádis, em reconhecimento das profícuas diligências empregues no salvamento do tesouro e dos restos do navio *San Pedro de Alcântara*, que naufragou naquela costa. A incluir no segundo suplemento.

Pela mesma razão, Sua Excelência o Embaixador de Espanha apresentou a Sua Excelência o Duque de Alafões, Geral junto da Pessoa de S.M., e Governador das Armas da Corte e

Província da Extremadura, Marquês de Agenja, Capitão Geral dos Galeões da Armada Real do Mar Oceano; Visconde de Estado, cartas de ofício pelas quais, em nome de S.M. Católica, lhes agradece o cuidado com que emitiram, nos seus respetivos departamentos, as mais prontas ordens em socorro do referido navio naufragado. Também, em nome de S.M. Católica e do Corpo de Comércio de Cádis, foram distribuídos preciosos presentes às pessoas que concorreram para a execução das medidas ordenadas para o referido socorro".

Em junho de 1787, a Gazeta de Lisboa noticiava as últimas movimentações da missão espanhola na zona do naufrágio:

Relação das operações que ultimamente se têm feito em Peniche, desde o dia 8 de novembro do ano passado, para salvar o resto do tesouro da nau espanhola, chamada San Pedro de Alcântara, que naufragou naquela costa.

Durante o inverno, quando as operações dos mergulhadores podiam ser pouco ou nada frutuosas, o brigadeiro Francisco Muñoz retirava-se para Cádis e todos os mergulhadores e marinheiros eram dispensados até à primavera.

O capitão de fragata, Gabriel Sorondo, e o ajudante, Pedro Urraco, foram encarregues de guardar o que era extraído ou o que o mar atirava para a praia e de vigiar todas as ocorrências com as pessoas necessárias.

Tendo cumprido com atividade e zelo o que lhes foi confiado, no espaço de doze dias, tempo que lhes foi concedido para trabalhar, recolheram a quantia de 275 pesos fortes, cunhados em ouro e prata, 3 barras de ouro, 10 onças deste metal em pó, 6 peças de ouro trabalhado, 2 barras de prata e 45 marcos de prata trabalhada.

No início do mês de março do corrente ano, apareceu em Peniche um mergulhador que não tinha vindo antes, e nos 12 dias em que pôde fazer-se ao mar, tirou 2.266 pesos fortes em ouro e prata, 4 peças de ouro trabalhado, 277 marcos de prata trabalhada e 2 barras de cobre.

A 4 de maio, o brigadeiro Francisco Muñoz e 25 mergulhadores dos três departamentos da marinha espanhola regressaram a Peniche. Este inteligente e diligente oficial pôs então em marcha tudo o que era necessário para continuar a extração do resto do tesouro. Tendo pedido ajuda ao Encarregado de Negócios de S. M. Católica nesta Corte, que lhe foi imediatamente enviada, iniciou os seus trabalhos logo que o tempo o permitiu, e em quatro dias, que pôde utilizar até ao dia 18 do corrente mês, inclusive, foram resgatados 5.643 pesos fortes em prata e ouro, 21 peças de prata lavrada pesando 35 marcos e 14 barras de cobre.

A referida extração começou no dia 12 do corrente mês e o que faltava para completar o registo do navio naufragado até ao dia 11, reduz-se a 212.322 pesos fortes, 6170 marcos de prata trabalhada e 396 barras de cobre. Finalmente, de acordo com as informações dadas pelos mergulhadores sobre o estado atual do fundo do mar, é razoável esperar que o salvamento total do tesouro seja concluído com êxito".

Extrato de uma carta de Peniche sobre os festejos realizados nessa cidade, por ocasião do salvamento quase total do tesouro trazido pelo navio espanhol *San Pedro de Alcântara*.

"Nos dias 4 e 5 deste mês, houve aqui dois espetáculos que foram interessantes pelo motivo, agradáveis pela forma e famosos pelas circunstâncias.

O Corpo de Comércio de Cádis, que no meio do infortúnio do naufrágio do San Pedro de Alcântara tem a satisfação de ter salvo quase inteiramente o seu grande tesouro, quis manifestar a sua perpétua gratidão aos portugueses que, compreendendo a medida dos piedosos desejos do Sua Augusta Soberana, se esforçaram em Peniche por favorecer e auxiliar as operações destinadas à sua realização.

Para autorizar ainda mais estas manifestações, o Cavaleiro Ca-amaño, Brigadeiro dos Exércitos de S. M. Católica, e Encarregado de Negócios de Espanha na nossa Corte, veio aqui por ordem de Sua Excelência o Conde de Fernán Núñez, Embaixador Extraordinário da mesma Potência, junto do Nossa Soberana, a cuja plena direção S. M. Católica confiou desde o início o desempenho desta comissão.

No dia 4, em que se celebra o nome de agosto do Rei Católico, o referido cavalheiro fez uma visita de cerimónia ao Governador desta Praça, Tenente-Coronel Francisco Brunete; ao Juiz de Fora, José Monteiro Resende, e ao Vice-Cônsul de Espanha, Francisco António Diniz Carvalho. Agradeceu-lhes em nome de Sua Excelência, declarando aos dois primeiros que no mesmo dia seriam recomendados à Rainha Fidelíssima, sua Soberana, em nome de Sua Majestade Católica, por um ofício que, por ordem real, faria chegar ao seu Embaixador em Lisboa. À Terceira, disse que o Rei lhe tinha concedido uma pensão vitalícia, cujo montante se desconhece. O Corregedor de Leiria, Luís Xavier Valente, também foi recomendado, mas não pôde participar, porque já tinha ido para a sua residência.

O deputado do referido Corpo de Comércio, Sr. Pedro de Urraco, apresentou vários presentes e grandes somas aos súbditos a quem o mesmo Corpo deseja mostrar a sua gratidão, agradecendo-lhes também da sua parte, tendo precedido para tudo, com a aprovação da nossa Soberana, que o referido Embaixador solicitou previamente.

Ao cair da noite, o referido deputado reuniu na casa da Comissão catorze senhoras, os chefes da Praça e do Regimento de Peniche com os seus oficiais e todas as pessoas de distinção que pôde convidar. As duas fachadas da dita casa estavam muito bem iluminadas, e na fachada principal viam-se, por meio de uma luz transparente, as Armas dos dois Reinos, as de Peniche e as do Consulado de Cádis, com as correspondentes insígnias.

Na praça, houve um espetáculo de fogo de artifício colorido e variado, que durou três quartos de hora. No final, foram servidos aos convidados refrescos abundantes e requintados e, em seguida, passou-se para o salão de baile, que se prolongou até depois da uma hora.

No dia 5, por volta do meio-dia, as senhoras e outros convidados dirigiram-se à casa da Comissão para assistirem à distribuição de 12 dotes de 160.000 reis cada, por doze donzelas de famílias de Peniche, da classe dos marinheiros. Este ato de generosidade e ternura foi feito com todas as formalidades de um sorteio, e foi também autorizado pelo encarregado de negócios, Brigadeiro D. Francisco Muñoz, que está a dirigir toda a extração do tesouro, pelos chefes da Praça, pelo Juiz de Fora, pelo Vigário e Párocos, pelo deputado D. Pedro Urraco e pelo vice-cônsul da Nação.

Seguiu-se a refeição em duas mesas de noventa lugares, onde reinou a abundância, a delicadeza e a boa ordem.

O que deu maior prazer foi a alegria cordial, a amizade e a união que se observou em todos os indivíduos das duas nações. Os objetos dos brindes gerais foram: a preciosa vida de ambos os Soberanos; a perpétua concórdia e amizade, a prosperidade e aumento da Marinha e Comércio de ambos os Reinos, a felicidade do humano povo de Peniche e do Embaixador do Rei Católico. Como presente a Suas Majestades, o Governador decidiu que se disparasse uma primeira salva do Castelo.

Nesta noite houve também um grande refresco e um baile, que durou até às duas horas. O total de donativos e gratificações, com os dotes e esmolas distribuídas por 80 pessoas, terá sido de 15.060.000 reis, mas ainda não foi feita uma lista exata dos donativos e das pessoas que os receberam."

Não demorou muito para que a Rainha mostrasse a sua concordância com estas celebrações, pois dias depois de terem sido recomendadas a pedido do Embaixador de Espanha, o governador da Praça de Peniche, D. Francisco Brunette, e António Franco de Abreu, coronel do Regimento de Infantaria da mesma vila, foram promovidos a coronel de Infantaria.

De igual modo, por decreto de 8 de janeiro de 1787, S. M. a Rainha concedeu o título de Juiz da Misericórdia de Óbidos a Luís Manuel da Silva Francez, juiz da Alfândega da vila de Peniche, um dos que ajudaram a salvar pessoas e bens do naufrágio do navio *San Pedro de Alcântara* e que, por isso, foi recompensado por S. M. o Monarca Católico.

Na edição de 2 de março de 1787, a Gazeta de Lisboa refere, resumidamente, que *"De Peniche escrevem que algumas pessoas, empregadas na pesca de marisco naquelas praias, tinham encontrado vários restos das preciosidades contidas na nau espanhola naufragada"*.

L I S B O A 2 de Março.

O Excellentíssimo Patriarca Eleito de *Lisboa* fez publicar, e affixar huma Pasto-al, com data de 23 de Janeiro, na qual, servindo-se da verdadeira eloquencia que é compativel com a simplicidade Evangelica, e que, annunciando hum sincero zelo pelo bem do seu rebanho, promette as maiores utilidades d hum solícito Ministerio Apostolico, exhorta, por se aproximar a Quaresma, os Fieis á obfervancia do jejum, que para ser conforme ás intençóes da Igreja, deve excluir as delicadezas do luxo: recommendando igualmente a modéstia que nefte tempo compete aos Chriftãos, e á qual tanto se oppõem os abufos com que se profanão os dias dehinados a demonftrações de piedade.

De *Peniche* escrevem que algumas pessoas, empregadas em apanhar marifco naquellas praias, tinhão achado ainda varios reftos das precioíidades que continha a nau *Hefpanhola*, que alli naufragára.

LISBOA. NA REGIA OFFICINA TYPOGRAFICA. 1787.
Com licença da Real Meza Cenforia.

A 23 de março, o jornal La Gazeta anunciava que *"Sua Excelência o Conde de Fernán Núñez, Embaixador de S.M. Católica junto do Nossa Soberana, recebeu da sua Corte a notícia de que o Rei, seu Mestre, o nomeou para suceder ao Conde de Aranda na Embaixada de França, devendo partir brevemente para Madrid, pelo que comunica a todos os que tiverem contas com Sua Excelência, ou com membros da sua família, que as apresentem na sua Casa para serem saldadas, dando-lhes o prazo de 7 de abril próximo. O Cavaleiro Caamaño, Brigadeiro dos Exércitos de S.M. Católicos, fica encarregado dos Negócios da Corte".*

A rainha de Portugal recebeu o conde de Fernán Núñez em audiência oficial e, alguns dias depois, num encontro privado no palácio, a sua amiga condessa despediu-se dele.

Apesar do impacto negativo que o naufrágio teve na enorme estrutura comercial de Cádis, nos seus últimos anos de esplendor e monopólio do tráfego marítimo com a Ibero-América, não teve a mesma repercussão na imprensa local que em Lisboa ou Madrid, mas os cambistas e as companhias de seguros sofreram as consequências do desastre, como noticiaram alguns jornais de Paris e Lisboa. Também não foram feitas muitas referências ao incidente ou ao elevado número de mortos em instituições como a Câmara Municipal de Cádis.

O silêncio *prudente*, para não causar danos adicionais à catástrofe, fez com que todos os esforços do Tribunal do Consulado do Comércio de Cádis se concentrassem na recuperação dos restos do património submerso, até que as notícias de Peniche se transformaram na alegria da recuperação do tesouro, nos agradecimentos pessoais e na distribuição de dividendos.

Sinalética atual em A Papoa e Areia Norte, Peniche, do local de inumação e do local do naufrágio / Foto: F.B.A.

O RECONHECIMENTO DE FERNÁN NÚÑEZ

N um ambiente de euforia contida, os membros do Consulado do Comércio de Cádis tinham necessidade de manifestar a sua alegria e gratidão pelos esforços de recuperação das suas riquezas e, pedindo autorização ao Rei, escreveram ao Conde de Fernán Núñez:

"O Consulado de Cádis, justamente penetrado de apreço pelo zelo, constância e sábias disposições tomadas por Vossa Excelência para salvar a rica carga do navio *San Pedro de Alcântara* e enviá-la para este porto, informou Sua Majestade com a maior diligência do importante serviço que Vossa Excelência prestou ao comércio, suplicando-lhe que lhe permita oferecer a Vossa Excelência a expressão e o tributo do seu apreço.

S. M. achou por bem aprovar este movimento da nossa sensibilidade, e a ordem que por este motivo nos transmitiu; deu um verdadeiro preço ao que não poderia ter tido sem esta circunstância; fazendo-nos esperar que V. E. receba com bondade este testemunho da nossa gratidão pelas grandes obrigações que lhe devemos.

Esperamos que Vossa Excelência receba com bondade este nosso testemunho de gratidão pelas grandes obrigações que devemos a Vossa Excelência, e que admitindo o que mandámos entregar a Vossa Excelência o nosso Deputado D. Pedro Urraco, tenha a bondade de nos dar uma nova prova da sua benevolência, e nos assegure a continuação da sua benignidade. Que Deus conserve a vida de Vossa Excelência por muitos anos. Cádis, 7 de novembro de 1786".

A resposta do Conde não tardou, mas além disso, numa estudada estratégia de propaganda política, fez circular a troca de correspondência pelos jornais de Lisboa, Madrid, Paris e México: "A confiança com que S. M. me honrou, confiando-me a comissão de Peniche, e o interesse que não só o comércio espanhol, mas o de toda a Europa e América tinha no salvamento de tão considerável tesouro, foram motivos mais do que suficientes para animar o zelo menos ardente e o inclinaram a dedicar-se inteiramente a tão importante comissão. Quando se considera que cinco meses foram suficientes para trazer à luz este tesouro com apenas a perda moderada de cinco por cento, e que durante esse tempo não houve a menor dissensão entre os espanhóis e os portugueses de Peniche, não se pode negar o devido louvor aos habitantes daquela Vila; à prudência dos espanhóis que ali viviam; às disposições tomadas pelos dois Soberanos; à forma como foram postas em prática pelos seus ministros; ao zelo de todos os funcionários; e à atividade e inteligência do Brigadeiro Don Francisco Xavier Muñoz e dos seus subordinados: Depois de Deus, é às ajudas acima mencionadas que devemos a extração que admiramos, e da qual não pode haver exemplo.

A Fortaleza de Peniche, um sítio monumental com uma história de prisões e de liberdade. /Foto: FBA.

Estas reflexões sobre o acontecimento satisfizeram-me, e os meus débeis esforços foram bem recompensados pelo que experimentei ao ver S. M. e o Comércio usufruírem dos frutos do nosso trabalho à medida que avançavam, pelo efeito da bondade de S. M. ao condescender com a súplica que lhe fiz a onze de fevereiro, para que permitisse a distribuição desses fundos, à medida que fossem trazidos do mar.

Vossas Senhorias quiseram aumentar a minha satisfação dando-me um testemunho do vosso reconhecimento e atenção, dizendo-me a 7 de novembro que, tendo pedido licença ao Rei, foram informados pelo Ministério das Índias de que Vossa Majestade se tinha congratulado com a deliberação de VV.SS.

Em conformidade com a vossa intenção, embora a Corte não me tenha avisado até agora, recebi ontem, pela mão do Deputado Don Pedro de Urraco, dois quadros pintados pelo famoso Sr. Pillement, um dos quais representa o Naufrágio, e o outro o trabalho que os mergulhadores empregados na extração do tesouro concluíram tão felizmente.

Estes magníficos quadros são valorizados pelas honrosas inscrições que ostentam, e pelas quais VV.SS. quiseram associar-se à dedicatória que me fazem; esforcei-me por exprimir, na medida do possível, a minha gratidão e reconhecimento ao Deputado.

Depois reparei, não sem admiração, que as molduras destes quadros, bem como os anéis que os seguram, são feitos de ouro, e que o seu valor é de seis mil pesos fortes.

Embora esta magnificência caracterize, sem dúvida, a nobre maneira de pensar daquele Ilustre Corpo, não aumenta, na minha opinião, os testemunhos lisonjeiros que a acompanham. Considerando, além disso, que esta quantia é fruto do infortúnio dos infelizes e estimáveis vassalos do nosso Augusto Soberano, pareceu-me justo fazê-la servir para a sua consolação:

Pintura de Jean-Baptiste Pillement/ Museu Nacional de Arqueologia, Lisboa.

Isto levou-me a destiná-lo à reconstrução de uma antiga Casa de Caridade que ainda existe na minha povoação de Fernán Núñez, e que o tempo destruiu; e à construção de um Cemitério Público, que eu tinha planeado antecipadamente construir numa elevação, que fica nas imediações. A experiência dos últimos dois anos, em que essa cidade sofreu tanto com as epidemias que reinaram, aumentou o meu desejo de verificar esses dois estabelecimentos, que lamentava não ter podido empreender antes.

Quanto aos dois quadros, ligá-los-ei na minha Casa para perpetuar na posteridade a memória do acontecimento, bem como do meu reconhecimento. Mandarei gravar duas chapas por um artista da nossa Academia de São Fernando para fazer duas gravuras, uma com o título de *Infortúnio Imprevisto e a outra de Fortuna Inesperada*: assim terei a satisfação de tornar público o mérito do pintor, amigo dos nossos artistas, e o testemunho da minha gratidão. Depois de concluída esta obra, passarei vários exemplares para serem distribuídos pelas principais individualidades daquele Corpo.

O famoso pintor fez várias versões do naufrágio/ Cortesia do Museu Municipal de Peniche.

Esta simples declaração e a prova do facto convencê-lo-ão (melhor do que todas as expressões de que me poderia valer) da estima que tenho pela sua memória e do valor que atribui ao mérito que supõe que eu tenha tido neste feliz acontecimento.

Nunca deixarei de desejar que ocasiões mais agradáveis do que este infeliz acontecimento me deem motivos para contribuir para o progresso e as vantagens do comércio da Nação, do qual aquele Ilustre Corpo constitui uma parte tão principal.

Deus vos guarde, a VV.SS. por muitos anos. Lisboa, 7 de janeiro de 1787".

Na corte espanhola, a necessidade de afastar do seu posto na embaixada de Espanha em França o outrora todo-poderoso conde de Aranda, responsável pela expulsão dos jesuítas dos territórios da coroa espanhola e politicamente responsável pela perda das ilhas Malvinas, entre outros acontecimentos, serviu para premiar o conde de Fernán Núñez, apesar de o diplomata se encontrar confortável no seu posto em Lisboa.

Em obediência ao mandato real, o Conde de Fernán Núñez apresentou a Carta Credencial de renúncia à Soberana de Portugal numa audiência formal, despedindo-se da Rainha e de outros membros da Família Real. Três dias depois, a sua esposa fez o mesmo, numa audiência privada de despedida concedida por S.M. a Rainha Maria, juntamente com Suas Altezas.

Luis Paret/ Cópia do Museu Municipal de Peniche

Quando o conde de Fernán Núñez chegou a Madrid, antes de se mudar para a sua nova embaixada em Paris, divulgou nos jornais o êxito do trabalho realizado em Portugal e cumpriu a sua promessa de encomendar ao destacado pintor e ilustrador Luis Paret uma interpretação das telas do francês Jean Baptiste Pillement, ampliando a tiragem para mil exemplares, que foram postos à venda na livraria Quiroga da rua Concepción Jerónima, em Madrid, ao preço de três reais cada.

Algumas cópias podem ser vistas no Museu Nacional de Arqueologia, em Lisboa, que também exibe as duas telas de Jean Baptiste Pillement, adquiridas pelo Estado português, bem como na Biblioteca Nacional de Espanha e no Museu Municipal de Peniche, com uma exposição temporária no Centro Cívico Intergeneracional e Biblioteca Municipal *Professor Rogério Cação* daquela cidade.

Os dois pintores terão seguido os esboços e desenhos do incidente efetuados pelo próprio brigadeiro Francisco Javier Muñoz Goosens, que mais tarde foram retratados com grande habilidade por ambos. O tema dos naufrágios foi recorrente na sequência deste acontecimento e numerosos artistas, entre os quais Francisco de Goya y Lucientes, que na altura se encontrava em Cádis a convite do seu amigo Don Sebastian Martinez, um rico comerciante e armador de Cádis, retrataram a tragédia nas suas telas. Goya decorou as paredes da igreja de Santa Cueva, na paróquia de Rosário, que pode ser visitada, e outras em casas senhoriais, ligadas ao comércio marítimo, atualmente desapareci-das.

É provável que uma "Santíssima Trindade", uma oval pintada sobre chapa de cobre, que até há poucos anos se encontrava entre as obras de arte pertencentes ao Hospital de la Ordem de San João de Deus, tenha sido um presente do pintor como compensação por alguns dos cuidados que recebeu nesse hospital durante a sua doença.

Enquanto em Peniche se recordavam as vítimas e se festejava a conclusão bem-sucedida do salvamento, as autoridades espanholas tentavam esconder as intrigas e a corrupção que se tinham acumulado ao fim de quase dois anos de navegação e contratempos.

Após uma avaliação favorável, os trabalhos de salvamento foram concluídos, com uma perda global de cinco por cento, o que era inimaginável nos primeiros tempos.

Da mesma forma, com a sua rápida transferência para Cádis, foram afastados aqueles que estavam diretamente envolvidos no desastre ou que poderiam dificultar o trabalho da equipa de Francisco Javier Muñoz Goosens. No entanto, o rasto dos acontecimentos ficaria para sempre na história de Peniche.

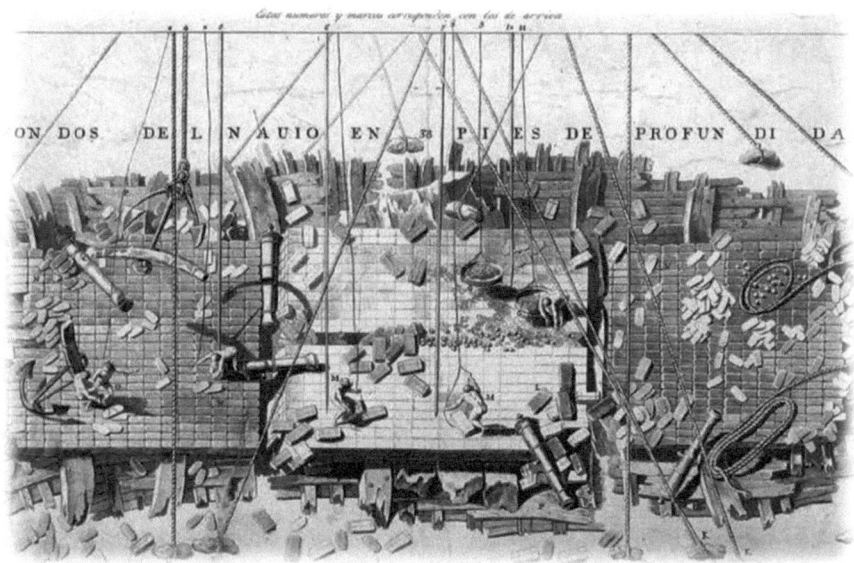

Para além das recompensas e distinções atribuídas às autoridades portuguesas que se destacaram pela sua colaboração e generosidade, o pagamento de rendas de casas e armazéns, o aluguer de dezenas de carros de bois de Peniche a Lisboa, as esmolas ao hospital e às paróquias, o fogo de artifício, os banquetes e a música, e ainda os doze dotes às jovens filhas dos pescadores serviram de geminação.

Mas a convivência de mais de um ano e meio entre os deslocados e a população local e regional deixou também um rasto, com os casamentos mistos, o crescimento invulgar de nascimentos em 1787, com quase duas dezenas de batismos de enjeitados, apadrinhados pelos mesmos vizinhos que os recolhiam nas ruas ou nas portas das suas casas, sem qualquer filiação ou sinal de identificação, e que o pároco Teodoro Pereira de Azevedo benzia, deixando registo dos seus nomes, como fez com o filho ilegítimo de um carpinteiro espanhol e de uma jovem solteira, vizinhos de Peniche, que foi batizado à meia-noite de 5 de março de 1787, apadrinhado por um clérigo da freguesia de São Pedro.

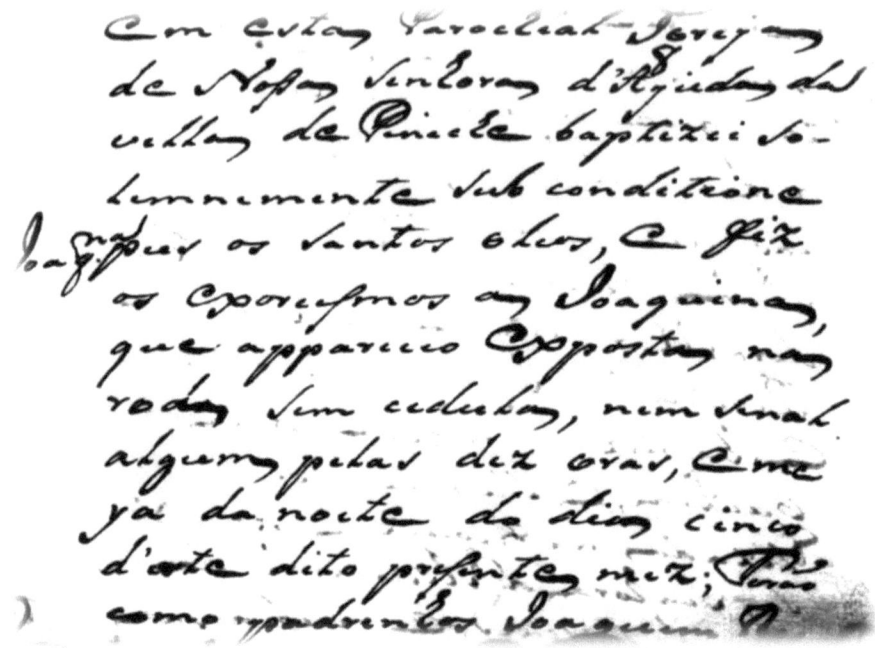

O pároco de Nossa Senhora de Ajuda fez exorcismos e batizou numerosas crianças encontradas nas ruas e nas portas sem papéis nem sinais.

Os espanhóis, integrados na vida social de Peniche, também
assistiram a casamentos, como fez o capitão Gabriel Sorondo,
participando como testemunha num casamento.

Na sequência do naufrágio do *San Pedro de Alcântara*, e vendo
a necessidade de instalar um sinalizador para evitar ao máximo os acidentes marítimos que continuavam a ocorrer,
iniciou-se a instalação de um dos faróis mais antigos da costa
portuguesa, o do Cabo Carvoeiro, construído sobre as rochas,
com uma altura total em relação ao nível do mar de mais de
oitenta metros. No mesmo ano 1786, foi mandado ali construir
um farol provisório de madeira, que fui substituído por outro
edificado en el ano 1794, al que se subia a través de una escala
de 101 degraus de pedra.

Farol do Cabo Carvoeiro, numa ilustração publicada em 1846.

A partir do farol, bordejando as falésias, a meio caminho da Fortaleza de Peniche, uma pequena ermida, muito cuidada e pintada de branco e azul, as cores da bandeira da monarquia portuguesa e, sem conotações políticas, aquelas que são decorações tradicionais das ruas de Peniche nas festas marítimas de Nossa Senhora da Boa Viagem, e também de várias entidades culturais da cidade.

A ermida, rodeada por um cinturão de hortênsias e um jardim, situa-se no local onde antigamente existia um cemitério para as vítimas de epidemias e naufrágios, comemorado por uma pequena cruz sobranceira ao mar. Os caminhos de acesso são feitos de quadrados de pedra portuguesa, como um mosaico. Ali, António Secare, um dos mergulhadores que participou no salvamento da nau espanhola, que ficou em Peniche, quis imortalizar a sua homenagem, colocando uma pequena inscrição esculpida em pedra por cima da porta principal da capela: 1789. ANTONIO SECARE, MERGULHADOR DE NACIONALI-DADE MALTESA, MANDOU CONSTRUIR ESTA CAPELA.

A capela da Santa Cruz atual, pintada de branco e azul, construída pelo mergulhador António Secare. / Foto: FBA

Insígnia do Tribunal do Consulado de Comércio de Cádis /FBA.

Em Cádis, a Corte Real do Consulado do Comércio publicitou a ajuda às vítimas.

"Aos oficiais, tripulantes e pessoal do navio *San Pedro de Alcântara* e do saveiro *Vencejo*, naufragados ao largo de Peniche, a saber:

Aos oficiais, o montante de quatro soldos, e oito às viúvas, filhos ou pais dos que morreram nos respetivos naufrágios.

Oficiais de mar, três soldos e seis soldos distribuídos como acima, em caso de morte no naufrágio.

Para a tripulação, dois pagamentos e quatro na mesma ordem que os anteriores.

Igual gratificação de quatro soldos a todos os oficiais da Armada, que tenham sido destacados em comissões, ajudas e condutas para Lisboa com o fim de salvarem o tesouro.

Três pagamentos aos oficiais de mar e dois aos tripulantes que trabalharam no mesmo mergulho sob as ordens do brigadeiro Don Francisco Javier Muñoz de Goosens. Para os falecidos no naufrágio da referida embarcação e do referido saveiro, serão efetuadas exéquias e sufrágios com a assistência do Consulado e do Comércio.

S.M. dignou-se a aprovar tudo pela sua Ordem Real de 17 de abril deste ano de 1787."

Num exemplar da revista *"A Ilustração, Jornal Universal"*, Lisboa, anos 1845 y 1846, que se encontra na biblioteca do Museu de Peniche (*Ref. 795*) existe um interessante artigo sobre o acontecimento onde se pode ler:

"A título de gratificações pelos serviços que prestaram mandou dar o governo d'Espanha a seu vice-cônsul em Peniche 2.400.000 réis, e uma pensão vitalícia de 160.000 réis anuais; ao governador 1.200.000 réis, e um bastão com maçaneta de ouro; ao major 400.000 réis; ao ajudante da praça 240.000 réis; a cada um dos párocos das freguesias, um relojo, e 24.000 réis; ao juiz d'alfandega 400.000 réis, e em propor aos outros empregados dela; a doze donzelas pobres dotes de 160.000 réis, e aos outros pobres, esmolas avultadas. Além disto mandou o mesmo governo construir na igreja de S. Pedro uma linda capella a Nossa Senhora dos Dores, e que a par da beleza das imagens se admira a riqueza e o primor dos paramentos que a adornam.

Anos depois do naufrágio entendeu o governo d'Espanha vender a posse das riquezas que porventura ainda existissem debaixo d'agua, sendo-lhe comprada por Gil Maistre, um holandize, que depois o revendem, achando-se hoje (1846) em poder de m. Fletcher, negociante inglês, que ainda em 1839 ali mandou uma escuna e búzios, que, dizem, extraíram perto 4.000 duros."

A estela funerária original encontrada no local do enterro, hoje convertido em recinto funerário e integrado no percurso natural e turístico do naufrágio de 1786. Museu Municipal de Peniche.

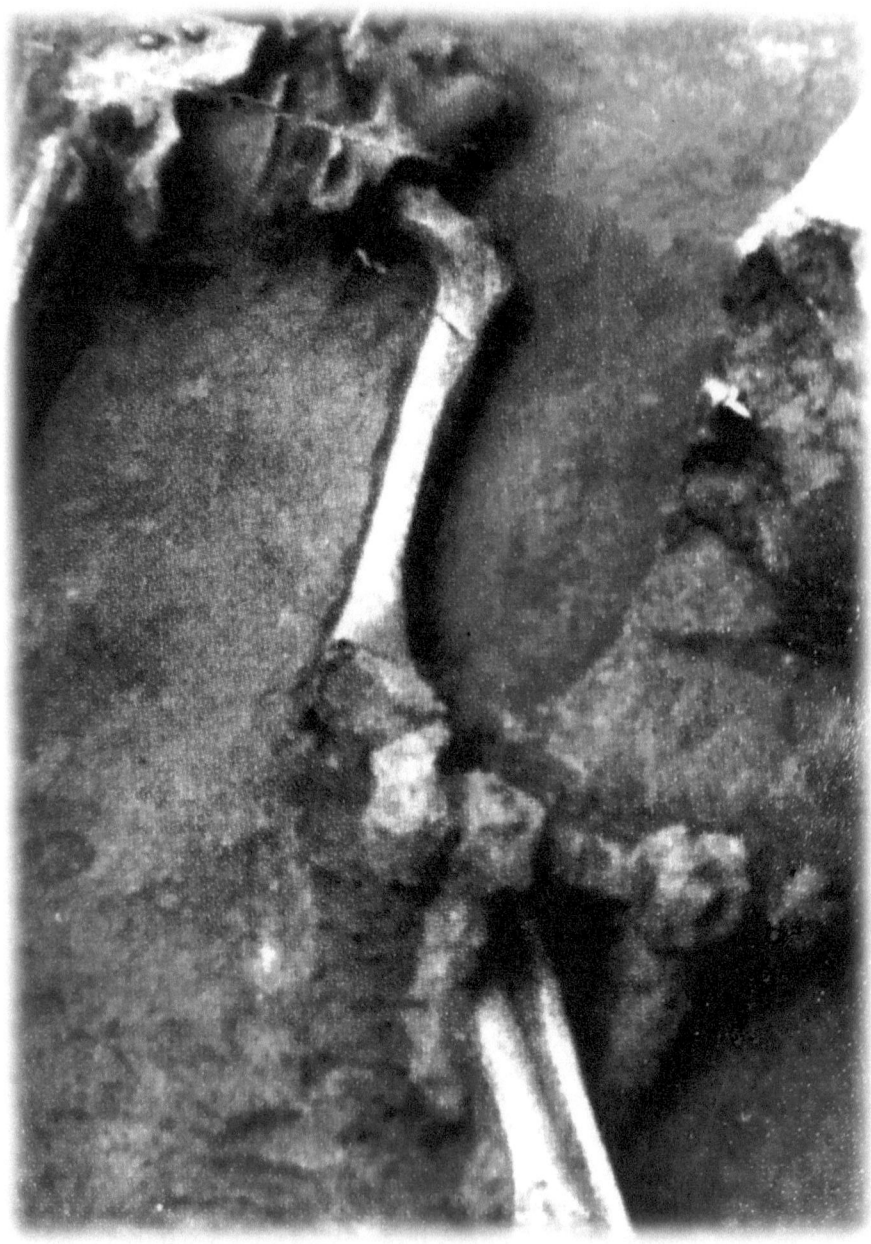

A imagem de um esqueleto ainda com grilhetas é impressionante.
Foto cedida por Jean-Ives Blot.

A arqueóloga Maria Luisa Pinheiro Blot com uma peça de artilharia
a seus pés durante um dos mergulhos na zona do naufrágio do São
Pedro de Alcântara / Foto cedida por Jean-Ives Blot.

ADENDA

A vertente económica da navegação foi rentável, apesar do encerramento de algumas empresas que, assim que souberam do desastre, fugiram de uma possível falência, sem esperar para tentar a sorte (na altura, era considerado um "jogo" fazer um seguro marítimo), com a recuperação incerta dos bens do navio naufragado.

O trabalho dos deslocados para Peniche e Lisboa (comissários, calafates, carpinteiros, mergulhadores, marinheiros) foi também muito positivo para o comércio de Cádis e para os cofres do Tesouro espanhol. Todas as vítimas e sobreviventes ficaram num distante segundo lugar, os danos *compensados* com várias missas e o pagamento de ajudas e pensões.

Além disso, com a morte prematura do jovem Fernando Túpac Amaru, em Madrid, vira-se uma página trágica da história, tal como aconteceu com os **mais de trezentos** mortos no naufrágio do navio *San Pedro de Alcântara,* a navegação do *El Peruano* e no naufrágio do saveiro *Vencejo.*

Duzentos e quarenta e quatro corpos foram sepultados só na cidade de Peniche, e só nesta cidade da região portuguesa da Estremadura a história do naufrágio ficou marcada na memória coletiva dos seus marinheiros como em nenhum outro lugar da Europa ou da América.

Cádis, no entanto, perdeu rapidamente a memória que esta obra pretende reavivar, com a figura de Fernando Tupac Amaru, *o príncipe inca*, preso na sua adolescência no Castelo de Santa Catalina, juntamente com as personagens que, para o bem e para o mal, foram protagonistas dessa época.

Nada na capital de Cádis, a mais ibero-americana de todas as cidades europeias, o recorda, talvez porque esses acontecimentos no Peru, juntamente com o desaparecimento da Casa da Contratação e o desmembramento progressivo dos vice-reinados, foram o verdadeiro *naufrágio de um império*.

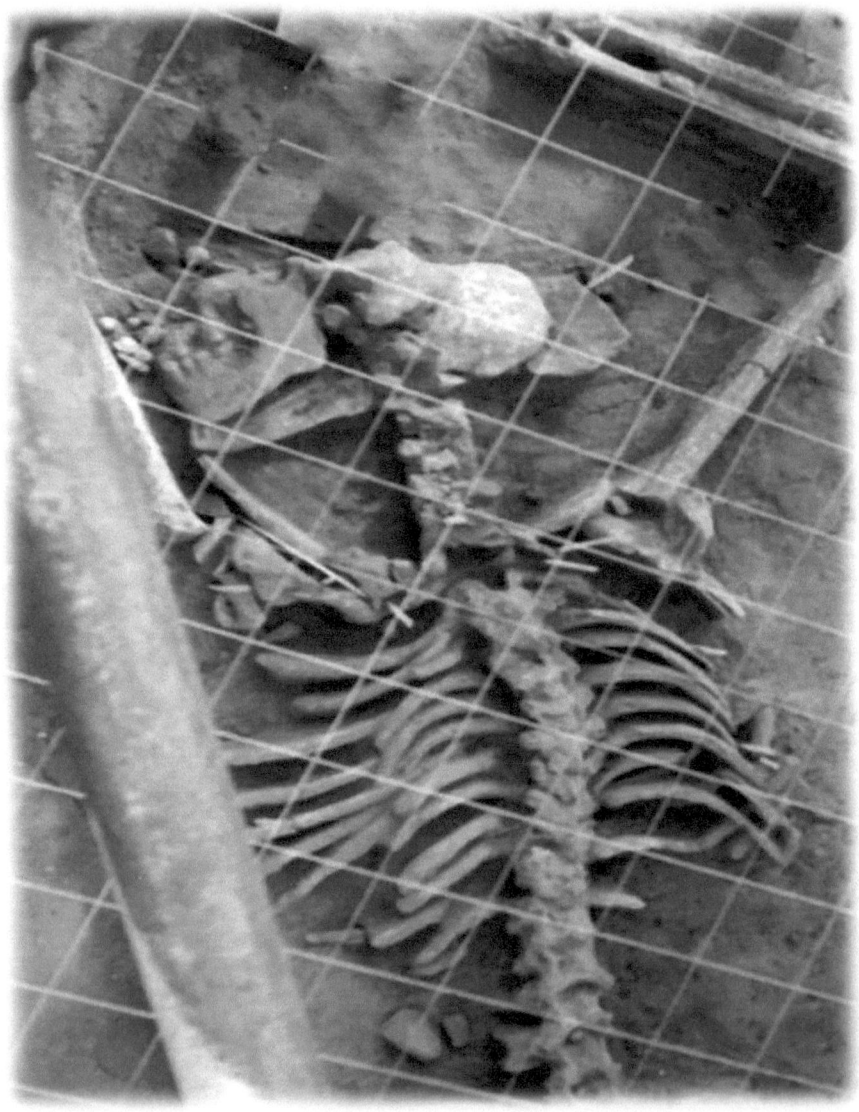

Um trabalho arqueológico e científico que durou vinte anos, levado a cabo pela equipa liderada pelo arqueólogo Jean-Ives Blot

Em Peniche, o *San Pedro de Alcântara* ainda está lá, duzentos e trinta e nove anos depois, em lápides, capelas, placas, livros paroquiais, publicações e cemitérios, convertidos em rota turística junto às impressionantes rochas vulcânicas de A Papoa, para o qual não podemos deixar de citar o que foi publicado pelo modesto, mas importante, jornal mensal *A Voz do Mar*, uma verdadeira crónica histórica da vila, obra realizada pela sua excelente jornalista Luísa María Inês e pelo antigo arquivista e escritor municipais Fernando Engenheiro, e os escritores Mariano Calado e Rui Venâncio, entre outros.

Crânio proveniente das escavações do recinto funerário de A Papoa /
Foto cedida por Jean-Ives Blot

É, pois, justo destacar, sobretudo, o trabalho iniciado em 1975 pelo francês Jean-Yves Blot, doutor em Arqueologia Naval e apaixonado por Portugal que, após localizar o local do naufrágio, publicou os seus primeiros estudos no seu país (Mestrado, Universidade de Sorbonne, 1982) e em Portugal, coincidindo com o segundo centenário da catástrofe.

357

Neste sentido, a Casa de Velázquez, prestigiada instituição francesa sediada em Madrid (bolsa de investigação); o Instituto Português do Património Cultural - IPPC, Ministério da Cultura, Lisboa, o Museu Nacional de Arqueologia e Etnologia de Lisboa e a associação GRIEEM (presidente Pr. Theodore Monod, Academia Francesa de Ciências), sediada no Museu da Marinha em Paris, apoiaram esta investigação relacionada com os acontecimentos do San Pedro de Alcântara.

Já em 1985, Jean-Yves Blot coordenou os trabalhos de prospeção magnética para localizar o local de inumação dos náufragos, com a participação da Câmara Municipal de Peniche, do Laboratório de Arqueometria da Universidade de Tours (França) e dos Professores Prat e Romero, do Departamento de Arqueometria da Universidade espanhola de La Rábida.

Sob os auspícios do Museu Nacional de Arqueologia e Etnologia de Lisboa, Jean-Yves Blot, juntamente com a sua mulher, Maria Luísa Pinheiro Blot, especialista em osteologia (arqueologia de restos humanos), formada sob a orientação de Henri Duday, Univ. de Bordéus, no âmbito dos enterramentos coletivos e Jane Tatoni, realizaram a primeira campanha de escavação e localização de restos humanos, com a colaboração da Câmara Municipal de Peniche.

Em 1997, a análise espacial do naufrágio de 1786 foi objeto de uma comunicação numa conferência do Museu Marítimo de Fremantle (Austrália Ocidental) consagrada à arqueologia das viagens de longo curso (1998, Bulletin of the Maritime Institute of Maritime Archaeology).

Uma viagem de investigação ao Peru serviu para caraterizar as áreas de produção de várias peças cerâmicas encontradas no naufrágio de Peniche e para contactar com a Professora Judith Vivar, antropóloga física da Universidade Católica de Lima, que em 1999 (Museu Nacional de Arqueologia, Lisboa) realizou uma missão de caraterização dos vestígios osteológicos resultantes das escavações das sepulturas da catástrofe de San Pedro de Alcântara em Peniche.

Os resultados foram apresentados por Judith Vivar e Maria Luisa Pinheiro Blot numa comunicação no Congresso Ibérico de Arqueologia realizado em Vila Real de Trás-os-Montes, em 1999.

O trabalho de divulgação estendeu-se a visitas guiadas a escolas do ensino básico e também a estudos científicos, hidrográficos e astronómicos (Dra. Alfredina do Campo, Observatório Astronómico da Ajuda, Lisboa) (Serviço Hidrográfico do SHOM, Brest, França), que permitiram determinar a amplitude da maré na altura do naufrágio, em 2 de fevereiro de 1786.

Toda esta investigação levou a que o arqueólogo Jean-Yves Blot recebesse uma menção honrosa nos Prémios Rolex Enterprise, na Suíça.

O casal de arqueólogos Maria Luisa e Jean-Ives Blot, durante uma das campanhas de investigação em Peniche / Foto cedida por Jean-Ives Blot.

Em 1991, para além de publicar numerosos artigos sobre o sítio em várias revistas especializadas em arqueologia suba-quática, participou, juntamente com a sua mulher, no 47º Congresso de Americanistas, realizado no Louisiana, EUA, em torno do conceito de "arqueologia sul-americana" fora do continente americano. A distribuição do naufrágio subaquático de Peniche de 1786 foi completada em 2004 com a investigação dos micro-relevos das moedas de prata e ouro do San Pedro de Alcântara com os engenheiros Hassan Zahouani e Roberto Vargiolu, do Centro de Tribologia (caraterização dos micro-relevos) da Ecole Centrale de Lyon, em França (Revista Portuguesa de Arqueologia, Instituto Português de Arqueologia, Lisboa, 2005).

O enorme trabalho desenvolvido pelo casal Blot completa-se com palestras, conferências e exposições em Portugal, Peru, França, Estados Unidos e Austrália, incluindo a recriação do naufrágio no Museu Nacional da Liberdade e Resistência em Peniche (1995), e continua até à publicação, em 2008, da obra de compilação 'Concerto para Mar e Orquestra', em português, essencial para conhecer estes trinta anos de investigação.

Traçado da área de estudo do naufrágio nas águas de A Papoa, em Peniche. Foto cedida por Jean-Ives Blot.

RELAÇAÕ.

DOS GRANDES ELOGIOS

QUE TEM FEITO OS HESPANHOES A' Naçaõ portugueza , e ao Excelentiſſimo Senhor Duque de Lafoens , pela vigilancia , e cuidado com que lhe aſſiſtiraõ aos que ſe ſalvaraõ do Naufraugio da Náo de Guerra S. Pedro de Alcantara , ſucedido nas coſtas de Peniche , com a noticia de todo o cabedal que ſe tem tirado ; e do Naufragio proximamente ſucedido no fim do mez de Abril na dita Coſta.

LISBOA:

NA OFFICINA DE FILIPPE DA SILVA E AZEVEDO;

Anno de 1786.

Com Licença da Real Meza Cenſoria.

RELAÇÃO

$\mathcal{N}$a noite de 2 para 3 de fevereiro, perdeu-se nas proximidades de Peniche, quebrando no rochedo de La Papoa, a alguma distância do Forte de Nossa Senhora da Luz, o navio de guerra espanhol, o San Pedro de Alcântara, comandado pelo Brigadeiro D. Manuel Eguía.

Este navio tinha saído de Lima no dia 14 de abril de 1784, chegou a Concepción de Chile, e voltou a navegar para Lima a 14 de setembro do mesmo ano. Partiu pela segunda pela segunda vez a vinte e um de dezembro do mesmo ano. Nesse ano, chegou de novo ao Chile a vinte e dois de janeiro de 1785; dali zarpou, e chegou ao Rio de Janeiro a 2 de junho de 1785, de onde partiu para Cádis a 4 de novembro do mesmo ano e perdeu-se na referida costa.

Levava sessenta peças e transportava quatrocentas e dezanove pessoas entre oficiais e passageiros, com uma carga importante.

O Vice-Cônsul da Nação, António Diniz de Carvalho, foi o primeiro a ajudar com sua família para ajudar os necessitados, expondo-se várias vezes para os salvar do naufrágio.

O Governador e o Juiz de Fora daquela Vila, também vieram com tão pronta e eficaz alívio, que a maior parte dos que escaparam, confessaram que lhes deviam esse benefício.

O Embaixador de Espanha, Conde de Fernán Núñez, depois de receber as primeiras notícias daquela desgraça, enviou um expresso para Madrid e outro para Cádis, a fim de dar sem perda de tempo, àqueles comerciantes uma tão importante (embora infeliz).

Também informou o Ministro de Sua Majestade Fidelíssima, continuando a fazê-lo de todos os pormenores a Sua Majestade Católica.

Os dois Secretários de Estado da Marinha e da Guerra, e o Intendente Geral da Polícia, para não perderem tempo, e certos da aprovação da Rainha da Rainha Nossa Senhora, deram imediatamente ordens positivas e efetivas para socorrer os aflitos, e para guardar os bens e outros efeitos.

O coração magnânimo e generoso da Rainha, Nossa Senhora, não se contentou em aprovar as providências e deu novas e especiais ordens cuidar dos doentes, para fornecer toda a ajuda necessária de alimentos, roupas e água, para dar uma quantidade o máximo que se pudesse dar.

O General Duque de Lafões, para além das medidas rápidas e eficazes para lhes prestar todo o auxílio, em consequência do seu comando militar em chefe, fez as mais generosas ofertas ao Embaixador para o alívio e socorro dos espanhóis, dignos da maior gratidão, oferecendo a sua própria casa ao Comandante e outros oficiais.

Os vizinhos humanos de Peniche tinha um cuidado especial de boa hospitalidade, e socorrendo os náufragos, vestiam-nos o melhor que podiam, e nos levaram para suas casas, dando-nos as suas camas, e quando as casernas foram criadas para melhor disciplina e menos embaraço, pediram para não serem privados da companhia de alguns hóspedes aflitos que queriam confortar.

No meio dos sentimentos inspirados por um acontecimento trágico, os gestos de humanidade que honram a virtude são de grande consolação.

A memória da hospitalidade benéfica dos portugueses será sempre agradável aos espanhóis.

Em virtude destas providências, passou a ocupar-se da extração das riquezas que vieram no navio: e até 17 de fevereiro, foram retirados 44.000 pesos, e três barras de cobre, concorrendo também para este fim a diligência, a atividade, o zelo e a diligência, de Capitão Francisco Xavier Muñoz, Comandante das duas fragatas de Sua Majestade Católica, a Assunção e Colón, que partiram de Cádis e chegaram à dita Vila de Peniche, com mergulhadores, gente e mantimentos para o mesmo fim.

E não obstante o cerco acidentado, grande, e quase contínuo das ondas, o rigor da estação, encontrando-se o referido tesouro na profundidade de quatro braças na maré baixa, ao mesmo tempo que apanhava alguns caixotes e outras coisas que o mar devolvia às praias.

Assim, até ao dia 22 de fevereiro, a soma dos bens e efeitos recolhidos foi de 8.237.590 reais de vellón. Chegaram também chegaram nesta altura à dita Vila de Peniche os cônsules e deputados do Comércio enviados por Sua Majestade Católica, para tratar do que estava a ser a cobrança dos fundos para os remeter para Cádis, na medida do possível, para que as partes interessadas os utilizar o mais rapidamente possível e o comércio sofra menos, fazendo circular uma quantia tão elevada, há muito tempo tão esperada.

Até ao dia 15 de março só era possível trabalhar com intervalos de quarenta e oito, e nessa altura a quantidade total do caudal extraído foi 2.904.703 pesos.

No dia 16, foram extraídas 34 caixas de prata cunhada, 11 dobrões de oito, uma barra de cobre, num total de 101.292 pesos. Até ao dia 22, as tempestades não permitiram a realização de qualquer trabalho. Neste dia o tempo estava bom e os mergulhadores saíram de manhã, apesar de o mar estar alto, conseguiram extrair duas caixas de ouro, treze e meio de prata com 136.500 pesos. Nos dias 23 e 24, as condições climatéricas não permitiram a realização de trabalhos.

Nos dias 26, 27, 29, 30 e 31 de março, apesar do contrariedade e rigor do tempo, retiraram quinhentos e oitenta e cinco mil quatrocentos e cinquenta e cinco pesos, e assim continuou até 19 de abril, totalizando a soma de todo o dinheiro soma de todo o dinheiro levantado até àquele dia até ao referido dia 4.066.585 patacas, das quais foram para Cádis 2.000.000 nas ditas duas fragatas de Sua Majestade Católica, que partiu desta cidade no dia vinte e um de abril.

No dia vinte e três de março, os espanhóis que escaparam deste naufrágio, e se encontravam na dita Vila de Peniche, tiveram um solene solenes exéquias pelas almas dos seus companheiros que pereceram naquela desgraça.

No dia 27, outra função de missa cantada, sermão e Te Deum com que deram graças ao Todo-Poderoso por se ter dignado salvá-los do mesmo perigo. O Governador a Praça para contribuir para a solenidade do mesmo ato, designou uma companhia de infantaria para assistir, com a qual fez as honras militares correspondentes ao referido capitão de marinha D. Francisco Xavier Muñoz y Goosens.

E assim continuaram os trabalhos, conforme o tempo o permitia, e sendo no dia vinte e oito de abril, para zarpar para Cádis, um saveiro espanhol, com vários dos efeitos que se tinham extraído, as amarras estavam quebradas por causa de uma grande tempestade, atingiu a costa nesse mesmo dia por volta das onze horas da noite, apesar de todo o auxílio com que a guarnição da praça com o seu Governador, o Juiz de Fora e da Alfândega, e todos os marinheiros, espanhóis e muitos vizinhos, que se precipitaram para a praia, mas foi só para terem a angústia de ver perecer o barco e a tripulação sem poderem porque, com a maré baixa, toda a ajuda era impraticável.

Morreram afogados nesta desgraça noventa e duas pessoas, incluindo o comandante e dois oficiais subalternos, e só doze escaparam, um dos quais era o piloto, que que embarcou depois de as amarras terem sido quebradas, na tentativa de salvar o navio.

FIM

Notas:

[1] José Antonio de Areche empreendeu o desmantelamento da estrutura do Tribunal de Lima, removendo juízes e procuradores devido ao nível de corrupção e à falta de interesse na administração da justiça.

[2] "Os dois pavimentos dos portais das gavetas de Ribera, o das bancadas e quatro cantos da dita Plaza Mayor deviam ser arrematados e sob a obrigação que o leiloeiro tinha de correr com os refrescos habituais nas tardes de touradas e o da formação da praça de touros, junto ao monte e cerca onde estão colocados os soldados da guarda de S.E. E nesta conformidade faço uma oferta pela dita praça mayor na quantia de dois mil pesos que devo exibir em dinheiro, sob a condição precisa de não ser incomodado por pessoa alguma na venda que eu faria do sítio das bancas, das caixas de banco, dos seus quatro cantos, mantendo-me na arrematação de todo ele sem, por isso, ter de litigar com pessoa alguma, porque em tal caso terei que ser assegurado por este Ilustre Capítulo, o dinheiro que pagarei, pois não comprarei processos nem exporei o meu dinheiro à contingência, porque a minha posição se reduz à mesma que consta do despacho acordado que me foi lido. = Comprometo-me também, sob esta minha posição, a dar o correspondente e costumado refresco em tais ocasiões, a pagar o toutiço, os portões dos cantos, a cerca do monte e a cerca dos alabardeiros. Da mesma forma, parece justo que, uma vez que as touradas se realizem no mês de dezembro, se suspendam as que se realizam na Páscoa de Natal na Plaza del Acho, Também seria justo, se V. Exa. o considerar conveniente, declarar que se excluam as grades sobranceiras e que só as habitações das grades sejam habitáveis para uso dos seus proprietários e outros usos que lhes derem, para que desta forma os compradores dos arcos e outros lugares da praça principal possam encher as suas mesas sem prejuízo para eles.= Que também não seja permitida a entrada de pessoas nas torres ou nos telhados".

[3] "Ele excita o ódio ao pintar a América banhada no sangue dos seus próprios filhos, mortos nas praças públicas à vista dos seus deuses domésticos. As horríveis crueldades praticadas na América na época de sua conquista excitaram os clamores e reclamações dos imparciais. Mesmo sem adotar as expressões de Dom Bartolomé de las Casas, bispo de Chiapas, no seu memorial, e as repetidas pelo Padre

Charlevoix na sua história da Ilha de São Domingos, podemos ver as representações feitas ao Conselho das Índias pelo Padre Julián Garcés, primeiro bispo de Tlascala, e o trabalho dirigido pelo mesmo a Paulo III. Aí vemos a opinião de alguns que não os consideravam dignos de entrar no seio da Igreja. Paulo III viu-se obrigado a declarar, numa Bula de 1537, que os americanos são homens".

⁴Sobre o Bispado de Cuzco. Arquivo Geral de Índias, AGI ESTADO,74, N.34.

⁵Território, parte de uma comunidade inca.

⁶Cidade da atual província de Segóvia, onde se encontra um dos Palácios Reais, residência de verão da família real espanhola desde o início do século XVIII, e outros monumentos de interesse histórico, como a Real Fábrica de Vidros. No inverno e na primavera, o Palácio Real de Aranjuez era o local escolhido pelos monarcas.

⁷O sublinhado encontra-se no manuscrito original.

⁸Em 24 de setembro de 1572, Túpac Amaru I foi executado. Enquanto o povo gritava de dor, ele levou a mão ao ouvido e baixou-a lentamente, fazendo-se silêncio. Foi o último sinal da sua autoridade.

⁹O curaca, considerado um chefe natural fora da administração, regulava a vida da comunidade mantendo os cultos ancestrais, mas respeitando os cultos cristãos, em cujos atos gozava da preeminência da sede, tinha a capacidade de servir de intermediário entre os colonos e os antepassados, e de mediar e resolver os conflitos entre os vivos. A estas tarefas juntavam-se as de mero cobrador de impostos e taxas dos corregimentos, que, por serem abusivas, suscitavam muitos protestos que raramente eram atendidos.

¹⁰Embora em muitos documentos apareça como Amaro, o autor homogeneizou o apelativo nesta obra como Amaru, tal como é pronunciado em quéchua.

¹¹Princesa do império Inca.

¹²Benítez Aguilar: Correios de Ibero América y Filipinas, ano 1900. Arquivo Dir. Geral Correios de Portugal e Academia Iberoamericana y Filipina de História Postal. 1985.

¹³1 légua: 5.572 km.

[14] A estrada inca ou peruana estendia-se, pavimentada, por mais de seis mil quilómetros.

[15] José Antonio del Busto Duthurburu, *"José Gabriel Túpac Amaru antes de su rebelión"*, Pontifícia Universidad Católica del Perú, Fondo Editorial, 1981.

[16] O Real Colégio foi criado no ano de 1620, a pedido do Inca principal e de outros curacas e caciques de todo este reino "que se fundasse um Colégio para os filhos dos Incas e curacas e que se lhes ensinassem as coisas da nossa fé e de toda a ....cristandade para que depois os nossos filhos e descendentes a ensinem aos seus súbditos, para que todos vivam com o temor de Deus, do qual Sua Majestade será servido ser o fundador nesta Cidade de Cuzco, cabeça destes reinos, e ordenar que a Companhia se encarregue e doutrina da admissão e doutrina dos colegiais e que Sua Majestade nomeará, aplicando-a a todos eles, para que se lhes ensinem as coisas da nossa fé e de toda a cristandade que S.M. indicará, aplicando o rendimento para seu sustento, para comprar casa e o mais que for necessário" AGI PATRONATO,191, R.21.

(O processo demorou vários anos, mas no final foram criadas duas escolas, uma na cidade de Cuzco e outra em Ciudad de los Reyes, Lima).

[17] José Antonio del Busto, Op. cit.

[18] Método de contribuição para o Estado através do trabalho nas minas ou noutras obras públicas.

[19] O Acordo Real foi a decisão tomada numa sessão conjunta de oidores e procuradores públicos, com a assistência do Vice-Rei, sobre determinadas matérias.

[20] Forma ancestral de caça em algumas zonas andinas, que consiste num círculo de caçadores que se vai estreitando até apanhar a presa.

[21] Francisco Noguera, Juan Túpac Amaru, Diego Túpac Amaru, Manuel Benítez, Vicente Ayoquipa, Pascual Escalante, Pablo Serrano, Juan e Francisco Segarrundo, Domingo Benítez, Asensio Peredo e Antonio Bastidas (segundo a confissão deste último).

22 Os acontecimentos tiveram um enorme eco na imprensa britânica, que refletiu "um retrato vivo e impressionante da degenerescência espanhola" e, mesmo um século depois, provocou comentários como o publicado no *The Examiner*, de Londres, em maio de 1877: "Túpac Amaru, o devoto, patriota e eloquente peruano, que estava prestes a arrebatar Cuzco das mãos de padres miseráveis, não mais dignos de a possuir do que os vermes que hoje rastejam ao longo das suas paredes profanadas".

23 Um destes navios mercantes autorizados era propriedade de Juan Casimiro de Osta y Muzquiz que, em fevereiro de 1780, obteve uma licença de corsário oferecendo-se "louvável e corajosamente a preparar um navio, em competente defesa, para percorrer os portos da costa setentrional desta Armada e explorar se algum corsário inglês traficava neste Mar do Sul, com a particular qualidade de verificar este importante serviço por sua própria pessoa e de sua própria riqueza os custos e despesas que lhe fossem consequentes".

24 "Uma das causas da fuga dos índios das aldeias e das fazendas e lugares afastados, é o poder dos padres de os chicotear publicamente quando lhes ensinam a doutrina cristã, e esta obrigação é regularmente praticada nos cemitérios ou às portas das igrejas. Foi estabelecido que os párocos poderiam praticar esta correção, tendo em conta que a rudeza dos índios deve ser aplicada aos primeiros rudimentos da fé católica. Embora se suponham estúpidos ou ignorantes, estão cheios de vergonha e pudor, e sabem que a pena de açoite é ignominiosa e ainda mais quando concorrem outros motivos e paixões particulares dos padres, fica estabelecido que não intervém o Espírito de Religião, mas de vingança". (Relatório de Miguel de Feijó ao vice-rei Manuel Guirior).

25 O padre José Maruri, pároco de Asillo, enviou até quatro mil índios como reforço, chumbo e pólvora, bem como presentes para o rebelde, que exclamou que ninguém se tinha comportado como ele.

26 Monsenhor Moscoso tinha intentado uma ação contra o juiz Benito Mata Linares "por causa da sua vida descontraída".

27 Entre eles o próprio Visitador Geral, Jorge de Escobedo.

[28] AGI LIMA, 665, N.1 Relatório incluído na Carta n.º 205 de Agustín de Jáuregui, vice-rei do Peru, para José de Gálvez, secretário das Índias.

[29] AGI DOCUMENTOS ESCOGIDOS, n.174 Escrito por José Gabriel Túpac Amaru durante a sua prisão em Cuzco, provavelmente num pedaço da sua roupa, acompanha uma carta ao sentinela Francisco de Guevara, datada de 28 de abril de 1781, pedindo-lhe uma lima para cortar os seus grilos.

[30] Fernando, na altura com apenas dez anos, não foi condenado à morte, embora tenha sido obrigado a assistir à execução dos seus pais, do seu irmão Hipólito e de vários familiares. Alguns autores referem que foi obrigado a passar por baixo do cadafalso.

[31] O escriba limitou-se a copiar textualmente esta parte da frase, incluindo novamente, tal como o próprio Visitador Geral, Areche, o filho Fernando Túpac Amaru. No entanto, os textos são transcritos dos manuscritos conservados no Arquivo Geral de Índias. Carta 205 de Agustín de Jáuregui, Vice-Rei do Peru, a José Gálvez, Secretário das Índias, AGI, LIMA, 665, N.1.

[32] Este "testemunho de verdade" não está de acordo com as versões mais difundidas, segundo as quais o prisioneiro não foi esquartejado pela ação dos quatro cavalos, mas que, renunciando a esse método, foi esquartejado pelos carrascos na mesma praça.

[33] Ilegível no documento original.

[34] AGI Documentação do julgamento de Túpac Amaru II.

[35] Os relatórios sobre os confrontos entre as tropas leais e rebeldes, todos eles dignos de estudo e divulgação, são tão volumosos e pormenorizados que não é possível incluí-los numa obra como esta. No Arquivo Geral de Índias, que felizmente está aberto a todos os interessados, podem ser facilmente consultados, incluindo na Internet.

[36] Nota: Isidro Aquegua teve morte natural momentos antes da execução da sentença.

[37] AGI. Carta nº 361 de Agustín de Jáuregui, vice-rei do Peru, a José de Gálvez, secretário das Índias. LIMA, 668, nº 58.

38 Esta carta é completada com uma lista dos nomes da tripulação do navio *América*, da urca Monserrat e dos oficiais dos armazéns do porto de Callao e do Ministério dos Bajeles del Sur.

39 Algumas fontes atribuem a sua morte à ingestão de frutos envenenados que lhe foram entregues num cesto, como vingança pelas execuções e expulsões dos líderes da revolução de Túpac Amaru, mas não há provas disso.

40 O *San Pedro de Alcântara* chegou ao porto de Concepción a 14 de maio, tendo rendido o mastro da vela superior e os seus bergas, mas descobriram outro mastro de conserva, embora o seu mastro de proa, ou gurupés, fosse suspeito de rendição e tivesse atirado dez homens à água, tendo Fernández Bedoya e o seu segundo-comandante, Manuel de Eguía, decidido seguir para Talcahuano.

41 Em 1781, Ambrosio Higgins tinha sofrido a revolta mapuche em Chicahuala, que conseguiu pacificar, quando estava sob a autoridade do então capitão-Geral Agustín de Jáuregui, pouco depois vice-rei do Peru.

42 Localidade próxima de Talcahuano, no interior, onde se situava a mais importante fábrica de cordame do Chile, que abastecia toda a frota, com uma elevada produção de cânhamo.

43 Ruiz e Pavón eram os discípulos mais avançados de Casimiro Gómez Ortega, farmacêutico, secretário perpétuo da Real Academia Médica de Madrid e primeiro professor do Real Jardim Botânico de Madrid, proposto ao rei Carlos III para esta expedição. Gómez Ortega criou o jardim para a aclamação das plantas do Peru em El Puerto de Santa María (Cádis)

44 Os estudos botânicos de José Dombey e as suas numerosas descobertas foram reconhecidos pelos seus colegas e pelos investigadores que lhes sucederam, nomeando várias plantas com a denominação científica de Dombeya, como o pinheiro do Chile, a araucária e outras árvores e plantas.

45 Hipólito Ruiz: *Relación del viaje a los Reynos del Perú y Chile* (Compilação dos manuscritos originais, anotados pelo R.P.A. J. Barreiro, OSA, para a Real Academia de Ciências Exatas, Físicas e Naturais de Madrid: "Depois de termos organizado todos os trabalhos e

descobertas feitos na província de Chanca e arredores de Lima, e depositado os caixotes de esqueletos, desenhos, sementes e outras produções naturais na Real Sala de Armas de Lima, resolvemos embarcar para o reino do Chile, tanto pelas notícias que tínhamos adquirido da fertilidade e abundância dos vegetais e outras produções naturais daquele paraíso terrestre, como pela impossibilidade de irmos ao interior do país, e porque não podíamos entrar nas montanhas do Peru, pois várias das suas províncias estavam então em revolta e Gabriel Túpac Amaru ou o seu irmão Diego estavam decididos a coroar-se naquele reino, o que talvez tivessem conseguido se a atividade, diligência e zelo do Sr. Areche, não tivesse cortado o caminho para o Peru. Areche, se não tivesse cortado a cabeça destes rebeldes, passando para Cuzco".

46 A 28 de maio de 1788, Casimiro Gómez Ortega, professor do Real Jardim Botânico e diretor académico dos dois botânicos, escreve a Antonio Porlier, perguntando pela carga enviada no San Pedro de Alcântara pelos seus alunos: "No navio da Armada Real San Pedro de Alcântara, que se perdeu ao largo de Portugal perto de Peniche, os botânicos do Peru embarcaram, segundo me escreveram de Lima a 16 de janeiro de 1784, cinquenta e três caixotes, nos quais tinham depositado uma parte considerável dos frutos colhidos na sua expedição até então. Entre as ditas caixas asseguraram-me que enviaram quatro de amostras de metais, e até mil desenhos de plantas com as suas cores vivas, importantíssimas para o objeto da sua comissão, e que é provável que tenham vindo dentro de outras de folha de estanho hermeticamente fechadas. Submeto isto a Vossa Excelência, para o caso de julgar oportuno pedir a quem se ocupou da extração e guarda dos bens desse lamentável naufrágio que lhe informe se alguma dessas caixas se salvou, como era de esperar pela natureza do seu conteúdo indissolúvel ou pelo seu impenetrável encapsulamento na água". Porlier enviou a carta ao presidente da Casa de Contratação de Cádis, tendo os comissários sido encarregues de a investigar.

47 Em 12 de janeiro de 1787, Hipólito Ruiz e José Pavón enviam para Madrid, nos navios *El Brillante e El Pilar*, 73 caixas de plantas, 586 desenhos e 18 vasos de plantas vivas.

48 Durante o seu mandato, Antonio Valdés apresentou vários desenhos da bandeira espanhola ao rei Carlos III, para evitar a confusão no mar com outras bandeiras, e desde então (1785) foi escolhida a

bandeira da Marinha com duas faixas horizontais vermelhas e a central, de dupla largura, amarela. Foi a rainha Isabel II que a instituiu como bandeira nacional em 1843.

[49] Na localidade de Bellavista, perto do porto de El Callao, encontrava-se o Hospital Real dos Marinheiros, fundado em 1770.

[50] Praia do Medão Grande, também conhecida atualmente como *Dos Supertubos*, por ser um paraíso internacional do surf com as suas ondas redondas. Esta praia é o resultado da sedimentação natural do canal que separava a ilha de Peniche do continente, hoje integrado no mesmo como uma península.

[51] Libro de Gastos de Colegiales (Getafe) 1772-1788, no Arquivo E.P. de Castilla 1047/01, Fólios 401 vuelto, 403 v. 452-452 v. e 461, manuscritos gentilmente cedidos por Don Juan Martínez Villar, Arquivista Geral da Província Betânia dos Escolapios, em Madrid.

[52] Sacedón é uma pequena localidade da província de Guadalajara, em Castela, (hoje Castela – La Mancha), que tinha nas proximidades um balneário termal, conhecido como *Real Sítio de La Isabela*, e que era frequentemente visitado pelo Infante Don Antonio, filho mais novo do rei Carlos III, da mesma idade de Fernando Túpac Amaru.

[53] A igreja de São Sebastião de Madrid, construída no século XVI, era muito popular devido à sua localização numa das ruas mais centrais da capital e por ser a sede da Irmandade dos Cómicos, sob a proteção da Virgem da Novena. Durante a Guerra Civil Espanhola foi saqueada e incendiada pelas milícias esquerdistas que destruíram imagens e altares nos primeiros dias do conflito, mas em 20 de novembro de 1936 foi a força aérea dos militares rebeldes contra o governo republicano que lançou as suas bombas sobre a igreja destruída, deixando apenas a torre de pé. Após a Guerra Civil, foi reconstruída.

[54] A rua Ministriles está situada no bairro Embajadores-Lavapiés de Madrid, então denominado Cuartel de la Trinidad (um dos dezasseis em que se dividia a cidade de Madrid), a cargo do vereador Antonio Moreno. Esta via pública também é mencionada por Benito Pérez Galdós nos seus *Episodios Nacionales*.

55 Branco e azul, As cores originais da bandeira da monarquia constitucional portuguesa, regime que terminou com a morte, no exílio

em Londres, do rei D. Manuel, em circunstâncias estranhas, depois de o seu pai, o rei D. Carlos, e o seu irmão, o príncipe herdeiro, D. Luís Felipe, terem sido assassinados em Lisboa, facto que favoreceu a proclamação da República.

Dona Maria Pia de Bragança, irmã de D. Manuel, reconhecida como filha natural por o próprio Rei D. Carlos, e pretendente ao reino desaparecido, embora os seus direitos tenham sido herdados por legado notarial pelo cidadão italiano D. Rosário Poidimani, atualmente titulado *Chefe da Casa Real e XXII Duque de Bragança*, não reconhecido em Portugal. A este último opôs-se o sector *miguelista*, de D. Duarte Pio, protegido pela ditadura e tolerado pelos sucessivos governos da República Portuguesa, que revogaram *de facto* a Lei do Banimento de 1836, pela qual os descendentes de D. Miguel foram expulsos de Portugal e os impediu de aceder à sucessão dinástica.

A República Portuguesa consolidou-se como democracia após a Revolução em abril de 1974, onde a Cidade de Peniche e a sua fortaleza tiveram um papel histórico e transcendente.

As cores atuais da bandeira portuguesa são o verde e o vermelho, embora mantenha os símbolos da esfera armilar dos navegadores dos séculos XV e XVI e o brasão do antigo reino, sem a coroa.

FONTES CONSULTADAS:

Arquivo Geral das Índias, Sevilha.
Arquivo Histórico Nacional de Simancas.
Arquivos Militares Gerais de: Guadalajara, Segovia, Ávila, Madrid.
Arquivo Militar Intermédio Sur - Sevilha
Arquivo Geral da Marinha 'Alvaro de Bazán'
Arquivo Histórico do Distrito de Leiria.
Arquivo Histórico Municipal de Cádis.
Arquivo Histórico Provincial de Cádis.
Arquivo Municipal de Peniche.
Arquivo da Deputação Provincial de Cádis.
Arquivo Geral da Província Escolápia de Betânia. Madrid.
Arquivo Nacional, Torre de Tombo, Lisboa.
Biblioteca Nacional de Espanha.
Biblioteca da Academia Real de História.
Biblioteca Nacional da República do Peru.
Biblioteca do Banco de Espanha.
BSB Biblioteca Estatal de Munique.
Biblioteca Nacional de França.
Biblioteca do Congresso.
Biblioteca de Temas Gaditanos, Cádis.
Biblioteca Municipal de Peniche.
Biblioteca Estatal de Berlim.
Biblioteca Britânica, Londres.
Biblioteca da Universidade de Yale.
Hemeroteca Digital do BNE, Espanha.
Unidade de Coordenação dos Arquivos do Ministério da Defesa
Museu Provincial de Belas Artes de Cádis.
Museu Nacional de Arqueologia de Portugal
Museu Histórico Municipal de Cádis.
Museu Municipal de Peniche.
Museu Sueco de Arte Moderna.
Museu Naval de San Fernando, Cádis.

AGRADECIMENTOS:

Arquivo Geral das Índias: Sra. Lorena Cabello Ibáñez e Sra. Sara Rodríguez-Vigil Reguera.

Arquivo Geral de Simancas: Sr. Carlos Infantes Buil.

Museu Municipal de Peniche: Sra. Sílvia Monteiro Santos.

Biblioteca Municipal de Peniche: Sra. Ángela Malheiros.

Mensal *"A Voz do Mar"*, Peniche: Sra. Luisa María Inés.

Livraria Papelaria Oliveiras, Peniche.

Arquivo Provincial de Escolapios Betania (Madrid): Sr. Juan Martínez Villar.

Arquivo Geral da Marinha: Sra. María José Garrido Bruno.

Museu Naval de San Fernando, (Cádis):Celia Vallejo Ureña, María del Mar Rioja Orta, Alejandra Ristori Pita, Cristina Millara Pérez.

Arquivo Histórico Municipal de Cádis: Sr. Teo Cardoso.

Arquivo Histórico Provincial de Cádis: Sr. Santiago Saborido.

Jean-Yves Blot, investigador, arqueólogo e escritor. Mestrado em Arqueologia pela Universidade de Sorbonne, Paris.

Maria Luísa Pinheiro Blot, arqueóloga (D.E.P.)

Fernando Engenheiro, arquivista e escritor, Peniche (D.E.P.)

As fotografias das campanhas de escavações arqueológicas e dos mergulhos foram doadas gentilmente por Jean-Yves Blot.

OUTRAS OBRAS DE FRANCISCO BENÍTEZ AGUILAR

(ROMANCE, BIOGRAFIA, HISTÓRIA, TEATRO)

Doutor Thebussem, Trabalho, Tempo e Terra, 1983 (Biografia)

A greve do grão-de-bico, 1998 (Novela histórica)

O Legado de John Guntherson, 2010 (Relatos Históricos)

La Romería, 2010 (Novela)

A Cadeira Vazia, 2021 (Teatro)

Sólo Dios lo sabía, o diário secreto do Padre Loring, 2021 (Biografia)

Cinco peças de teatro andaluz, 2023 (Teatro)

La Romería, os outros peregrinos, 2023 (Novela)

Bipolar, 2023 (Novela)

Só Deus Sabia, o diário secreto do Padre Jorge Loring, 2ª ed. ampliada, 2023 (biografia)

'El Príncipe Inca, naufragio de un imperio' (2024), edición en Español.

EM PREPARAÇÃO:

'Como se salvar', os documentos secretos do Padre Loring (Biografia)

Plaza de la Libertad, frades, coplas e chamarileros (História)

Pablo de Olavide, el libertino (Biografia) III Centenário de Olavide.

La Casa de Comedias de Cádiz 1608 -1835 (História do Teatro)

La Inmemorial Santa Caridad, uma irmandade sem memória (História)

San Joao de Deus em Cádis, História Documentada (História)

ÍNDICE

Renda de Bilros... 9

Introdução 15

Um retrato da situação 25

Chegada de Agustín de Jáuregui 33

Tupac Amaru II 49

Micaela Bastidas 53

A liderança de Micaela Bastidas 65

Bispos, padres, frades 67

Surge um mito revolucionário 81

Cerco e retirada de Cuzco 85

Detenção de Tupac Amaru 87

O julgamento 91

O caso de Micaela Bastidas 105

Cartas de amor e de raiva 111

A morte de Hipólito 115

As raízes sociais do problema....................... 117

Perdão geral...133

Uma nota na imprensa inglesa......................145

A Marinha Vacaro 159

Morte do vice-rei Jáuregui............................175

O peruano navega sozinho 183

Morte de Mariano Túpac 187

El Peruano, em Cádis...................................195

A expedição científica..................................199

A fragata Santa Paula, atrasada 207

Regresso de São Pedro a El Callao 209

Voltar para Talcahuano 215

Um surto de varíola a bordo 217

Um navio fantasma 221

Os desterrados 227

A longa noite de 2 de fevereiro 231

O Pároco de nossa senhora de Ajuda 243

Prevenção de detenções 259

As acções de Fernán Núñez 265

A catástrofe do saveiro vencejo 267

Memórias e celebrações 279

Vítima e carcereiro, prisioneiros 289

Fernando, nas Escolas Pias 305

O naufrágio na Gazeta de Lisboa 319

O reconhecimento de Fernán Núñez 337

Adenda 355

FONTES CONSULTADAS: 382

AGRADECIMENTOS: 383